OTC Derivatives Market Reforms
and PFMI

OTCデリバティブ規制改革とFMI原則

清算集中義務・マージン規制から
CCPの再建・破綻処理まで

羽渕貴秀 [著]

一般社団法人 金融財政事情研究会

はじめに

　本書は、リーマンショック以降の世界的な金融危機を受けて、国際的な金融規制改革の柱の1つとして大幅に強化された店頭（OTC）デリバティブ規制と、新たに策定された「金融市場インフラのための原則」（FMI原則）等の国際基準について包括的に解説するものである。本分野では、OTCデリバティブ市場の透明性の低さやOTCデリバティブに対する規制の不十分さが上記金融危機の深刻化の一因になったとの認識から、2009年以降、国際的なルールが急速に整備・強化された。具体的には、清算集中義務の導入や取引情報報告制度（TR報告制度）、マージン規制等の導入に関する合意や、FMI原則や関連する開示・再建に関するガイダンス、清算機関（CCP）の破綻処理に関する国際基準の策定など、国際的にも多くの重要な規制・原則等が策定・導入された。

　わが国でも、これらの国際的な動向をふまえて、清算集中義務の導入、TR報告の義務づけ、マージン規制の実施等のために、金融商品取引法の改正等が行われたほか、FMI原則をふまえて2013年にCCP等の金融市場インフラを対象とした「清算・振替機関等向けの総合的な監督指針」が策定された。また、市場関係者の間では、OTCデリバティブの清算を担う国内初のCCPとして、2011年に日本証券クリアリング機構（JSCC）が清算業務を開始した（2011年にCDSの清算業務を開始し、2012年から金利スワップの清算業務を開始）ほか、CCPでの清算集中義務等を満たすために、OTCデリバティブ取引を行っている金融機関等において各種規制対応が世界に先駆けて行われてきた。また、現在は、CCPの再建・破綻処理に関する国際的な追加ガイダンスの策定等を受けて、各国の対応が注目されている。

　このように、OTCデリバティブ市場への国際的な規制強化や新たな原則・ガイダンスの策定等は、一定の対応が進んできたことは事実である。他方で、本分野において、その全体を俯瞰できるような信頼できる解説書がほと

んど存在しないことも事実である。

　以上のような事情もふまえ、本書では、世界的な金融危機後の国際的な金融規制改革の柱の１つとして大幅に強化されたOTCデリバティブ規制と、新たに策定されたFMI原則等の国際基準について、できるだけ包括的に解説している。

　本書の意義は、主に以下の３点にあると考えている。

　まず、第一に、本書が解説しているトピックの重要性である。OTCデリバティブ規制は、世界的な金融危機以降の国際的な金融規制改革の４つの大きな柱の１つに位置づけられるものである。OTCデリバティブ規制という、銀行規制と比較するとなじみの少ない分野ではあるが、国際規制・原則の内容次第では、わが国の市場参加者や金融市場全体に大きな影響を与える（また実際に与えている）重要な分野である。

　第二に、その重要性にもかかわらず、本書で解説する分野には、その全体を俯瞰できるような信頼できる解説書がほとんど存在しないことがあげられる。本書は、市場関係者が国際規制・原則やそれを受けた国内規制等の内容・考え方を理解する助けとなることはもちろん、当局関係者や研究者が全体を俯瞰する視点から規制、国際基準等の内容や考え方を理解する一助となることを目指している。

　第三に、OTCデリバティブに関する国際規制・原則等をめぐる今後の議論・検討への貢献である。OTCデリバティブをめぐる国際規制は、ここ10年の間に作成されたものであり、今後、発展・改善させていく余地の大きいものといえる。このことは、30年の歴史のある国際銀行規制と比べると明らかである。バーゼルⅢの内容が合意された国際銀行規制が、「銀行規制3.0」とすると、OTCデリバティブ規制は、「OTCデリバティブ規制1.0」のステージである。今後、規制・原則の実施経験や当局・市場関係者・研究者等の議論・検討をふまえた、さらなる発展・改善が期待される。本書は、OTCデリバティブ規制と、FMI原則、CCPの再建・破綻処理など新たに策定された国際基準についてできるだけ包括的に解説することで、今後の議

論・検討のベースを提供することも目指している*。

　筆者は、OTCデリバティブ改革の国内実施やCCPの監督等を担当する金融庁市場課において、OTCデリバティブ改革に関する国際規制・原則の国内実施や国際交渉、CCPの監督など、さまざまな案件を担当した。

　具体的には、2014年から2016年にかけて、金融庁監督指針・FMI原則の遵守状況の調査を含むわが国CCPの監督やCCPの新規ビジネス等の認可、外国清算機関によるわが国清算機関免許申請に対する審査、CCPの破綻処理・再建に関する検討、ブロックチェーン技術がCCPに与える影響の調査等を担当した。さらに、国際的には、BIS決済・市場インフラ委員会（CPMI）および証券監督者国際機構（IOSCO）によって行われた世界の主要CCPに対するFMI原則の遵守状況評価のプロジェクトに評価者として参画し最終報告書の一部を執筆したほか、CPMI-IOSCOのFMI原則の追加ガイダンス策定やCCPに対する当局ストレステストに関するフレームワーク策定の会合等に参加して各種提案に携わった。また、こうした機会を通して、国内外の当局関係者、CCP関係者、CCPの参加者である金融機関関係者と、さまざまな意見交換を行った。

　なお、本書の内容は、このような筆者の経験を十分にふまえて記載しているが、守秘義務についても十分な配慮を行っている点を申し添えたい。記載内容については、公表されている内容かどうか、関係者が公開の会議等で発言している内容かなどを確認のうえ、慎重な裏取りを行っている。

　本書の構成と特徴、読者別の読み方は、以下のとおりである。

　本書では、まず序章にて、CCPの役割とその重要性について説明する。第1章では、清算集中義務やマージン規制を中心にCCP関連の規制を説明する。第2章では、CCPに適用される重要な国際基準であるFMI原則を中心

---

*　氷見野良三「金融規制の国際交渉」（2018年5月の日本金融学会における講演。金融庁ホームページよりダウンロード可能）では、金融規制の国際交渉におけるアジェンダ発信型、提案型のスタイルが重要性を増してきたと指摘している。本書では、こうした点も意識しながら、OTCデリバティブ規制改革の内容について、できるだけ包括的に解説するとともに、一部では踏み込んだ記述・検討を行っている。

に、CCPの強靭性、開示、サイバーレジリエンスに関するFMI原則の追加ガイダンス、さらにはCCPの当局ストレステストについてのフレームワークについても説明する。

第3章では、CCPの再建と破綻処理をテーマに、FMI原則の再建に関する追加ガイダンスや、CCPの破綻処理に関連する国際的なガイダンスなどについて説明する。第4章では、今後の課題を示して本書の結びとしている。なお、第4章では、Brexitに伴うCCPのロケーション・ポリシーに関する論争や、英国における外国CCPの扱いについても説明している。

本書の特徴としては、第一に、上述のとおり、清算集中義務、マージン規制からFMI原則と関連する追加ガイダンス、CCPの破綻処理に関するガイダンスまで、広範な国際規制・原則と国内ルールを対象に記載した。

第二に、国際規制・原則の内容について、その内容と背景にある考え方を丁寧に説明することを心がけた。特に、日本語訳や詳しい解説が存在していない重要な国際原則であるFMI原則に関するCCP向け追加ガイダンス、FMI原則の再建に関するガイダンス、CCPの破綻処理に関する追加ガイダンスについては、その内容を詳しく説明した。背景にある考え方についても、できるだけ丁寧に説明した。

第三に、上記にも関連するが、市場関係者の規制対応に資する情報はもちろんのこと、当局者、市場関係者、研究者のそれぞれの立場から、現在の国際規制・原則を評価し、今後のあり方について展望・議論する際に有益と思われる内容を幅広く説明した。これは、筆者が、本分野の発展には、当局者、市場関係者、研究者の理解の深化と建設的な議論がきわめて重要と考えていることによる。また、同様の趣旨から、関連する文献をできるだけ紹介するように努めた。

本書の読み方としては、まずCCP関係者、特に規制対応やリスク管理の担当者にとっては、いずれの章も必読の内容となっているほか、項目ごとに辞書的に利用することも考えられる。CCPの参加者などとしてCCPにかかわりのある金融機関の担当者、特に規制対応やリスク管理の担当者にとっては、

第1章のCCP規制関連の内容、第2章のFMI原則、特にCCPの信用リスクや資金流動性リスク、開示に関する部分、さらには第3章のCCPの再建・破綻処理に関する内容が参考になると思われる。また、本書は、当局者や研究者にとっても、CCPに関する規制や国際基準、CCPの再建・破綻処理をめぐる国際的な議論の全体像を把握するための手がかりとして、活用可能である。

　とはいえ、扱っているテーマの広さから不十分な箇所等も、少なからず残されているかもしれない。そうした点については、読者からのご指摘・ご叱咤等を頂戴できれば幸いである。

　最後に、筆者が本書の内容に関連する業務に従事していた金融庁勤務時代にお世話になった上司・同僚をはじめ、金融機関・CCP関係者、海外当局者など、多くの方からいただいたご指導やご教授に対して、あらためて感謝申し上げたい。本書は、こうした方々のご指導なしには誕生しなかった。こうした方々と共有した市場の発展と国際的な規制・監督の質の向上への強い思いが、本書執筆の大きな原動力となっている。また、本書の企画から出版まで金融財政事情研究会の谷川治生氏に大変お世話になった。ここに記してお礼を申し上げたい。

　また、現在、筆者は別に本業を抱えるなか、主に週末の時間を利用して本書を執筆したことから、家族と一緒に過ごす時間を一部犠牲にすることを余儀なくされた。本書出版の意義を理解し、辛抱強く筆者を支えてくれた家族に感謝したい。

2018年9月

羽渕　貴秀

【著者略歴】

羽渕　貴秀（はぶち　たかひで）

2001年東京大学法学部卒業。2006年米国デューク大学大学院MBA取得。

2014年～2016年まで金融庁市場課市場業務室の課長補佐として、CCPを含む金融市場インフラの監督や関係する国際会議対応をカバー。主に、金融庁監督指針・FMI原則の遵守状況の調査やリスク管理の指導を含むわが国CCP等の監督、CCPの新規業務の認可、海外清算機関によるわが国の外国清算機関免許申請に対する審査および免許付与後の監督、CCPの再建・破綻処理に関する検討、ブロックチェーンが取引所・金融市場インフラに与える影響の調査などを担当。また、CPMI-IOSCOによって行われた世界の主要CCPに対するFMI原則の遵守状況評価プロジェクトに評価者として参画し最終報告書の一部を執筆した。

専門は、金融市場インフラに関する国際基準・リスク管理。共著論文に「わが国における店頭デリバティブ取引規制の歩みと展望」（週刊金融財政事情2016年8月1日号）。現在は、国内の公的金融機関に勤務。日本証券アナリスト協会検定会員。国際文化会館・新渡戸リーダーシップフェロー。

目　次

序章　CCPの役割とその重要性

- 0－1　CCPの役割 …………………………………………………………… 2
- 0－2　CCPの重要性の高まり ……………………………………………… 3
- 0－3　金融機関からみたCCPの重要性 …………………………………… 4
- 0－4　OTCデリバティブを清算するCCP ………………………………… 6

第1章　OTCデリバティブ取引規制の概要

- 1－1　OTCデリバティブ取引規制改革の背景 …………………………… 8
- 1－2　わが国の清算機関制度と外国清算機関制度 ……………………… 10
  - わが国の清算機関制度 ………………………………………………… 11
  - わが国の外国清算機関制度 …………………………………………… 12
  - 適用除外告示 …………………………………………………………… 13
- 1－3　清算集中義務規制の内容 …………………………………………… 13
  - 総論 ……………………………………………………………………… 13
  - 対象となる取引 ………………………………………………………… 14
  - 対象者 …………………………………………………………………… 16
  - 今後の課題 ……………………………………………………………… 18
- 1－4　証拠金規制（マージン規制） ……………………………………… 20
  - 規制導入の経緯とWGMR報告書の概要 …………………………… 20
  - 証拠金規制のわが国法令等における位置づけ ……………………… 24
  - 対象取引 ………………………………………………………………… 25
  - 対象主体 ………………………………………………………………… 28
  - 適用時期 ………………………………………………………………… 31

証拠金の算出・授受方法 ·· 32
　　証拠金の管理と適格担保 ·· 36
　　クロスボーダー取引の留意点 ·· 38
　1－5　取引情報報告制度 ·· 38
　　対象となる取引 ·· 39
　　規制対象者 ·· 39
　　金融庁による取引情報の集約と公表 ······································ 40
　　取引情報蓄積機関（TR） ·· 41
　1－6　電子取引基盤規制 ·· 42
　　導入経緯、規制の趣旨・概要 ·· 42
　　電子取引基盤の提供者 ·· 42
　　電子取引基盤使用義務の対象取引と対象者 ································ 43
　　電子取引基盤で行われた取引に関する情報の公表 ·························· 43

第 2 章　FMI原則とその追加ガイダンス

　2－1　FMI原則とその追加ガイダンス等 ······································ 46
　　FMI原則策定の経緯と従来の原則との関係 ································ 47
　　FMI原則の内容とFMIの種類別適用範囲 ··································· 48
　　各原則の構成 ·· 50
　　FMI原則と国内規制・監督との関係 ······································ 50
　　わが国のFMI原則の遵守状況 ·· 52
　　FMI原則に関連する追加ガイダンス等 ···································· 53
　　CCPの強靱性：FMI原則に関するCCP向け追加ガイダンス ···················· 53
　　開示に関する追加ガイダンス（定性開示ガイダンス、定量開示ガイダ
　　　ンス） ·· 55
　　再建に関する追加ガイダンス ·· 55
　　サイバーレジリエンスに関する追加ガイダンス ···························· 56

CCPの当局ストレステストに関するフレームワーク ……………… 56
　　FMI原則の個別原則の解説 ……………………………………… 56
　2－2　CCPのデフォルト・ウォーターフォールとスキンインザゲー
　　　　ム（SITG）………………………………………………………… 57
　　CCPのデフォルト・ウォーターフォール ……………………… 57
　　スキンインザゲームの水準をめぐる議論 ……………………… 59
　2－3　信用リスク（原則4）………………………………………… 62
　　CCPの信用リスクとは …………………………………………… 64
　　信用エクスポージャーに関するリスクと財務資源に関するリスク ……… 66
　　求められる財務資源の水準 ……………………………………… 67
　　想定する破綻参加者数（カバー1かカバー2か）……………… 68
　　より複雑なリスク特性を伴う清算業務に従事しているCCP ………… 69
　　複数の法域においてシステミックに重要なCCP ……………………… 69
　　カバー1かカバー2の選択に関する各国の扱い ……………… 70
　　カバー1かカバー2の選択と各国CCPの競争力 ……………… 70
　　カバー1かカバー2の選択の基準としての限界と監督による対応 ……… 71
　　最低基準としてのカバー1とカバー2 ………………………… 72
　　ポジション変動と価格変動（「極端であるが現実に起こり得る市場環境」）
　　　の想定 ……………………………………………………………… 73
　　CCPのストレステストと「極端であるが現実に起こり得る市場環境」… 74
　　ヒストリカルシナリオとフォワードルッキングシナリオ …………… 75
　　ストレスシナリオの包括性（comprehensiveness of scenarios）………… 76
　　過去データの利用 ………………………………………………… 76
　　日中の価格・ポジション変動 …………………………………… 77
　　プロダクト間、アセットクラス間の関係の変化：ストレスシナリオ
　　　作成上の留意点 …………………………………………………… 77
　　Stressed period of risk（SPOR）………………………………… 78
　　プロダクトカテゴリーをまたいだ結果の集計 ………………… 79

顧客エクスポージャーの扱い ……………………………………… 80
　　ストレステストのシナリオ、モデル、パラメータ、仮定の分析 ……… 81
　　リバースストレステスト ……………………………………………… 81
　　財務資源の使用 ………………………………………………………… 82
　　ストレステスト結果の経営層への報告、ガバナンス ……………… 83
　　ストレステストの実施・見直しの頻度 ……………………………… 84
　　財務資源の十分性評価の際の留意点 ………………………………… 84
　　参加者破綻のための財務資源に関する重要事項 …………………… 84
　　事前拠出（prefunded）の必要性 …………………………………… 85
　　継続的維持（Ongoing maintenance）の必要性 …………………… 86
　　財務資源の継続的維持とプロシクリカリティ抑制とのトレードオフ …… 88
　　FMI原則で求めている財務資源の関係（原則4・原則15・原則16）……… 88
　2－4　証拠金（原則6）……………………………………………………… 90
　　当初証拠金と変動証拠金 ……………………………………………… 92
　　証拠金制度の設計 ……………………………………………………… 93
　　価格データ ……………………………………………………………… 93
　　価格データに関する追加ガイダンスの記載 ………………………… 95
　　当初証拠金モデルにおける過去データのサンプル期間 …………… 96
　　証拠金モデルの仮定 …………………………………………………… 96
　　追加証拠金 ……………………………………………………………… 97
　　当初証拠金の計算手法 ………………………………………………… 99
　　クローズアウトの所要期間 …………………………………………… 101
　　クローズアウト期間（MPOR）に関する追加ガイダンスの記載 ……… 102
　　個別誤方向リスク ……………………………………………………… 105
　　ポートフォリオ単位での証拠金管理（potfolio margining）………… 107
　　クロスマージン ………………………………………………………… 109
　　プロシクリカリティの抑制 …………………………………………… 111
　　追加ガイダンスにおけるプロシクリカリティへの対応に関する記載 … 112

当初証拠金のプロシクリカリティへの対応 …………………………… 113
　証拠金制度全体のプロシクリカリティへの対応 ……………………… 115
　担保のヘアカットのプロシクリカリティへの対応 …………………… 117
　プロシクリカリティへの対応のその他のアプローチ ………………… 118
　変動証拠金と日中の証拠金徴求 ………………………………………… 119
　日中エクスポージャーのモニタリングに関する追加ガイダンスの
　　説明 ……………………………………………………………………… 120
　変動証拠金に関する追加ガイダンスの説明 …………………………… 121
　証拠金のバックテスト …………………………………………………… 122
　バックテストに関する追加ガイダンスの記載 ………………………… 123
　感応度分析 ………………………………………………………………… 126
　感応度分析に関する追加ガイダンスの記載 …………………………… 127
　証拠金制度の検証 ………………………………………………………… 128
　証拠金支払の適時性とその所有 ………………………………………… 128
　証拠金に関する追加ガイダンスの内容の特徴 ………………………… 129
　清算基金と証拠金の比率 ………………………………………………… 130
2－5　資金流動性リスク（原則7） …………………………………………… 131
　CCPの資金流動性リスクとは ………………………………………… 132
　保持すべき流動性資源の水準：カバー1かカバー2の選択と信用リ
　　スク（原則4）との違い ……………………………………………… 132
　CCPの適格流動性資源 ………………………………………………… 133
　適格流動性資源を補う流動性資源 ……………………………………… 134
　CCPが実際に保有している流動性資源 ……………………………… 134
　適格流動性資源の供給主体の評価 ……………………………………… 135
　中央銀行サービスの利用 ………………………………………………… 135
　流動性リスクのストレステスト ………………………………………… 135
　追加ガイダンスの特徴：資金流動性リスクのストレステスト ……… 137
　CCPの資金流動性リスク ……………………………………………… 137

流動性エクスポージャーに関するリスク ………………………… 138
　　流動性資源に関するリスク ………………………………………… 140
　　資金流動性リスクに固有のリスクシナリオの必要性 …………… 141
　　リバースストレステスト …………………………………………… 142
　　資金流動性ストレステストの頻度 ………………………………… 142
　　緊急時対応計画 ……………………………………………………… 143
　2－6　ガバナンス（原則2） …………………………………… 144
　　ボードによるリスク管理のガバナンスに関する追加ガイダンスの記載 … 147
　　求められる財務資源の継続的確保（Ongoing maintenance of required
　　　financial resources） …………………………………………… 148
　　損失を吸収するためのCCP自身の財務資源拠出額と財務資源の特性
　　　の決定 …………………………………………………………… 149
　　市場を不安定化させるプロシクリカルな変化の抑制 …………… 150
　　証拠金制度・ストレステストの枠組みのレビューに関する情報開
　　　示・フィードバックの仕組み ………………………………… 151
　　追加ガイダンスの特徴と市中協議をふまえた修正 ……………… 155
　2－7　FMI原則のその他の原則 ……………………………… 157
　　原則1：法的基盤 …………………………………………………… 157
　　原則3：包括的リスク管理制度 …………………………………… 159
　　原則5：担保 ………………………………………………………… 160
　　原則8：決済のファイナリティ …………………………………… 164
　　原則9：資金決済 …………………………………………………… 164
　　原則10：現物の受渡し ……………………………………………… 165
　　原則11：証券集中振替機関 ………………………………………… 166
　　原則12：価値交換型決済システム ………………………………… 166
　　原則13：参加者破綻時処理の規則・手続 ………………………… 166
　　原則14：分別管理・勘定移管 ……………………………………… 168
　　原則15：ビジネスリスク …………………………………………… 172

原則16：保管・投資リスク ………………………………………… 173
原則17：オペレーショナルリスク ………………………………… 174
原則18：アクセス・参加要件 ……………………………………… 175
原則19：階層的参加形態 …………………………………………… 177
原則20：FMI間リンク ……………………………………………… 178
原則21：効率性・実効性 …………………………………………… 178
原則22：通信手順・標準 …………………………………………… 179
原則23：規則・主要手続・市場データの開示 …………………… 179
原則24：取引情報蓄積機関による市場データの開示 …………… 179

2－8 金融市場インフラに対する中央銀行・市場監督者・その他関係当局の責務 ……………………………………………………… 180
2－9 開示に関する追加ガイダンス（定性開示ガイダンス、定量開示ガイダンス） ……………………………………………………… 181
　定性開示ガイダンス ………………………………………………… 182
　定量開示ガイダンス ………………………………………………… 183
　　コラム　定量開示ガイダンスが求める開示項目 ……………… 183
　開示ガイダンス策定の背景と留意点 ……………………………… 187
2－10 サイバーレジリエンスに関する追加ガイダンス ……………… 189
2－11 CCPの当局ストレステストに関するフレームワーク ………… 190
　フレームワークの概要 ……………………………………………… 190
　海外におけるCCPに関する当局ストレステストの実施状況 …… 193

第3章　CCPの再建と破綻処理

3－1 CCPの再建（recovery） …………………………………………… 198
　再建の重要性と意義 ………………………………………………… 198
　CPMI-IOSCOのFMI再建ガイダンス …………………………… 199
　再建ガイダンスの構成 ……………………………………………… 200

再建計画の策定 …………………………………………………… 202
　　再建計画の策定の重要性 ………………………………………… 202
　　リスク管理、再建、破綻処理の関係 …………………………… 203
　　再建計画策定のプロセス ………………………………………… 203
　　再建計画の内容 …………………………………………………… 205
　　再建における当局の役割 ………………………………………… 208
　　再建ツール：一般的な考慮事項 ………………………………… 209
　　再建ツールが備えるべき特性 …………………………………… 209
　　損失や流動性ショートフォールの割当てに関する一般的な考慮事項 … 210
　　再建ツールの全体像 ……………………………………………… 211
　　参加者破綻に起因する未カバー損失の割当てのためのツール ……… 212
　　未カバーの流動性ショートフォールに対処するためのツール ……… 216
　　財務資源の補充（replenish）のためのツール ………………… 217
　　参加者破綻を受けてCCPがmatched bookの再構築のために必要な
　　　ツール ………………………………………………………… 218
　　参加者破綻以外に起因する損失に対処するためのツール ……… 225
　　CCP再建ツールのデザインのむずかしさ ……………………… 226
　3－2　CCPの破綻処理（resolution） …………………………… 227
　　CCP破綻処理の位置づけ ………………………………………… 227
　　CCP破綻処理に関係する国際基準 ……………………………… 227
　　国内法上の位置づけ ……………………………………………… 228
　　「金融機関の実効的な破綻処理の枠組みの主要な特性
　　　（"Key Attributes"）」 ………………………………………… 229
　　「"Key Attributes"についての金融市場インフラへの適用に関する
　　　付属文書（"FMI Annex"）」 ………………………………… 230
　　CCPの破綻処理に関する追加ガイダンスの位置づけ ………… 233
　　CCPの破綻処理に関する追加ガイダンスの概要 ……………… 234
　　CCPの破綻処理に関する追加ガイダンスの内容 ……………… 235

- (1) CCPの破綻処理の目的と破綻処理計画 ………………………… 235
- (2) 破綻処理当局と破綻処理権限 …………………………………… 235
- (3) 破綻処理の開始 …………………………………………………… 241
- (4) 破綻処理における株主への損失分担 …………………………… 244
- (5) No Creditor worse off safeguard ……………………………… 245
- (6) 破綻処理における財務資源 ……………………………………… 246
- (7) 破綻処理計画 ……………………………………………………… 249
- (8) 破綻処理可能性の評価と破綻処理の障害への対応 …………… 252
- (9) 危機管理グループ（CMG）……………………………………… 253
- (10) 破綻処理のクロスボーダーな有効性と執行 …………………… 256

3－3 CCPの再建・破綻処理の追加ガイダンスに対する評価・批判
と今後の課題 …………………………………………………………… 258
3－4 金融機関等の破綻時のFMIへのアクセス継続 ………………… 261
　ガイダンスの概要 ……………………………………………………… 262
3－5 清算集中におけるCCPと金融機関等との相互依存性の分析 … 266

第4章　今後の課題

4－1 留意すべき3つの事実 ……………………………………………… 270
4－2 今後の課題 …………………………………………………………… 272
　参考1　Brexitに伴うCCPのロケーション・ポリシーに関する論争 … 276
　参考2　Brexitと英国における外国CCP ………………………………… 281

事項索引 …………………………………………………………………… 282

序　章

CCPの役割とその重要性

CCPの役割

　CCP（清算機関）は、金融取引の当事者の間に入って、債権・債務の取得・引受けを行い、CCP自らが決済の相手方となることを業務としている。CCPは、①債務引受とネッティング、②決済不履行の連鎖防止という2つの機能を有している。①については、引き受けた債権・債務の決済に際し、差引計算における相殺（ネッティング）を行うことで、CCPとCCPの参加者（金融機関等）のそれぞれのエクスポージャーを圧縮することができる。②については、参加者による決済不履行が生じた場合には、当該参加者から引き受けた債務を履行することで、参加者に対して保証的な機能を提供し、決済不履行の連鎖を防止している。

　金融システム全体の観点からみても、CCPは、①ネッティングを通じた市場全体のエクスポージャー削減、②参加者破綻の際にCCP自身が債務を履行することによる決済不履行の連鎖防止、③金融機関の間の複雑な債権・債務関係を、CCP自身をハブとする比較的単純な構造に変換し市場の透明性を高めること、などによって、システミック・リスクの削減に大きな役割を果たしている[1,2]。

　2000年代入り後の世界的な金融危機では、店頭（OTC）デリバティブ市場の透明性が不十分であったため、多額のOTCデリバティブのポジションを保有していた大手保険会社AIGが経営危機に陥った際に、AIGの破綻が上記

1　以上の説明は、日本銀行決済機構局「清算機関（CCP）を巡るグローバルな対応について」（2017年8月）に依拠している。
2　宮内惇至『金融危機とバーゼル規制の経済学：リスク管理から見る金融システム』（2015年9月、勁草書房）第4章では、清算集中義務導入によりCCPで清算を行うメリットとして、①カウンターパーティリスクのCCPへの置換え、②証拠金徴求のプロシクリカリティの緩和（CCPを用いれば常に証拠金が厳格に徴求されるため、危機時に徴求が急増することはない）、③デフォルト時の混乱回避（決済の不履行の連鎖の回避）、④標準化による市場流動性の向上を指摘している。

OTCデリバティブの決済不履行を通じて、グローバルな金融システム全体にどのような影響を与えるのか、米国当局としても見通せなかったといわれている。

こうした教訓をふまえて、金融危機後の国際的な金融規制改革の一環として、OTCデリバティブについては、CCPによる清算集中義務規制が導入された。CCPの上記③の役割と金融危機後に導入されたTR（取引情報蓄積機関）への報告制度によって、OTCデリバティブ市場の透明性の問題はおおむね克服されつつある。また、仮に先般の世界的な金融危機時のように金融機関に複数の破綻が起こったとしても、上記CCPの②の役割により破綻の連鎖の可能性は低減されているといえる。さらに、上記CCPの①の役割により、エクスポージャーが圧縮されていることは、個別の金融機関のリスク管理の観点からも、金融システム全体のリスク削減の観点からも望ましいものである。

0-2　CCPの重要性の高まり

　CCPを通じた清算は、債券、上場デリバティブなどの金融取引において、以前から行われていた。その後、2000年代入り後の世界的な金融危機時に、CCP経由の金融取引は安定的に処理されたという認識をふまえ、2009年9月のG20ピッツバーグサミットで、標準化された店頭（OTC）デリバティブ取引について清算集中義務を課すことで、CCPを通じた決済を促進することが国際的な合意となった。これをふまえ、2012年にわが国が清算集中義務規制を導入した[3]のを皮切りに、主要国で清算集中義務規制が導入された。

　また、清算集中義務導入に関する国際合意の後も、清算手数料やCCPに拠

3　金融商品取引法156条の62。

出する証拠金等の負担により、清算集中義務の対象外の取引について金融機関等にCCPで清算を行うインセンティブが生じにくいことが課題となっていた。これをふまえ、CCPで清算されないOTCデリバティブに対しては、CCPが徴求するよりも高水準の証拠金を課す規制（証拠金規制）を導入することによって、CCPを通じた清算を促進することが2011年のカンヌサミットで国際的に合意された。これを受け、わが国と米国では、国際合意に沿って2016年9月から、EUでは2017年2月から証拠金規制の適用が始まっている。

さらに、前節で、CCPでの清算によって、決済不履行の連鎖による金融機関の破綻連鎖を防止できる点を指摘したが、他方で、万が一CCP自体が破綻等の事態に陥った場合には、CCPで清算を行っている多数の金融機関に破綻が連鎖する可能性も否定できない。CCPでは、後述するように（第2章2－2節～2－5節）、十分な財務資源の保有が義務づけられているが、こうした点もふまえて、近年ではCCPの頑健性向上や再建・破綻処理時の扱いの重要性に関する問題意識が国際的に高まってきている（第3章）。

このように、OTCデリバティブ取引において、CCPの重要性は、この10年の間に大きく高まったといえる[4]。

金融機関からみたCCPの重要性

金融機関からみたCCP利用のメリットとしては、以下の3点があげられる。

第一に、CCP利用取引のカウンターパーティの信用リスクを個別に把握する必要がなくなり、CCPにリスクが集中されるため、リスク管理を行いやす

---

[4] 宮本孝男・榎本雄一朗・羽渕貴秀「わが国における店頭デリバティブ取引規制の歩みと展望」（週刊金融財政事情2016年8月1日号）は、各種OTCデリバティブ規制がわが国において導入された経緯を時系列で整理し、今後の展望を示している。

い点である。仮にカウンターパーティに破綻等が起きても、CCP自身が決済不履行に陥らない限り、金融機関は決済不履行リスクから解放される。

　第二に、清算集中義務の対象外のOTCデリバティブ取引を対象とする証拠金規制や金融機関に対するバーゼルⅢの自己資本比率規制への対応コストを下げるメリットがある。まず前者については、証拠金規制の各国への導入により、一般的にCCPでの清算のほうがCCPを利用しない場合に比べコストが低くなった。後者については、CCPでの清算を行うことによって、バーゼルⅢの適用対象金融機関は、所要自己資本を大幅に引き下げることができる。具体的には、金融機関は、OTCデリバティブ取引に伴うカウンターパーティ信用リスクに対しても、自己資本の保持が求められるところ、カウンターパーティがCCPの場合はリスクウェイトが大幅に軽減される。すなわち、銀行の適格CCP（QCCP）[5]に対するデリバティブ取引にかかるリスクウェイトは2％である一方、銀行の銀行に対するデリバティブ取引にかかるリスクウェイトは、バーゼルⅢの標準的手法のもとでは、最低でも20％[6]である。このため、本ケースにおいては、銀行はCCPでの清算により、当該取引に関する所要自己資本を単純計算で10分の1に削減できる。

　第三に、カウンターパーティがCCPに集約されることによって、証拠金等の拠出・回収もネッティングされて効率的な管理が可能であるほか、複数の

---

[5] QCCPは、BCBS "Capital requirements for bank exposures to central counterparties" July 2012. において、"an entity that is licensed to operate as a CCP (including a license granted by way of confirming an exemption), and is permitted by the appropriate regulator/overseer to operate as such with respect to the products offered." と定義されている。わが国では、金融庁が、2013年3月に公表した「バーゼルⅢに関する追加Q&A」において、CCP（清算機関）のうち以下を満たすものを指すとされている。
　① 銀行がリスク・センシティブ手法により当該中央清算機関に係る清算基金の信用リスク・アセットの額を算出するに当たって必要な情報を銀行に提供している者であること
　② 本邦の中央清算機関である者又は海外の中央清算機関のうち当該中央清算機関が設立された国において適切な規制及び監督の枠組みが構築されており、かつ、当該規制及び監督を受けている者であること

[6] カウンターパーティが最上位の格付を取得していた場合。

デリバティブ取引のうち条件にあう取引をネッティングすることが可能というメリットがある。後者については、CCPで各種取引を清算することで逆方向のキャッシュフローの取引をネッティングして、新たな契約を締結しなおす「コンプレッション」(compression)が可能となる[7]。「コンプレッション」により、個別の金融機関全体としてみた場合の取引残高・エクスポージャーが圧縮されることから、金融機関は規制対応コストを下げることが可能となる[8]。

0-4 OTCデリバティブを清算するCCP

　OTCデリバティブを清算するCCPについて、グローバルな清算額でみると、英国のLCH、米国のCME、わが国の日本証券クリアリング機構（JSCC）が上位3機関となっている。わが国では、JSCCは清算機関として、LCHとCMEは外国清算機関として、いずれも金融庁より免許を取得しており、わが国の金融機関に対してOTCデリバティブの清算サービスを提供することが可能となっている。

---

[7] グローバルにみると、大手CCPでは、金融機関へのサービス向上による競争力強化の観点から、各種コンプレッションサービスを拡充させてきている。
[8] 本節の整理については、吉川浩史・岡田功太「金融規制改革により重要性が増すデリバティブ清算機関（CCP）」（野村資本市場クォータリー2017年夏号）を参考にした。

第1章

OTCデリバティブ取引規制の概要

OTCデリバティブ取引規制改革の背景

　2000年代後半の金融危機に関して、店頭デリバティブ市場の決済の不確実性および市場の透明性の欠如が危機拡大の一因になったとの認識が広がった。これを受け、2009年のG20ピッツバーグサミットでは、店頭デリバティブ市場の改善について、以下の点が合意された。

> 遅くとも2012年末までに、<u>標準化されたすべての店頭（OTC）デリバティブ契約は、適当な場合には、取引所又は電子取引基盤を通じて取引され、中央清算機関を通じて決済されるべきである。店頭デリバティブ契約は、取引情報蓄積機関に報告されるべきである</u>。中央清算機関を通じて決済がされない契約は、より高い所要自己資本賦課の対象とされるべきである。我々は、FSBとその関連メンバーに対して、実施状況及びデリバティブ市場の透明性を改善し、システミック・リスクを緩和し、市場の濫用から守るために十分かどうかにつき、定期的に評価することを要請する。
>
> 　　　　　　　　　　　　　　　　　　　　（※下線は筆者による）

　サミットでの本合意を受け、わが国では、2010年に金融商品取引法が改正され、店頭デリバティブ取引規制に関する制度整備が進むことになった。まず、標準化されたすべての店頭（OTC）デリバティブ契約を、清算機関（CCP）を通じて清算させるため、上記金融商品取引法の改正で清算集中義務が導入された（2012年から適用開始）ほか、清算集中義務のもとでわが国の金融機関が外国の清算機関による清算を行うことが可能となるよう、外国清算機関制度も導入された。また、わが国の清算機関として従来から取引所取引の清算等を担っていた日本証券クリアリング機構（JSCC）が、2011年

図表1-1 わが国における店頭デリバティブ取引規制の導入状況

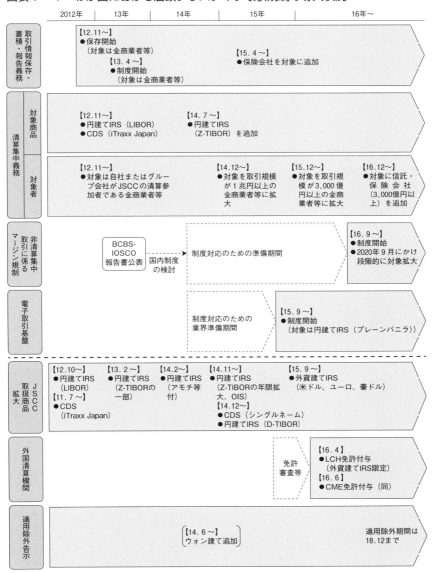

(注) 2018年6月現在。宮本・榎本・羽渕(2016)をもとに作成。

から店頭(OTC)デリバティブ取引の清算を開始した。さらに、適当な場合には、店頭デリバティブが電子取引基盤を通じて取引されるよう、2015年から電子取引基盤規制が導入されたほか、2013年には店頭デリバティブ取引の取引情報の報告制度の導入も行われた[1]。

また、2011年のG20カンヌサミットにおいて、①システミック・リスクの抑制と、②OTCデリバティブ取引の清算集中義務の促進の観点から、清算機関によって清算されないOTCデリバティブ取引について、証拠金の授受を行うべきことが合意されたことを受け、日本でも2016年から清算機関で清算されない店頭デリバティブ取引について、証拠金規制が導入された。

図表1-1は、わが国における店頭デリバティブ取引規制の導入状況を整理したものである。

1-2 わが国の清算機関制度と外国清算機関制度

わが国の清算機関制度は、2002年の証券取引法(金融商品取引法の前身)改正により導入された制度であった。しかしながら、その当時は有価証券の清算が主たる関心事となっており、店頭デリバティブ取引はそもそも明確に清算対象とは法律上位置づけられていなかった。店頭デリバティブ取引の清算に免許が必要となるのは、清算機関の行っていた有価証券債務引受業が、金融商品債務引受業に該当することとなった2006年の金融商品取引法以降である。それまでは、その清算に金融商品取引法上の免許が必要であったの

---

[1] G20ピッツバーグサミット合意で、「中央清算機関を通じて決済がされない契約は、より高い所要自己資本賦課の対象とされるべきである」とされている点についてのバーゼルⅢ上の対応については、本書序章の「金融機関からみたCCPの重要性」を参照。また、店頭デリバティブ取引に関するバーゼル規制の概要については、たとえば、福島良治『デリバティブ取引の法務(第5版)』(2017年3月、金融財政事情研究会)第6章Ⅱを参照。

は、有価証券関連デリバティブ取引に限られていた。

その後、2009年のG20ピッツバーグサミット合意を受けた、店頭デリバティブ取引規制改革の一環として、2010年の金融商品取引法改正によって外国清算機関制度が導入された。3節で説明するわが国の清算集中義務の対象となる者は、対象となる取引について、わが国で免許を取得している清算機関（以下で説明する清算機関または外国清算機関）で清算を行う必要がある。

わが国の清算機関制度

わが国の清算機関については、金融商品取引法156条の2において、金融商品債務引受業（同法2条28項）を行う者として、内閣総理大臣の免許を受けた株式会社または金融商品取引所（同法156条の19第1項）とされている。

「金融商品債務引受業」とは、金融商品取引業者、登録金融機関、証券金融会社を相手方として、これらの相手方が行うデリバティブ取引などの対象取引に基づく債務を、引受け、更改その他の方法により負担することを業として行うことをいう（同法2条28項。同法施行令1条の19）。免許制とされているのは、①多数の清算参加者のカウンターパーティとなって、決済リスクを集中的に負うことになるため、高度なリスク管理体制を確保する必要性が高いことや、②後述の業務方法書において清算に係るルールを策定する機能を有することなどをふまえたものと考えられる。

清算参加者は、清算機関の金融商品債務引受業の相手方となる者（同法156条の7第2項3号）である。清算参加者については、清算の確実な履行の観点等から財務の健全性が求められる。清算参加者の財務要件については、わが国では、個別の清算機関の業務方法書のなかで定められることとなっており、業務方法書は清算機関の免許取得の際に、審査事項の1つとなっているほか、その変更には認可が必要である。

清算機関に対しては、その機能の重要性等をふまえて、資本金規制（同法156条の5の2・156条の12の3）、主要株主規制（同法156条の5の3～11）が課

されている。また、清算機関を起点とするシステミック・リスクを回避するべく、清算機関の経営の健全性を確保するため、他業制限規定が置かれている。具体的には、金融商品取引所以外の国内清算機関は、原則として、金融商品債務引受業等およびこれに付随する業務以外の業務を行うことができないとされている（同法156条の6第2項）。

　業務方法書とは、清算機関の清算・決済に関するルールを定めたものである。清算機関は、業務方法書の定めに従い業務を行わなければならないとされ（同法156条の7、清算機関府令17条）、業務方法書の変更は認可事項である（金融商品取引法156条の12）。わが国の清算機関免許（外国清算機関免許を除く）を取得している機関のうち、2018年6月現在、唯一OTCデリバティブの清算を行っている日本証券クリアリング機構（JSCC）の業務方法書をみると、清算参加者の要件・義務、清算資格の喪失条件、清算参加者の決済不履行時の措置などについて定めていることからもわかるとおり、業務方法書は、市場のルールの一部を構成する重要な文書である。

　なお、清算機関は、金融商品取引法および金融庁監督指針に基づき金融庁の監督を受けている。

わが国の外国清算機関制度

　外国清算機関制度は、2010年の金融商品取引法改正によって導入された制度である。外国清算機関とは、外国の法令に準拠して設立された法人で、外国において金融商品債務引受業と同種類の業務を行う者であって、わが国の免許を受けて金融商品債務引受業を行う者である（金融商品取引法156条の20の2）。

　免許制となっていること、業務方法書の変更が認可事項となっている点など、制度の大枠は国内の清算機関と同じである。しかしながら、外国清算機関は、本国において外国当局の規制・監督を受けていることが前提となっていることなどから、株式会社要件や、資本金規制等は導入されていない。ま

た、過度な負担となってわが国における清算業務への参入障壁とならないよう、外国銀行等と異なり、事務所設置義務や国内資産保有義務は課されていない。

なお、日本で業務を行う外国清算機関は、金融商品取引法および金融庁監督指針に基づき金融庁の監督を受けることになっている。外国清算機関免許を取得している機関は、2018年6月現在、英国LCHと米国CMEの2社であり、いずれもOTCデリバティブの清算を行っている（2社の免許付与対象は、本書執筆時点では外貨建て金利スワップのみとなっている）。

適用除外告示

金融商品取引法施行令1条の18の2において、海外の清算機関が負担する債務の起因となる取引であって、「当該取引に基づく債務の不履行による我が国の資本市場への影響が軽微なものとして金融庁長官が指定するもの」についての時限措置として、外国清算機関免許を取得することなく清算業務を提供することを認めている。具体的には、平成23年金融庁告示第105号2条で定められており、外国清算機関において清算し、外国・外国法人を参照するCDS、指定外国清算機関（コリアエクスチェンジ）で清算する韓国ウォン建て金利スワップ取引等がある（2018年7月現在）。

1–3 清算集中義務規制の内容

総　論

わが国における清算集中義務規制の整備は、外国清算機関制度を導入した

2010年金融商品取引法改正とともに行われ、2012年11月から規制の適用が開始された（同法156条の62。店頭デリバティブ等の規制に関する内閣府令（以下、店頭デリバティブ府令））。清算集中義務規制とは、金融商品取引業者等が、金融庁長官が指定する店頭デリバティブ取引を行う場合に、わが国で免許を取得した清算機関（外国清算機関等を含む）による清算集中を義務づけるものである。店頭デリバティブ府令2条では、取引の種類ごとに、清算集中義務の適用対象外となる取引が規定されている。2010年改正以降に関連する金融商品取引法の改正はないものの、下位規程である内閣府令および金融庁告示の改正によって、特に対象者について、数次にわたって制度の調整が行われてきた。

　清算集中を義務づける目的としては、①清算機関を通じて取引に係る債権・債務の総額を相殺により縮減するとともに、②取引当事者の破綻が市場に伝播するシステミック・リスクを回避することによって、店頭デリバティブ取引に係る決済リスクを削減することがあげられている。2010年金融商品取引法改正にあたっては、清算集中義務の対象となる取引の範囲を定めるにあたって、本制度趣旨をふまえて、わが国における取引規模が大きく、清算集中による決済リスクの削減がわが国の市場の安定に必要と考えられるかどうかを考慮することとして、具体的な範囲は店頭デリバティブ府令で定められることとされた。他方で、清算集中義務に対応するには、金融機関や清算機関においてさまざまな準備が必要となることから、清算集中義務の対象は、対象を絞ってスタートし、徐々に対象を拡大する段階的なアプローチがとられた。

対象となる取引

　清算集中義務規制においては、清算集中義務規制の適用対象取引は、①一定のCDS（クレジット・デフォルト・スワップ）と、②一定の金利スワップとなっている。

(1) CDSの対象取引

　清算集中義務規制の対象となるCDSは、清算集中義務規制が導入された2012年11月当初からiTraxx Japanのうち50以下の内国法人の信用状態をトリガーとするCDSであり、シングルネームCDS等は規制の対象外である。また、清算集中を行うためには、清算機関がその取扱いが可能な商品である必要があることから、「株式会社日本証券クリアリング機構が、当該取引に基づく債務をその行う金融商品債務引受業の対象としているものに限る」ものとされている（金融商品取引法156条の62第1号、店頭デリバティブ府令2条1項・3項、平成24年金融庁告示第60号1条）。

　また、インデックス型のCDSはこれに含まれる企業の組合せが変更されることにより、複数のシリーズが組成されるが、店頭デリバティブ府令の施行の日の直前の更新日（内国法人の組合せを組成する日）の「前々回の更新日以降に内国法人の組合せが組成された取引に限る」という文言に基づき、「適格CDS取引の銘柄のうち、店頭デリバティブ府令の施行時点のシリーズより2個前のシリーズ以降のものが清算集中義務の対象となります」というパブリック・コメントへの回答が金融庁から示されている。

(2) 金利スワップの対象取引

　清算集中義務規制の対象となる金利スワップおよび清算集中義務規制が導入された2012年11月当初の対象取引は、円建て金利スワップのうち、変動金利の対象指標を3カ月物LIBORまたは6カ月物LIBORとするものであったが、2014年7月から、円建て金利スワップのうち、変動金利の対象指標をユーロ円TIBOR3カ月物（年限5年以内）、またはユーロ円TIBOR6カ月物（年限10年以内）とするものが追加された（金融商品取引法156条の62第2号、店頭デリバティブ府令2条2項・3項、平成24年金融庁告示第60号2条）。

対象者

　対象者は、金融商品取引業者等から、店頭デリバティブ府令2条で適用対象外として規定するものを除いたものとなる。

(1) CDSの対象者から除外されているもの

　CDSの対象者については、店頭デリバティブ府令2条3項では、以下のいずれかの要件を満たす取引については、清算集中義務の適用対象外となることが規定されている。

① 取引の当事者の一方が金融商品取引業者等でない場合における取引
　金融商品取引業者等と事業会社などの間の取引が除外される。
② 信託勘定に属するものとして経理される場合における取引
③ 取引の相手方がグループ企業である場合における取引
　グループ内取引については、いわゆるBack to Backの取引によって、ブックを1つのエンティティに集中させるといった措置をとることが考えられるほか、金融グループはグループ単位でリスク管理を基本としていることから、当該グループ内の取引については規制を及ぼさないこととしている。
④ 取引の当事者の双方が清算参加者でない場合における取引
　清算機関において清算を行うためには、清算参加者となることが不可欠であることから、清算することが事実上できない場合であって、これに合理的な理由がある場合には、義務を課さないことにしたものである。CDSにおいては、金利スワップのように、清算参加者を通して間接的に清算機関に参加するクライアント・クリアリングの制度が整備されていないことも背景にあると考えられる（金利スワップにおいては本項目は除外されていない）。なお、グループ会社が清算参加者の場合に義務の適用除外を認めない趣旨としては、「現在の清算実務をふまえると、金融商品取引業者等の親会社等又は子会社等が清算参加者である場合、当該金融商品取引業者等は、有価証券等清

算取次ぎによる清算が可能であることから、かかる金融商品取引業者等を清算集中の対象外とすることは適当ではないと」されている（金融庁のパブリック・コメントへの回答）。

⑤　その他、清算集中義務を課すことが不適当であると認められる合理的な理由がある取引

　これは、清算集中義務を課すことが不適切な取引について、金融庁長官の指定に基づき、清算集中義務の対象から除くことを可能にしている。この点について、金融庁のパブリック・コメント回答においては、「市場の大きな混乱等により清算機関が円滑に清算業務を遂行できないような状況等を想定しています」との見解が示されていることから、清算集中義務に係るバスケット条項として、混乱期に清算集中義務を課すことによりかえって市場が不安定になることを避ける趣旨であると考えられる。

(2) 金利スワップの対象者から除外されているもの

　金利スワップの対象者については、店頭デリバティブ府令2条4項では、以下のいずれかの要件を満たす取引については、清算集中義務の適用対象外となることが規定されている。

①　取引の当事者の一方が金融商品取引業者等でない場合における取引

　CDSと同様に、金融商品取引業者等と事業会社などの間の取引を除外される。

②　信託勘定に属するものとして経理される場合における取引

　過年度の店頭デリバティブに係る想定元本額の平均額が3,000億円未満の場合のみ除外される。

③　取引の相手方がグループ企業である場合における取引

　CDSと同様に、グループ内取引も除外される。

④　清算集中義務を課すことが不適当であると認められる合理的な理由がある取引

　CDSと同様に除外されている。

⑤　取引の当事者の金融商品取引業者等の一方または双方が、前年度の各月末の店頭デリバティブ取引の平均残高が3,000億円以上である取引情報作成対象業者でない場合における取引

　この点については、段階的に清算集中義務の対象者が拡大されてきた。清算集中義務規制が導入された2012年11月当初の規制対象者は、自社またはグループ会社が、JSCCの清算参加者（直接参加者）である金融商品取引業者等に限定されていたが、2014年12月には、過年度の店頭デリバティブに係る想定元本額の平均額が1兆円以上となる金融商品取引業者等同士の取引に拡大された（クライアント・クリアリングも対象となった）。さらに、2015年12月には、過年度の店頭デリバティブに係る想定元本額の平均額が3,000億円以上となる金融商品取引業者等同士の取引に対象が拡大された。さらに、2016年12月からは、対象に信託・保険会社が追加された（過年度の店頭デリバティブに係る想定元本額の平均額が3,000億円以上となる者）。

　「過年度の店頭デリバティブに係る想定元本額の平均額」が対象に該当する者については、金融庁のホームページにおいて「店頭デリバティブ取引等の規制に関する内閣府令第2条の2第1項第1号に基づき届出を行った者の一覧」として毎年公表されている。

今後の課題

　ここでは、清算集中規制に関する今後の課題として、清算集中規制の国際的なハーモナイゼーションと清算集中義務の対象商品について取り上げたい。

　清算集中義務規制に関する課題として、清算集中義務規制の国際的なハーモナイゼーションがある。清算集中義務規制は、米国では2010年7月に成立したDodd-Frank法において、欧州では2012年7月に採択されたEMIR（European Market Infrastructure Regulation）で定められているといったように、各国で国内法化される段階で、規制の細部が異なっているほか、各国でそれ

それ免許付与や認証手続が行われているため、各国によって清算集中を行うことが認められている清算機関も異なっている。このため、たとえば、わが国の銀行と米国の銀行との間のデリバティブ取引のようなクロスボーダー取引について、わが国のルールに基づき日本法により認められた清算機関の利用が義務づけられるのと同時に、米国のルールに基づき米国法により認められた清算機関の利用が義務づけられることになる[2]。

問題に対する対応策としては、自国の規制と外国の規制が重複して適用される場合、自国の規制と外国の規制が同等であることを相互に認めること（同等性評価）を円滑に進める必要がある。わが国の店頭デリバティブの清算を行う清算機関であるJSCCが、2015年4月に欧州の規制当局であるESMAから外国清算機関としての認証を受け、2015年10月に米国規制当局であるCFTCから米国商品取引所法に基づくDCO（デリバティブ清算機関）としての登録義務の免除が認められていることにもみられるように、日米欧の間では、同等性評価がさまざまな困難に直面しながらも着地点を見出す段階に進んできた[3]が、今後も、新興国の市場拡大に伴い、これらの国々との間で同等性評価による代替的コンプライアンスが必要になった場合は、これを円滑に進める必要がある[4]。

また、清算集中義務規制に関する今後の課題としては、2011年12月に金融庁から公表された「「店頭デリバティブ市場規制にかかる検討会」における

---

[2] 仮に、わが国の銀行と米国の銀行が両者の間の取引を、米国で認証されているCCPで清算しようとしても、そのCCPがわが国で清算機関免許（外国清算機関免許を含む）を取得していなければ、本清算はわが国のルール上は認められないことになる。

[3] 米国CFTCが、米国法人でもなく、また、米国に本店を有しない業者（non-US person）が行う取引であっても、米国法人や米国に本店を有する法人等（US person）と行う取引については、US person の在外支店と行う取引を除き、米国法による清算集中義務に関する規制の対象となるとの考え方を示したことに対して、主要国から厳しい批判があったことや、米国・欧州とわが国との間の代替的コンプライアンスの歩みについては、森下哲朗「CCP等に関する国際的な側面に関する幾つかの問題」（2018年3月、金融法務研究会『デリバティブ取引に係る諸問題と金融規制の在り方』）に詳しく説明されている。

[4] 個別の代替的コンプライアンスを進めるかわりに、マルチラテラルな相互認証の枠組みを構築することも一案である。

議論の取りまとめ」においては、清算集中義務の対象商品について、外貨建て金利スワップ、日本企業を参照するシングルネームCDS、欧米企業を参照するインデックスおよびシングルネームのCDS等を追加することについて、今後の検討課題とされていた。現在のわが国の清算集中義務の対象商品の範囲は、欧米に比べて狭くなっている。しかしながら、日本の店頭デリバティブ市場の規模は欧米と比べて小さいこと、対象商品の拡大を行うことはわが国の清算機関であるJSCCにおいて同商品の清算サービスが持続的に提供可能であることが前提となることなどをふまえると、対象商品の範囲拡大には慎重な検討が必要と思われる。

1−4 証拠金規制（マージン規制）

規制導入の経緯とWGMR報告書の概要

　証拠金規制（マージン規制）は、清算集中義務、取引情報報告制度、電子取引基盤と続く一連の店頭デリバティブ規制のなかで、最後の規制として世界的に導入されたものである。すなわち、本規制の導入は、2011年9月のG20カンヌサミットにおいて、①システミック・リスクの抑制と、②OTCデリバティブ取引の清算集中義務の促進の観点から、清算機関によって清算されないOTCデリバティブ取引について、証拠金の授受を行うべきことが合意されたことを契機とするものである。

　本合意をふまえ、バーゼル銀行監督委員会（BCBS）と証券監督者国際機構（IOSCO）が「非清算店頭デリバティブ取引に係る証拠金規制に関する共同ワーキング・グループ」（WGMR）を設置し、2013年9月に最終報告書（WGMR報告書）を公表した。その後、本報告書の内容をふまえて各国で国

内規制の検討・導入が行われた。なお、本規制の実施時期については、本報告書公表時には2015年12月からとされていたが、各国の規制の調和に向けた当局・業界間の調整に時間を要したことなどから、規制の円滑な実施に向けた準備期間を確保するため、BCBSとIOSCOは、2015年3月に規制の実施時期を2016年9月に延期することとした。

以下では、WGMR報告書の内容を簡潔に説明する[5]。

(1) **対象取引**

対象となるのは、すべての非清算店頭デリバティブ取引とされている。ただし、本規制の適用時期以降に締結する取引に限定される。また、現物決済される為替スワップ取引・為替フォワード取引は対象外となっている。

(2) **対象主体**

「金融機関」および「金融システム上重要な非金融機関」同士が行う対象取引について、証拠金の授受を行うことを求めている。具体的な対象範囲の決定は、各国に委ねられているが、幅広い金融機関を対象とすべきとされている。また、「金融システム上重要な非金融機関」の範囲についての定義も各国の判断に委ねられている。

(3) **証拠金の授受**

本規制では、対象主体同士の対象取引について、変動証拠金と当初証拠金の授受が求められている。ここで変動証拠金とは、市場の変動等によって変化するポジションに応じて支払が行われるものである。当初証拠金とは、取引の相手方(カウンターパーティ)がデフォルトした場合に備え、ポジションの処理が完了するまでの間の損失をカバーするためのもので、ポテンシャルフューチャーエクスポージャーに該当する(ポテンシャルフューチャーエク

---

[5] 以下の整理は、石川知弘・塚本晃浩「「非清算店頭デリバティブ取引に係る証拠金規制」の概要と今後の見通し」(週刊金融財政事情2014年10月27日号)を参考にしている。

スポージャーについては、62～63頁を参照)。

　変動証拠金の授受により、取引相手に対する日々のエクスポージャーを削減することができる。また、当初証拠金の授受により、取引相手が破綻した場合にも損失を被ることなく取引を終了することが期待される。

　このように、非清算店頭デリバティブ取引に対して、変動証拠金・当初証拠金の授受を義務づけることによって、本規制は、カウンターパーティがデフォルトした場合にデフォルトの連鎖によってシステミック・リスクが顕現化するのを防ぐとともに、(非清算店頭デリバティブ取引にかかるコストをCCPで清算される店頭デリバティブ取引にかかるコストより高くすることによって)店頭デリバティブ取引の清算集中を促進している。

　なお、変動証拠金は、すべての対象主体に義務づけたうえで、日次など高頻度での授受が求められている。他方で、当初証拠金は、対象主体を非清算店頭デリバティブ取引に係る想定元本額がグループで一定規模(80億ユーロ超)の主体に限定するとともに、授受の頻度も変更証拠金ほど高頻度でなくともよいとされている。

(4) 適格担保

　担保は、市場がストレス環境にあってもスムーズに現金化できることが重要であることをふまえ、適格担保は流動性の高い資産に限定されている。具体的には、現金、信用力の高い国際、社債、主要な株式指標に含まれる株式等とされている。

(5) 当初証拠金の算出方法

　当初証拠金の算出には、WGMR報告書に添付されている標準表、または監督当局により承認されたモデルを利用しなければならないとされている。恣意的なモデルの利用により、同リスクの取引に対する当初証拠金の負担額に各社で大きな差異が生じないようにするためである。

⑹　当初証拠金の分別管理

　当初証拠金は、預託した主体が債務不履行になった場合に、受領した主体が即時に利用できること、受領した主体が破綻した場合に、預託をした主体が十分に保護されるようなかたちで、分別管理を行うことが求められている。

⑺　再担保・再利用

　受領した当初証拠金については、きわめて限定的ではあるが、再担保・再利用を許容している。変動証拠金には、再担保・再利用に特段の制限はない。

⑻　クロスボーダー取引

　各国の規制を整合的な内容とし、また同一の取引に複数の規制が適用されないよう、各国の当局が調整することとされている。

⑼　規制の適用開始時期と段階的適用

　2013年9月の最終報告書（WGMR報告書）公表時には、本規制の適用開始時期が2015年12月とされていたが、各国の規制の調和に向けた当局・業界間の調整に時間を要したことなどから、規制の円滑な実施に向けた準備期間を確保するため、BCBSとIOSCOは、2015年3月に規制の実施時期を2016年9月に延期することとした。

　また、規制導入のメリットとコストのバランスをとるため、規制は段階的に適用される。当初証拠金については、2016年9月に非清算店頭デリバティブ取引の想定元本の大きい対象主体（想定元本3兆ユーロ超）から規制を導入し、2020年9月にかけて1年ずつ対象主体を拡大していく方法がとられている（最終的には、想定元本80億ユーロ超）。変動証拠金については、2016年9月に非清算店頭デリバティブ取引の想定元本の大きい対象主体（想定元本

3兆ユーロ超）に規制を導入し、2017年3月からはすべての規制対象主体に対象を拡大している。

証拠金規制のわが国法令等における位置づけ

　わが国の証拠金規制は、一定規模以上のデリバティブ取引を行っている金融商品取引業者等を対象とした非清算店頭デリバティブ取引に証拠金の預託を義務づけるものである。また、金融庁監督指針では、すべての金融機関に対して、金融機関等との非清算店頭デリバティブ取引の変動証拠金授受に関する体制整備を促すものである。

　その法令等における位置づけをみると、金融商品取引業者等に対する態勢整備義務として、金融商品取引法40条2号から委任を受けた、金融商品取引業等に関する内閣府令（以下、業府令）123条1項21号の5・21号の6・7項から11項で構成されている。さらに、これらの各項および各号からは、複数の金融庁告示にその内容が委任されていることから、それらの告示もあわせて理解する必要がある。加えて、各業態向けの監督指針においては、これらの規制内容の趣旨が敷衍されているほか、各業態のリスク管理に関する着眼点等が補足されている。換言すると、わが国の証拠金規制は、法、府令、告示、監督指針が一体となって適用される。

　証拠金に関連する法・府令は、以下のとおりである。
・金融商品取引法40条2号
　　証拠金規制を内閣府令に委任する、証拠金規制の法源となる条文である。証拠金規制が「態勢整備義務」とされるのは、本号から委任されていることに基づくものである。
・金融商品取引業等に関する内閣府令123条1項21号の5
　　本号は、変動証拠金について、その規制対象となる者が構築すべき態勢を規定するものである。
・金融商品取引業等に関する内閣府令123条1項21号の6

本号は、当初証拠金について、その規制対象となる者が構築すべき態勢を規定するものである。
・金融商品取引業等に関する内閣府令123条7項

本項は、1つのネッティングセットに、規制対象となる取引と規制対象とならない取引が混在している場合に、継続的に計算対象とすることを条件に、ネッティングセットを分けることなく、証拠金の計算をすることを許容するものである。
・金融商品取引業等に関する内閣府令123条8項および9項

これらの項は、証拠金規制において授受を行う際に、適格な担保を定めるものである。
・金融商品取引業等に関する内閣府令123条10項

本項は、変動証拠金規制の対象者を規律するものである。
・金融商品取引業等に関する内閣府令123条11項

本項は、当初証拠金規制の対象者を規律するものである。

上記のように、規制対象となる者は業府令123条10項および11項で規律されており、その規制対象となった社が具体的に行うべき行為については同条1項21号の5および21号の6において記載されている。同条7項から9項までは、これらの規制対象となる者が、具体的に整備する態勢において、対象取引や担保について、必要な事項を定めるとともに、その調整を図るものである。条文数が多く、かつその内容が複雑である証拠金規制に関する各規定であるが、上記のように、俯瞰的に条文を理解することが重要であると考えられる。

対象取引[6]

金融商品取引法2条22項に規定する店頭デリバティブ取引のうち、清算機

---

[6] 「対象取引」〜「クロスボーダー取引の留意点」（38頁）については、宮本孝男・白澤光音・朝倉利恵「「非清算店頭デリバティブ取引に係る証拠金規制」の最終化」（週刊金融財政事情2016年4月11日号）および前掲福島（2017）を参考にしている。

関で清算されない取引を対象としている（業府令123条1項21号の5）。ここでいう、清算機関は、わが国で免許を取得した清算機関である必要がある（2018年6月現在、わが国で免許を取得している清算機関のうち、店頭デリバティブ取引の清算を行っているのは、日本証券クリアリング機構（JSCC）、英LCH、米CMEの3社である）。対象取引の詳細については、図表1－2を参照。

対象取引について4点補足すると、第一に、適用除外告示（平成23年金融

図表1－2　証拠金規制における外国為替等に係る店頭デリバティブ取引の取扱い

取引の種類		①金融商品取引法に定義される店頭デリバティブ取引
先渡取引（差金決済型）	為替先渡（FXA）取引	○ （1号）
	外国為替証拠金（FX）取引	
	ノンデリバラブル・フォワード（NDF）取引	
	為替予約取引	
オプション取引		○ （3号）
通貨・金利スワップ取引	ベーシス・スワップ取引	○ （5号）
	ノンデリバラブル・スワップ（NDS）取引	○ （5号）
	クーポン・スワップ取引	
先物外国為替取引（現物決済型）	為替スワップ取引	×
	為替フォワード取引	
直物（スポット）為替取引		×

（注）　○はすべて対象、△はカッコ内に記載した一部取引を除いて対象。カッコ内の号数
（出所）　宮本・白澤・朝倉（2016）

庁告示第105号）の対象となっている海外の清算機関で清算される取引については、証拠金規制の対象から除かれている。第二に、WGMR報告書に従い、現物決済される為替フォワード取引や為替スワップ取引は、証拠金規制の対象外である[7]。第三に、通貨スワップの取引の元本部分は、わが国の当初証拠金規制の対象外となっている（変動証拠金については適用対象）。これは、通貨スワップの取引の元本部分については、為替フォワード取引や為替ス

②規制対象となるか否かの判定		③規制対象取引	
3,000億円（業府令123条10項）	1.1兆円（業府令123条11項）	変動証拠金（業府令123条1項21号の5）	当初証拠金（業府令123条1項21号の6）
△（約定日から受渡日まで2営業日以内）	◯	◯	◯
△（権利行使期間が2営業日以内）	◯	◯	◯
◯	◯	◯	△（元本交換部分）
◯	◯	◯	◯
×	◯	×	×
×	×	×	×

は金融商品取引法2条22項の各号数。

ワップ取引と経済的性質が同様であるため、WGMR報告書でも規制の対象外とされたことをふまえたものである。第四に、グループ内取引や当事者の一方が事業会社や個人である取引は、変動証拠金規制および当初証拠金規制の対象外となっている。

対象主体

(1) 変動証拠金

　変動証拠金規制については、原則としてすべての金融機関を対象としている。ただし、非清算店頭デリバティブ取引の規模に応じて、業府令の対象となる者と金融庁の監督指針のみの対象になる者が分かれている。店頭デリバティブ取引の想定元本額が単体で3,000億円以上[8]である金融商品取引業者等（第１種金融商品取引業者、登録金融機関である銀行、保険会社、商工中金、政投銀、信用金庫連合会、農林中央金庫）は業府令の対象となる（業府令123条10項）一方、それ以外の金融機関は、業府令の対象ではないが監督指針の対象となる。

　業府令の対象者は、証拠金規制の目的の１つが清算集中の促進であることをふまえ、原則として清算集中義務の対象者と同一となっている。また、

7　WGMR報告書において、為替フォワード取引や為替スワップ取引が対象外となったのは、BCBSが2013年２月に公表した「外国為替取引の決済に関連するリスクを管理するための監督上の指針」を公表しており、このなかで、為替フォワード取引や為替スワップ取引について変動証拠金の授受が行われるよう各国当局が手当を行うことを提言していることを受けたものである。もっとも、日本の現行法において、為替フォワード取引や為替スワップ取引において、変動証拠金・当初証拠金のやりとりが排除されているわけではない。

8　当該額は、取引を行うつど算出するのではなく、１年ごとに過去の一定期間の平均額を利用して判定する。具体的には、2016年９月から11月の取引に対しては2014年４月から2015年３月の各月末の平均額、2016年12月から2017年11月の取引に対しては2015年４月から2016年３月の各月末の平均額を参照して判定し、以後１年ずつ期間をずらして適用する。

WGMR報告書で投資ファンドも金融機関と同様に規制の対象とされていることをふまえ、わが国では、それに相当するものとして、投資信託等のスキームで利用される信託勘定における取引も規制対象としている（業府令123条１項21号の５ホ・21号の６ト）。これらの業府令対象者については、証拠金規制が適用される。

次に、監督指針では、リスク管理の観点から、それぞれの監督指針において対象となる者すべてを対象としており、業府令の対象とならない金融機関にも適用される。これらの金融機関は、監督指針をふまえ、規模や特性に応じた変動証拠金に係る態勢整備が求められる。

なお、実際の取引の適用にあたっては、双方の取引当事者が業府令対象となる場合にのみ業府令で定める証拠金規制が適用され、業府令対象者と監督指針のみの対象者との取引については、監督指針が適用される。また、外国の事業者と取引を行う場合についても、非清算店頭デリバティブ取引の規模に応じて、業府令と監督指針が適用される。

(2) 当初証拠金

当初証拠金規制については、店頭デリバティブ取引に係る想定元本額が単体で3,000億円以上であることに加え、非清算店頭デリバティブ取引に係る想定元本額がグループで1.1兆円超[9]であることを満たす者のみを規制の対象としている（業府令123条11項）。監督指針の適用対象も、業府令の対象者のみとしている。これは、WGMR報告書において、当初証拠金規制の複雑性や市場の流動性に与える影響等を勘案し、非清算店頭デリバティブ取引に係る想定元本額がグループで80億ユーロ超の者に対象を限定していることをふまえたものである。また、外国の事業者と取引を行う場合についても、上

---

[9] 当該額は、取引を行うつど算出するのではなく、１年ごとに過去の一定期間の平均額を利用して判定する。具体的には、2016年９月から2017年８月までの取引に対しては、2016年３月から５月までの各月末の平均額を参照して判定し、以後１年ずつ期間をずらして適用する。

記条件を満たす場合に府令と監督指針が適用される。

(3) **対象主体の判定に関する補足説明**

証拠金規制の対象となるかどうかの判断に際し、留意すべき点として以下の3点がある。

第一に、証拠金規制の対象外である為替フォワード取引や為替スワップ取引については、変動証拠金規制・当初証拠金規制の対象となるかどうかを判断する際の単体の店頭デリバティブ取引に係る想定元本額の計算からも除かれている。他方で、当初証拠金規制の対象となるかどうかを判断する際のグループの非清算店頭デリバティブ取引に係る想定元本額の計算には、これらの取引を含める必要がある。

第二に、通貨スワップの取引の元本部分は、わが国の当初証拠金規制の対象外となっているが（変動証拠金規制では、対象）、変動証拠金規制・当初証拠金規制の対象となるかどうかを判断する際の単体の店頭デリバティブ取引に係る想定元本額の計算には含める必要がある。

第三に、グループ内取引や当事者の一方が事業会社や個人である取引は、変動証拠金規制および当初証拠金規制の対象外となっているが、変動証拠金規制・当初証拠金規制の対象となるかどうかを判断する際の単体の店頭デリバティブ取引に係る想定元本額の計算からも除かれる。

(4) **規制対象外取引の取扱い**

証拠金規制における規制対象取引は、非清算店頭デリバティブ取引であるが、ISDAマスター契約等には、為替フォワード取引、為替スワップ取引等、規制対象とならない取引が含まれていることもある。こうした場合には、1つの基本契約書に基づいて行われるすべての取引をネッティングしたうえでリスク管理を行うことが合理的である場合もあるため、証拠金規制においては、これらの取引を規制対象取引に含めて取り扱うことを許容している（業府令123条7項1号ニ・2号ホ）。ただし、証拠金が減少する場合のみ、

これらの取引を対象に含めるといった恣意的な運用を防ぐため、これらの取引を対象に含める場合は、継続して含めることが条件となっている。

また、証拠金規制の規制対象取引は、規制適用日以降の取引であるが、上記と同様に継続して含めることを条件に、規制適用前の取引も規制適用以降の取引とあわせて取り扱うことが許容されている。

適用時期

適用時期については、WGMR報告書に沿って、非清算店頭デリバティブ取引に係る想定元本額に応じて段階的に適用することとしている（図表1－3参照）。

当初証拠金については、2016年9月に非清算店頭デリバティブ取引の想定元本の大きい対象主体（想定元本420兆円超）から規制を導入し、2020年9月にかけて1年ずつ対象主体を拡大していく方法がとられている（最終的には、想定元本1.1兆円超）。変動証拠金については、2016年9月に非清算店頭

図表1－3　非清算店頭デリバティブ取引に係る証拠金規制の実施時期

施行・適用の期日	変動証拠金	当初証拠金
	非清算店頭デリバティブ想定元本（グループ全体）	
2016年9月1日	420兆円超	420兆円超
2017年3月1日	420兆円以下	－
2017年9月1日	－	315兆円超
2018年9月1日	－	210兆円超
2019年9月1日	－	105兆円超
2020年9月1日	－	1.1兆円超

（注）　業府令の対象とならない金融機関に対する変動証拠金に係る監督指針の規定については、2017年3月1日から適用。
（出所）　宮本・白澤・朝倉（2016）

デリバティブ取引の想定元本の大きい対象主体（想定元本420兆円超）に規制を導入し、2017年3月からは想定元本3,000億円以上のすべての規制対象主体に対象を拡大している。

なお、適用時期が異なる者同士の取引においては、双方の当事者が条件を満たす時期に適用される。たとえば、当初証拠金についてみると、非清算店頭デリバティブ取引の想定元本が500兆円の者（2016年9月適用）と150兆円の者（2019年9月適用）との間の取引に係る証拠金規制は、2019年9月が適用時期となる。

証拠金の算出・授受方法

(1) 変動証拠金

変動証拠金の定義は、「非清算店頭デリバティブ取引の時価の変動に応じて、当該非清算店頭デリバティブ取引の相手方に貸付又は預託（以下この号及び次号において「預託等」という。）をする証拠金をいう」とされている（業府令123条1項21号の5）が、これまで実務的に行われてきた、カレントエクスポージャー[10]に対応する証拠金であると考えてよい。業府令の対象者は、日次で非清算店頭デリバティブの取引の相手方ごとに時価を算出し（同号イ）、それと相手方から預託されている証拠金額との差額がゼロを超える場合には、その差額に相当する証拠金の預託を、直ちに相手方に求める必要がある（同号ロ）。具体的な計算方法は、計算告示「金融商品取引業等に関する内閣府令第123条第1項第21号の5ロおよび同項第21号の6ロの規定に基づき、金融庁長官が定める方法を定める件」（以下、計算告示）の2条で定められている。変動証拠金と当初証拠金を合算して、当事者があらかじめ定めた7,000万円以下の額（最低引渡担保額、Minimum Transfer Amount）または

---

10 カレントエクスポージャーについては、62〜63頁参照。

それを下回る場合は、預託を求める必要はない。最低引渡担保額は、あくまで少額の証拠金を授受する際の事務負担に配慮したものであるため、最低引渡担保額を超えた場合は、超えた部分だけではなく、必要変動証拠金額の全額を授受する必要がある。なお、両当事者が算出した証拠金の金額が一致しない場合（dispute）には、両当事者があらかじめ合意した方法により算出した額を変動証拠金額とする。これは、証拠金規制導入前の実務でもとられていた方法を踏襲したものと考えられ、split（双方の算定額の平均値を利用）やundisputed amount（双方の算定額の小さいほうを利用。ただし、授受の方向が異なる場合はゼロとする）などの方法が考えられるが、いずれの方法も許容される旨がパブリック・コメントに対する金融庁の回答によって明らかにされている。監督指針では、この点の実効性確保の観点から、紛争が発生した場合の対応方法を事前に定めたうえで適切な対応を行い、紛争の内容を記録・保存することを求めている。

　変動証拠金の授受は、相手方から求めがあった場合には、遅滞なく行う必要がある（業府令123条1項21号の5ハ）。「遅滞なく」とは、「現行の決済等の実務の範囲内で速やかに」との意味とされており、具体的な日数は定められていない。なお、米国や欧州の規制では、取引から決済まで1日で行うことが求められている（T＋1）。

　証拠金規制では、変動証拠金の授受だけでなく返還の義務も定めていることに留意が必要である（同号ニ）。証拠金の返還請求を行う者にあっては、相手方に請求をしたとしても、相手方からの履行が必ずしも行われるとは限らず、証拠金の受領（collect）が義務づけられているにもかかわらず、相手方が証拠金の差出（post）をしてくれないという状況が考えられる。そのため、collect義務だけでなくpost義務についても、法的な義務として構成することにより、証拠金の受領と差出を担保しようとした規定である。国際的にも、証拠金規制の市中協議が各国で開始され始めた当初はcollect義務のみを規定している国が多かったが、わが国も含め、証拠金規制の最終化の段階に近づいてからは、postとcollectを各国とも規定する流れとなっていった。

業府令の対象とならない取引規模が小規模な者等については、必ずしも日次での時価の算出や証拠金の授受は求められていない。監督指針において、取引の規模やリスク特性等を勘案した十分な頻度での時価算出・証拠金の授受等を行えば足りる旨が規定されている。ここでいう「十分な頻度」とは、「他社と比較した取引量だけでは一概に決まらず、金融機関全体の業務と比較した影響度、保有するポジション特性、カウンターパーティー・リスク管理方針等さまざまな要素を勘案し、金融機関自身が決定すべきものである」とされている[11]。

(2) 当初証拠金

当初証拠金の定義は、「非清算店頭デリバティブ取引について将来発生し得る費用又は損失の合理的な見積額（「潜在的損失等見積額」）に対応して預託等をする証拠金をいう」とされている（業府令123条1項21号の6）。

当初証拠金の計算は、変動証拠金の計算とは異なり、日次での算出は求められておらず、原則として、新たな取引が発生した場合など、非清算店頭デリバティブ取引に係る権利関係に変動が生じた場合に必要とされている。これは、「ポートフォリオにおける取引の組み換えが行われる度に、当初証拠金を徴収すべきである」としているWGMR報告書にも沿った内容であり、頻度としては、最低でも月次で算出を行うこと、大きな価格変動等が生じて必要証拠金額や担保額が大きく変動し、追加的に証拠金の預託が必要と見込まれる場合にも算出が求められる。

上記計算告示3条により、当初証拠金については、計算額から当事者があらかじめ定めた70億円以下の額（信用極度額）を控除することが認められている。なお、この信用極度額は、上述の最低引渡担保額（Minimum Transfer Amount）とは異なることに注意が必要である。信用極度額を控除した後の金額が、最低引渡担保額以下の場合は、証拠金の預託等が必要なく、最低引

11　わが国の証拠金規制最終化の際の金融庁の担当者による前掲宮本・白澤・朝倉（2016）による。

渡担保額を上回る場合は、全額を授受する必要があり、この点は変動証拠金と同様である。

当初証拠金の算出方法としては、金融庁の告示「金融商品取引業等に関する内閣府令第123条第１項第21号の６イの規定に基づき、金融庁長官が定める潜在的損失等見積額を算出する方法を定める件」（潜在的損失等見積額算出告示）によって、標準表による方法（標準的手法）とあらかじめ金融庁長官に届け出た定量的計算モデルによる方法（内部モデル手法）のいずれかによることが求められている。なお、当初証拠金は、信託等の設定による分別管理が行われており、変動証拠金と異なり、カウンターパーティへの信用リスクが生じていないことから、証拠金の返還は求めていない。

以下では、標準的手法と内部モデル手法について説明する。

① **標準的手法**

標準的手法については、上記金融庁告示で以下のとおり定められている。

当初証拠金＝0.4×グロス当初証拠金＋0.6×グロス当初証拠金×（ネット再構築コスト／グロス再構築コスト）

ただし、グロス当初証拠金は、ネッティング契約ごとに「想定元本」×「掛け目」を算出し合算。掛け目は、図表１－４のデリバティブ取引の資産区分を参照。

ネット再構築コストは、対象取引の時価の合計額（マイナスの場合はゼロ）とする。

グロス再構築コストは、対象取引の時価の合計額で、マイナスの場合はゼロとし、ゼロの場合は１とする。

② **内部モデル手法**

内部モデル手法については、上記金融庁告示によってWGMR報告書に沿って、保有期間を10日として片側99％の信頼区間を使用すること、過去データについては、ストレス期間や直近のデータを含む、少なくとも毎年１回更新される、１年以上５年を超えない期間とすることといった要件を課している。

図表１－４　標準的手法における資産区分ごとの想定元本掛け目

資　産	残存期間	掛け目（％）
クレジット	２年以下	2
	２年超５年以下	5
	５年超	10
コモディティ	―	15
株　式	―	15
為　替	―	6
金　利	２年以下	1
	２年超５年以下	2
	５年超	4
その他	―	15

（出所）　福島（2017）

　なお、モデルの差異等により証拠金額で双方が合意できない場合（dispute）もありうる。この場合は、あらかじめ当事者が定めた方法により算出される額を授受するとともに、その後、当該差異を解消する方法に係る措置をすみやかに行うものとしている。この点、デリバティブの業界団体であるISDAが、SIMM（Standard Initial Margin Model）を提示して、業界における当初証拠金の算出手法の共通化を図ろうとしている。

証拠金の管理と適格担保

(1)　証拠金の管理

　当初証拠金については、相手方が債務を利用しない場合に遅滞なく利用でき、かつ受領した金融機関等によるデフォルトが生じた場合に相手方に確実に返還できるよう、信託の設定やカストディアンの利用により分別管理する

ことが義務づけられている(業府令123条1項21号の6ニ)。また、当初証拠金として受領した担保資産再担保に供することや貸し付けることは禁止されている(同号ホ)。ただし、金銭を当初証拠金として用いる場合、信託銀行等において一定の運用をすることは許容されている。

変動証拠金については、分別管理は求められていない。

(2) 適格担保とヘアカット率

当初証拠金・変動証拠金として授受される資産としては、現金、金、国債・地方債・国際機関債等、社債、主要な株式指数を構成する株式等があげられる(業府令123条8項・9項、2016年3月31日金融庁告示第16号(「金融商品取引業等に関する内閣府令第123条第8項及び第9項の規定に基づき、金融庁長官が定める資産及び割合を定める件」))。

ヘアカット率は、現金はゼロ、株式等は15%となっており、国債等の債券については図表1−5のとおりとなっている。

また、変動証拠金として金銭が授受される場合以外は、取引当事者が取引ごとにあらかじめ定めた通貨が担保資産の通貨と異なる場合には、上記のヘアカット率に加え、さらに8%の通貨ミスマッチ・ヘアカットが課される。

図表1−5 国債・地方債・国際機関債等に関する担保ヘアカット率

信用リスク区分	残存期間	ヘアカット率(%)
AA−以上 または日本国債、日本の地方債等	1年以下	0.5
	1年超5年以下	2
	5年超	4
A+〜BBB−	1年以下	1
	1年超5年以下	3
	5年超	6
BB+〜BB−	すべての期間	15

(出所) 福島(2017)

変動証拠金として金銭が授受される場合は、業府令において、通貨ミスマッチ・ヘアカットは不要とされているが、監督指針では一定の為替リスクを考慮することとされている。この点は、「必ずしも一律8％とせず、リスクに応じたヘアカットをかけるという対応もありうるだろう」[12]とされている。

クロスボーダー取引の留意点

　クロスボーダー取引においては、当事者の双方が所在する国の規制の内容や適用関係を調整することが重要となる。このため、わが国も含め各国の規制においては、相互に証拠金規制の同等性評価を行い、同等であると評価されれば相手国の規制に服することで自国の規制を満たしているとみなして、規制の適用を調整している（業府令123条10項5号）。この点については、清算集中義務規制に関する今後の課題の箇所でも述べた、各国間の規制の同等性評価が円滑に進められることが重要である。なお、証拠金規制についても、米国ではDodd-Frank法において、欧州ではEMIRで定められている。

　なお、証拠金規制が導入されていない国に所在する金融機関等との取引については、規制裁定を防ぐために証拠金規制の対象となっている。他方で、一括清算約定の法的有効性が確保されていない国（ネッティング非有効国）に所在する金融機関等との取引については、証拠金規制の対象外としている。

1－5　取引情報報告制度

　取引情報報告規制は、上述した2009年のG20ピッツバーグサミット首脳声

12　前掲宮本・白澤・朝倉（2016）参照。

明の趣旨をふまえ、店頭デリバティブ取引市場の透明性を向上することなどを目的として、2010年に金融商品取引法改正によって導入されたものである。同規制は、金融機関やCCPなどに対して、取引情報の保存・報告を義務づけるものである。さらに、わが国における取引情報蓄積機関（TR）制度も導入し、当該機関に求められる体制整備の内容を規定している。なお、取引情報報告制度についても米国ではDodd-Frank法において、欧州ではEMIRで定められている。

対象となる取引

　基本的に対象となる取引は、金融商品取引法上の「店頭デリバティブ取引」であるが、一部の天候デリバティブ取引や地震デリバティブ取引などは、規制の対象外である（金融商品取引法156条の64、店頭デリバティブ府令6条）。

規制対象者

　規制対象者は、金融機関やCCPなど（金融商品取引法156条の64、65）で、適用対象外となるのは国や地方公共団体、日銀、外国政府、国際機関などとの取引（店頭デリバティブ府令6条2項）であり、他の規制にあるような、他方が金融商品取引業者等ではない取引に関する除外規定は存在しない。そのため、相手方が事業会社など、金融商品取引業者等ではない場合であっても、報告の対象となる。なお、付言すると、本規制に基づく義務対象者はあくまで金融商品取引業者等であり、その行う取引の類型において、報告の対象が事業会社を相手方とする取引も含まれているということにすぎない。そのため、事業会社が取引情報を当局等に対して報告する必要はないという位置づけとなっている。

金融庁による取引情報の集約と公表[13]

　わが国の制度のもとでは、①CCP経由、②TR経由、③金融機関からの直接報告の3つのルートを通して、金融庁にOTCデリバティブ取引の情報を集約する点が特徴となっている。

　具体的には、まず、CCPは、一定の清算対象取引に係る情報（「清算集中等取引情報」）について、記録の作成・保存と、金融庁への3営業日以内の報告が求められる（金融商品取引法156条の63、店頭デリバティブ府令5条）。

　第二に、金融機関がTRに対して、清算集中等取引情報を除く取引に関する情報を3営業日以内に提供した場合には、TRはその取引情報蓄積業務（取引情報の蓄積・保存に関する業務）の対象取引に関する取引情報について、記録の作成・保存と金融庁への翌営業日までの報告義務を負う（金融商品取引法156条の65、店頭デリバティブ府令9条・11条）。なお、金融機関は、TRを利用する場合には、取引情報に関する記録の作成・保存と金融庁への報告義務を免除される（金融商品取引法156条の64第3項）。

　第三に、金融機関は、TRに対して情報提供した場合を除き、その保存する取引情報について、1週間ごとに金融庁への報告義務を負う（同条1項・2項、店頭デリバティブ府令8条）。

　また、金融庁は、上記3つのルートから収集した情報に基づいて、取引規模その他取引の概要を公表し、必要な場合には、CCP、TR等に対し、その保存する取引情報に基づき、取引の概要の公表を命ずることができるとされている（金融商品取引法156条66）。2018年現在、半年に1度の頻度で金融庁から、業態別・商品別残高や通貨別残高等の店頭デリバティブの残高情報が公表されている。

　こうした取引情報の集約制度により金融庁はOTCデリバティブ取引に関

13　本項の記載は、松尾直彦『金融商品取引法（第3版）』（2014年3月、商事法務）の記載を参考にしている。

する平時のモニタリングを強化し、危機時における迅速な対応ができるようになるとともに、金融庁が集約した情報の一部の公表により、市場の透明性が高まることが期待される。なお、海外の制度では、TRや中央銀行が情報を集約し、公表する例もみられる。

取引情報蓄積機関（TR）

わが国では取引情報蓄積機関は、指定申請を前提に、内閣総理大臣が指定する制度となっている（金融商品取引法156条の67、68）。わが国のTRは、2018年4月現在、DTCCデータ・レポジトリー・ジャパン（DDRJ）1社のみとなっている。同社は2013年に指定を受けており、米国DTCCのグループ会社となっている。

取引情報蓄積機関は、法令・業務規程に基づいて業務を行うこと（同法156条の71）とされており、業務規程は認可制となっている（同法156条の74）。また、他業禁止規定が設けられており、取引情報蓄積業務およびその付随業務以外を行うことは禁止されている（同法156条の72）。また、取引情報蓄積機関に対しては、他の金融市場インフラ同様、金融庁監督指針が公表されており、同指針に基づいた監督が行われている。

わが国の取引情報蓄積機関については、取引情報の蓄積や金融庁への報告といった重要な業務を行っているものの、決済や清算そのものに関する業務はいっさい行っていないため、金融システムの安定の観点からみると、CCPなどの他の金融市場インフラと異なり、その破綻が金融システムの安定を損なうリスクは小さいといえる。

1－6 電子取引基盤規制

導入経緯、規制の趣旨・概要

　電子取引基盤の利用の義務づけは、清算集中義務規制や、取引情報報告規制などが導入された2010年金融商品取引法改正から2年間遅れた2012年の同法改正で制度として導入されたものである[14]。先般の金融危機前は、店頭デリバティブ取引では基本的に電話（ボイス）による注文が行われてきたが、その透明性を高めるために、電子取引基盤というプラットフォーム上において取引を行うことを求めるものである。わが国では、2015年9月から大口等一定の店頭デリバティブ取引（特定店頭デリバティブ取引）に対して、電子取引基盤（ETP：Electronic Trading Platform）の利用が義務づけられることになった（同法40条の7第1項）。

電子取引基盤の提供者

　電子取引基盤の提供者となるためには、内閣総理大臣の許可が必要である。許可電子取引基盤のサービスを提供するためには、第一種金融商品取引業者としての登録が求められているほか、資本金（3億円以上）、業務方法書の整備などの要件が課されている（金融商品取引法60条の14など）。

---

[14] なお、電子取引基盤規制は、米国ではDodd-Frank法、欧州ではMiFIR（金融商品市場規制）において規定されている。

電子取引基盤使用義務の対象取引と対象者

(1) 対象取引

　対象となる取引（特定店頭デリバティブ取引。業府令125条の7）は、同一通貨の固定金利と変動金利の交換を行う金利スワップであって、参照する変動金利が6カ月物円LIBORであり、取引期間が5年、7年、10年となるものと定められている（2015年金融庁告示第67号）。

(2) 対 象 者

　店頭デリバティブ取引の取引量が多い金融商品取引業者等（前年度の店頭デリバティブ取引の想定元本の平均残高が6兆円以上）が対象である。取引当事者の双方が、対象者の条件に該当する場合に、電子取引基盤使用義務が生じる。

電子取引基盤で行われた取引に関する情報の公表

(1) 一般原則

　取引成立の日時、清算機関の負担の有無、取引の効力発生日、決済通貨の種類、契約の種類、金融商品の利率等または金融指標の種類、想定元本として定めた金額等の項目を、取引成立後、直ちに公表することが求められる。

(2) ブロックトレードの例外

　取引量が一定の金額（閾値）を超えるブロックトレードについては、その内容がすみやかに公表され、当該取引の状況を他の参加者が知りうることとなると、かえって市場全体の流動性の低下やコストの増加につながるおそれ

図表1-6　ブロックトレードの閾値

取引期間	閾　値
3カ月以下	3,000億円
3カ月超～6カ月以下	600億円
6カ月超～1年以下	550億円
1年超～2年以下	500億円
2年超～5年以下	200億円
5年超～10年以下	100億円
10年超～30年以下	50億円
30年超	20億円

（出所）　和田弘之・三田真史「電子取引基盤規制等の概要と今後の見通し」（週刊金融財政事情2014年10月27日号）

があることから例外が設けられている。すなわち、取引が行われた日の翌営業日中に、具体的な取引量は公表せず、閾値以上である旨を公表すればよい（他の項目については、通常の取引と同様に公表する）。

　ブロックトレードの閾値については、図表1-6を参照されたい。

第 2 章

FMI原則と
その追加ガイダンス

2−1　FMI原則とその追加ガイダンス等

　清算機関（CCP）に適用される国際基準として重要なものに「金融市場インフラのための原則」（FMI原則）とその追加ガイダンスがある。FMI原則は、金融市場インフラ（FMI）が遵守すべき原則を示したもので、BIS決済・市場インフラ委員会および証券監督者国際機構（CPMI-IOSCO）によって、2012年4月に公表された。原則の対象となるのは、システミックに重要[1]なFMI、すなわち、システミックに重要な資金決済システムと証券振替機関（CSD）、証券決済システム（SSS）、CCP、取引情報蓄積機関（TR）とされている[2]。

　何がシステミックに重要なFMIであるかは、各国の当局が決定する。わが国では、FMI原則をふまえて、2013年に金融庁監督指針（「清算・振替機関等向けの総合的な監督指針」）が整備された。対象となるFMIのうち清算機関（CCP）は、本稿執筆時点では、日本証券クリアリング機構（JSCC）、ほふりクリアリング、東京金融取引所が監督指針の対象となっている。このほか、わが国を母国とはしない外国清算機関（CCP）として、英国のLCHと米国のCMEが監督指針の対象となっている。このうち、OTCデリバティブの清算を行っているのは、JSCC、LCH、CMEの3社である。

　FMI原則の原文は、英文で188ページと膨大な分量で通読するのに骨が折れる一方、重要箇所については細部のwordingが重要な意味をもっている箇所も少なくない。本書では、これらの点をふまえて、CCPに関して重要な箇所についてポイントを絞って、特に、信用リスク（原則4）、資金流動性リ

---

[1] 「システミックに重要」とは、金融システムの安定維持において重要であること、換言すれば、そのインフラ等が破綻等の事態に陥れば、金融システムの安定の観点から、懸念が生じるということである。
[2] 証券取引所は、FMI原則の適用対象ではない。

スク（原則7）、証拠金（原則6）やガバナンス（原則2）といったテーマに十分な紙幅を割いて、メリハリをつけた解説を行っていく[3]。

FMI原則策定の経緯と従来の原則との関係

　FMI原則は、従来からCPSS（CPMIの前身）やIOSCOが策定していた金融市場インフラ向けの3つの原則、すなわち、「システミックな影響の大きい資金決済システムに関するコア・プリンシプル」（CPSIPS。2001年にCPSSにより公表）、「証券決済システムのための勧告」（RSSS。2001年にCPSS・IOSCOにより公表）、「清算機関のための勧告」（RCCP。2004年にCPSS・IOSCOにより公表）を統合・調和・強化したものである。なお、OTC（店頭）デリバティブCCPと取引情報蓄積機関（TR）向けの基準については、新たに作成されたものである。

　ただし、従来の基準に比べ、FMI原則は、特にOTCデリバティブ等において、その重要性が格段に高まっているといえる。世界金融危機を受けた2009年のG20ピッツバーグサミットでの清算集中義務に関する首脳間合意をふまえて、各国がOTCデリバティブ等への清算集中義務の導入を進めてきたためである。すなわち、近年、OTCデリバティブ等の清算集中義務が導入された商品については、従来の基準は、バイラテラルな清算ではなく、CCPを利用して清算を行った場合にのみ、当該CCPに適用される基準であった。しかし、清算集中義務の導入を経て、FMI原則は、清算集中義務が適用されている商品については、すべてCCPでの清算が行われており、FMI原則は、そうした重要性の増した（清算額も大きく増加した）CCPに適用される原

3　FMI原則の本文（付録（Annex）以外の部分）については、金融庁・日本銀行のホームページに日本語訳が掲載されている。本書では、FMI原則の本文の日本語訳については、原則としてこれらを参照している。また、本書で詳しく説明する「CCPの強靭性：FMI原則に関するCCP向け追加ガイダンス」「FMI原則の再建に関する追加ガイダンス」や、CCPの破綻処理に関する追加ガンダンス等は、日本語訳が公表されていないため、現時点では本書が日本語で参照できる最も詳しい解説書という位置づけになる。

則となったのである。

　FMI原則制定までの経緯を時系列にみると、CPSSとIOSCOは、世界的な金融危機を受けてOTCデリバティブ市場の改革が急務となったことをふまえて、2010年に３つの原則の包括的な見直しに着手し、2012年に金融市場インフラのための原則を公表した。

　なお、同見直しでは、RSSSにおける市場全体に向けた勧告に関する全面的な再検討は行われなかったため、これらの勧告は引き続き有効である。具体的には、RSSSの勧告２（約定確認）・勧告３（決済サイクル）・勧告４（清算機関）・勧告５（証券貸借）・勧告６（証券集中振替機関）・勧告12（顧客の証券の保護）が引き続き有効である。なお、従来の３原則とFMI原則の対応関係は、FMI原則の原文の付録Ａ・Ｂで整理されている。

FMI原則の内容とFMIの種類別適用範囲

　FMI原則は、ガバナンス、信用リスク、証拠金、資金流動性リスク等の24の原則からなる。具体的な原則とFMIの種類に応じた具体的な適用範囲は図表２－１のとおりである。

　FMI原則は、多くの点で従来の基準に比べ要求水準を引き上げる内容となっている。具体的には、参加者破綻に備えるための財務資源および流動性資源の必要額の引上げ（原則４・７）や業務継続体制の底上げ（原則17）を行っているほか、顧客差入担保の分別管理と顧客勘定の移管を可能とする規則と手続の整備（原則14）、ビジネスリスクの管理（原則15）、決済・清算の階層化への対応（原則19）、金融市場インフラ間リンクに関するリスク管理（原則20）、取引情報蓄積機関による市場データの開示（原則24）といった新たな課題への対応を求めている。

　原則の多くの部分は、本原則の対象となるすべてのFMIに適用されるが、いくつかの原則については、特定のFMIのみを対象としたものとなっている。たとえば、CCPについてみると、原則11と原則24は対象となっていな

図表2－1　FMI原則の内容とFMIの種類に応じた具体的な適用範囲

原則	PS	CSD	SSS	CCP	TR
1：法的基盤	●	●	●	●	●
2：ガバナンス	●	●	●	●	●
3：包括的リスク管理制度	●	●	●	●	●
4：信用リスク	●		●	●	
5：担保	●		●	●	
6：証拠金				●	
7：資金流動性リスク	●		●	●	
8：決済のファイナリティ	●		●	●	
9：資金決済	●		●	●	
10：現物の受渡し		●	●	●	
11：証券集中振替機関		●			
12：価値交換型決済システム	●		●	●	
13：参加者破綻時処理の規則・手続	●	●	●	●	
14：分別管理・勘定移管				●	
15：ビジネスリスク	●	●	●	●	●
16：保管・投資リスク		●	●	●	
17：オペレーショナルリスク	●	●	●	●	●
18：アクセス・参加要件	●	●	●	●	●
19：階層的参加形態	●	●	●	●	●
20：FMI間リンク		●	●	●	●
21：効率性・実効性	●	●	●	●	●
22：通信手順・標準	●	●	●	●	●
23：規則・主要手続・市場データの開示	●	●	●	●	●
24：取引情報蓄積機関による市場データの開示					●

（注）　PS：資金決済システム、CSD：証券振替機関、SSS：証券決済システム、CCP：清算機関、TR：取引情報蓄積機関
（出所）　CPMI-IOSCO「FMI原則」（Principles for Financial Market Infrastructures）

い。それぞれ証券集中振替機関と取引情報蓄積機関を対象としたものであるためである。各原則の内容については、本章2－3節（62頁）から2－7節（157頁）で説明する。

各原則の構成

各原則は、原則本文、重要な考慮事項、説明、の3つからなるが、実施が必須となるのは、前2者とされる。しかし、実際のFMI原則の実施にあたっては、「説明」に記載された詳細やそれを受けた米英欧の規制がグローバルな業界標準となることが多いため、注意が必要である。

FMI原則と国内規制・監督との関係

FMI原則とCCPの国内規制・監督との関係をみると、わが国では、金融市場インフラの監督当局である金融庁が、金融商品取引法、FMI原則をふまえて策定された監督指針等（「清算・振替機関等向けの総合的な監督指針」）をもとに、CCPの規制・監督を行っている。また、その事務年度の金融庁の重要な取組方針は、毎事務年度公表される「金融行政方針」において公示され、その成果等は「金融モニタリングレポート」において総括される。CCPや金融市場インフラ一般に関する記載の分量は多くないものの、重要なものはそのなかにおいて方針等が記載される。国際的には、FMI原則の策定や追加ガイダンスの策定等に際し、金融庁はFSB（Financial Stability Board。金融安定理事会）やIOSCOに日本代表として参加している。

また、中央銀行の立場から金融市場インフラのオーバーサイトを行っている日本銀行は、CCPのオーバーサイトも行っている。日本銀行は、そのオーバサイトポリシー（2013年公表の「日本銀行による金融市場インフラに対するオーバーサイトの基本方針」）において、FMI原則に基づきオーバーサイトを行うことを明らかにしている。また、数年に1度公表される「決済システムレポート」においてわが国のCCPを含む金融市場インフラの状況等につき説明・分析している。国際的には、FMI原則の策定や追加ガイダンスの策定等に際し、日本銀行はFSBやCPMIに日本代表として参加している。

(参考) FMI原則とバーゼル規制の比較

	FMI原則	バーゼル規制 （バーゼルⅢ）
日本の国内法	金融商品取引法（清算機関、取引情報蓄積機関）、資金決済法（資金決済機関）、社債、株式等の振替に関する法律（振替機関）	銀行法
本邦当局の監督指針	金融庁監督指針	金融庁監督指針
策定主体の国際会議体	CPMI-IOSCO	BCBS
現在のステータス	FMI原則 ・2010年に検討開始。3つの基準を統合・調和・深化させて、2012年に公表。 ・国際的に清算集中義務が導入されてから、初めてできた国際原則が現在のFMI原則。	バーゼルⅢ ・バーゼルⅠは1988年に初の国際的な銀行規制として合意。1998年に見直しに着手し、2004年にバーゼルⅡに合意。バーゼルⅢは、世界的な金融危機をふまえて2010年に最初のドラフトが提示され、2017年に最終合意。
重要な最低基準	カバー1、カバー2（注）	・自己資本比率≧8％ ・Tier 1 比率≧6％ ・普通株式等 　Tier 1 比率≧4.5％

(注) カバー1、カバー2については、68頁参照。

　FMI原則は、あくまで国際基準であり、自動的に国内法化されるわけではない。しかし、グローバルに活動する金融機関を参加者とするCCPにとっては、FMI原則に記載されれば、それが即グローバルスタンダードとなるため、当該CCPは他のCCPとの競争上、FMI原則の記載を遵守せざるをえない（遵守できないと、海外勢を中心とする参加者金融機関は、当該CCPでの清算がで

きなくなる)。このため、国際基準策定の会合(交渉)に参加する当局者は、こうしたCCP間のグローバルな競争のダイナミクスや、国際基準策定が国内CCPのリスク管理のみならず競争環境に与える影響にも留意しながら、緊張感をもって交渉に臨んでいる。

わが国のFMI原則の遵守状況

　各国のFMI原則の実施状況については、FMI原則を策定したCPMI-IOSCOによる実施モニタリングが行われている。CPMI-IOSCOでは、同モニタリングを3段階で実施している。すなわち、実施プロセスのステータスの評価に関するレベル1モニタリング、実施された枠組みの完全性とFMI原則との整合性の評価に関するレベル2モニタリング、および実施された枠組みが整合的な結果につながっているかの評価に関するレベル3モニタリングである。わが国は、レベル1モニタリングで全項目で最上位の評価を取得、CCPとTRを対象にしたレベル2モニタリングで全項目においてFMI原則と整合的との評価を取得している。

　個別のCCPの遵守状況を確認するレベル3モニタリングは、日本のJSCCを含む全世界のCCP10社を対象とした調査が行われ、その結果が2016年8月に公表された[4]。これについては、調査から判明したテーマごとの実施状況や今後の課題がCCP横断的に示されているが、個別CCPに対する評価は行われていない。また、フォローアップ調査の結果が2018年5月に公表されているが、本調査でも個別CCPに対する評価は示されていない。

---

[4] CPMI-IOSCO "Implementation monitoring of PFMI: Level 3 assessment - Report on the financial risk management and recovery practices of 10 derivatives CCPs" August 2016.

FMI原則に関連する追加ガイダンス等

FMI原則に関連する追加ガイダンスなどには、以下のものがある。
・CCPの強靭性：FMI原則に関するCCP向け追加ガイダンス
・開示に関する追加ガイダンス（定性開示ガイダンス、定量開示ガイダンス）
・再建に関する追加ガイダンス
・サイバーレジリエンスに関する追加ガイダンス
・CCPの当局ストレステストに関するフレームワーク
　以下、順に説明する。

CCPの強靭性：
FMI原則に関するCCP向け追加ガイダンス

2015年に、FSBのCCP Workplan 2015[5]を契機に、CCP向けの追加ガイダンス策定に向けた議論がCPMI-IOSCOで開始され、2017年7月にFMI原則のCCP向け追加ガイダンス（Resilience of central counterparties（CCPs）：Further guidance on the PFMI）が公表された。

本ガイダンスは、FMI原則のいくつかの重要な原則について要件を明確化することにより、CCPのリスク管理強化を後押しし、最終的にはCCPの強靭性（resilience）を強化することを目的としており、FMI原則を上回る新たな基準を設定するものではないと位置づけられている。ただし、CCPは、FMI原則を遵守するための具体的なアプローチの策定に際しては、本ガイダンス

---

[5] 清算集中義務の導入もあり、近年CCPがその重要性を増していることをふまえ、G20の財務大臣・中央銀行総裁は、FSBに、CPMI、IOSCO、BCBSと共同で、複数の法域で金融システム上重要なCCPについて、残されたギャップと金融システム安定の観点からのリスクを特定しそれに対処するとともに、それらCCPの破綻処理可能性を高めるためのワークプランの作成を求めた。FSB、CPMI、IOSCO、BCBSの各議長は、2015年4月にワークプランに合意し、それぞれの機関のもとに（場合によっては複数の機関が合同で）各種作業部会を立ち上げて、CCPの強靭性、再建計画、破綻処理のそれぞれのテーマにつき、現状の把握や国際的なガイダンス策定等を行ってきた。

を注意深く考慮に入れるべきとされている。

　本ガイダンスの内容が欧米当局の規制・監督等を通して、主要国でのデファクトスタンダードとなることが想定されるなか、各CCPの国際的な競争力維持の観点からも、本ガイダンスの趣旨をふまえたリスク管理等を行う必要がある。

　追加ガイダンスでは、1章のイントロダクションに続いて、以下の5項目についてFMI原則の追加ガイダンスが示されている。追加ガイダンスの各項目とFMI原則との関係は以下のとおりである。

・ガバナンス（追加ガイダンス2章）：
　　FMI原則の「原則2：ガバナンス」に対する追加ガイダンスとなっている。
・ストレステスト（同3章）：
　　FMI原則の「原則4：信用リスク」「原則7：資金流動性リスク」のストレステストに関する記載に対する追加ガイダンスとなっている。
・カバレッジ（財務資源の規模。同4章）：
　　FMI原則の「原則4：信用リスク」「原則7：資金流動性リスク」のCCPが保有すべき財務資源の規模（カバー1・カバー2等）に関する記載に対する追加ガイダンスとなっている。
・証拠金（同5章）：
　　FMI原則の「原則6：証拠金」に対する追加ガイダンスとなっている。
・損失に対するCCPの自己資金の拠出（同6章）：
　　FMI原則の「原則4：信用リスク」「原則15：ビジネスリスク」のCCPの損失に対するCCPの自己資金の拠出に関する記載に対する追加ガイダンスとなっている。

　本書では、本追加ガイダンスの内容について、本章2－3節以降のFMI原則の該当する項目の説明のなかで詳しく説明する。

開示に関する追加ガイダンス
（定性開示ガイダンス、定量開示ガイダンス）

　FMI（金融市場インフラ）は、原則23でFMI原則の遵守状況を開示することを求められている。CPMI-IOSCOでは、これに加え、2012年12月に「金融市場インフラのための原則：情報開示の枠組みと評価方法」(Principles for financial market infrastructures: disclosure framework and assessment methodology)」を、2015年2月に「清算機関のための定量的な情報開示基準」(Public quantitative disclosure standards for central counterparties、対象はCCPのみ）を公表し、各FMIが開示を行うに際しての期待水準を明示している（前者を定性開示ガイダンス、後者を定量開示ガイダンスと呼ぶことが多い）。

　開示の頻度は、前者は最低2年に1回、後者では多くの項目で4半期に1回とされており、各CCPは、これらのガイダンスに基づく詳細な開示資料を各社ホームページ上で公表している。これらの開示資料は、CCPの参加者金融機関など市場参加者にとって有益な情報を多く含んでいる。

　これらのガイダンスについては、本章2－9節で説明する。

再建に関する追加ガイダンス

　CPMI-IOSCOは、2014年10月にFMI原則の再建に関する追加ガイダンスとして、「金融市場インフラの再建」(Recovery of financial market infrastructures) を公表した。さらに、上記FMI原則のCCP向け追加ガイダンスの議論とともに、再建に関するさらなるガイダンス策定に向けた議論が行われた。再建に関する追加ガイダンスの内容は、市中協議時までは、FMI原則のCCP向け追加ガイダンスの1項目として扱われていたが、最終的には、FMI原則のCCP向け追加ガイダンスの公表と同時に、2017年7月に上記「金融市場インフラの再建」が改訂されるかたちで再建に関する基準の明確化が行われた。再建ガイダンスについては、第3章3－1節で詳細に説明する。

サイバーレジリエンスに関する追加ガイダンス

　CPMI-IOSCOは、2016年6月、FMI原則に関連する追加ガイダンスとして「金融市場インフラのためのサイバー攻撃耐性に係るガイダンス」（Guidance on cyber resilience for financial market infrastructures）を公表している。本ガイダンスは、FMI原則の原則17（オペレーショナルリスク）を中心に、サイバーレジリエンスに関するFMI原則の期待内容を明確化したものと位置づけられている。本ガイダンスについては、本章2－10節で説明する。

CCPの当局ストレステストに関するフレームワーク

　CMPI-IOSCOは、各国当局に向けたガイダンス「CCPに対する当局ストレステストに関するフレームワーク」を2018年4月に公表している。
　本フレームワークは、当局がCCPを対象に行う当局ストレステストに関するものである。CCP自身によるストレステストに関しては、FMI原則やそのCCP向け追加ガイダンスに記載があり、CCP自身がすでに実施してきている。ここでいう、当局ストレスとは、これとは異なり、主に金融システム全体の安定性確保といった当局の目線から、当局がCCPを対象に行うストレステストのことである。本フレームワークでは、当局ストレステストの実施に際しては、本ガイダンスの枠組みの利用を推奨している。
　本フレームワークについては、本章2－11節で説明する。

FMI原則の個別原則の解説

　以下では、CCPに関するFMI原則の個別原則の解説を行う。CCPの強靭性にとって特に重要性が高く、FMI原則のCCP向け追加ガイダンスでも取り上げられている、信用リスク、証拠金、資金流動性リスク、ガバナンスについ

ては、特に詳しく説明する。

　以下では、まず、信用リスクに関する原則4などCCPの財務資源に関する原則を理解するための前提知識となる、CCPのデフォルト・ウォーターフォールとスキンインザゲーム（SITG：skin in the game）の説明から話を始め、以下のような順で説明する。

2－2節：CCPのデフォルト・ウォーターフォールとスキンインザゲーム
　　　　　（SITG）
2－3節：信用リスク（原則4）
2－4節：証拠金（原則6）
2－5節：資金流動性リスク（原則7）
2－6節：ガバナンス（原則2）
2－7節：FMI原則のその他の原則

2－2　CCPのデフォルト・ウォーターフォールとスキンインザゲーム（SITG）

CCPのデフォルト・ウォーターフォール

　CCPのデフォルト・ウォーターフォールとは、CCPの参加者が破綻した場合に、その損失をカバーするために、どういった順番で財務資源を利用するかをあらかじめ定めたもので、一般的には、CCPのルールブックなど（わが国においては、CCPの業務方法書など）において明示的に定められている。

　参加者破綻時のCCPの財務資源には、①破綻参加者金融機関等が拠出する財務資源（証拠金、清算基金）、②CCPが拠出する財務資源（いわゆるスキンインザゲーム、SITG）、③非破綻参加者金融機関等が拠出する財務資源（清算基金）があり、一般には、①⇒②⇒③の順に利用されることが多い。①だけ

図表2−2　JSCCの金利スワップのデフォルト・ウォーターフォール

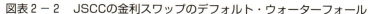

①	破綻参加者の当初証拠金・清算基金
②	JSCCによる拠出金
③	生存参加者の清算基金、JSCCの拠出金
④	生存参加者の追加拠出
⑤	変動証拠金（VM）のヘアカット

（注）　2018年1月現在
（出所）　JSCCホームページより

でなく、②、③があるのは、急激な市場変動により、参加者破綻の損失を参加者の証拠金と清算基金（①の部分）だけでカバーできなかった場合に、残りの損失を吸収するためである。③の非破綻参加者金融機関等が拠出する財務資源を利用する趣旨は、清算参加者の破綻によってCCPが破綻することを防ぐためである。②のCCPが拠出する財務資源が、③の非破綻参加者金融機関等が拠出する財務資源の前に来ている理由としては、②を③より前に置くことで、CCP自身に自らに損失が及ばないように適切なリスク管理を行う動機づけを与え、非破綻参加者への損失の波及を防ぐことがあげられる。

　デフォルト・ウォーターフォールの一例として、わが国のOTCデリバティブCCPであるJSCCの金利スワップの例をみると、図表2−2のようになっている。

　なお、実際に清算参加者の破綻が発生したとしても、まず①の破綻参加者の当初証拠金・清算基金が利用されるため、③の生存参加者の清算基金まで損失が食い込むケースは一般的に多くない。JSCCの金利スワップでは、こうした事例は起こっていないほか、英国のCCPであり日本でも外国清算機関

図表2－3　CCPの参加者破綻時の事前拠出型の財務資源とFMI原則の関係

財務資源全体　←原則4　｜ 証拠金　　　　　　　　　　　　←原則6
（信用リスク）　　　　　｜ CCPの拠出金（SITG）
　　　　　　　　　　　　｜ 清算基金

　の免許を取得しているLCHの資料によると、同社が2008年のリーマンショックの際に参加者（リーマン）の破綻を経験した際も、当初証拠金35％が使われたのみで、生存参加者の清算基金が使われることはなかった[6]。また、LCHの参加者であるMFグローバルが2011年に破綻した際にも、生存参加者の清算基金が使われることはなかった[7]。

　FMI原則では、こうしたデフォルト・ウォーターフォールの構成・順序に関する基準は示していない（上記に示した構成・順序が国際的にみても業界のスタンダードとして定着している）が、CCPの参加者が破綻した場合に備えた財務資源全体（原則4）および証拠金（原則6）についての基準を示している。図表2－3は、CCPの事前拠出型の財務資源とFMI原則の関係を示したものである。次節2－3以降では、まずこれらの原則に関する説明から始める。

スキンインザゲームの水準をめぐる議論

　FMI原則には直接の要求水準は記載されていないが、CCPのSITGの水準をめぐっては、CCP、CCPの参加者、CCP監督当局の間でさまざまな議論が行われてきた。CCPのSITGが必要なこと自体には、①参加者破綻の場合等

---

[6]　富安弘毅『カウンターパーティーリスクマネジメント（第2版）』（2014年9月、金融財政事情研究会）
[7]　以下の論文では、その表2において、過去のCCPの参加者破綻の事例をリスト化したうえで、破綻参加者の証拠金・清算基金を超える損失が発生したかどうかを示している。
　John W. McPartland and Rebecca Lewis "The Goldilocks Problem: How to Get Incentives and Default Waterfalls "Just Right"" Economic Perspectives, Vol. 41, No. 1, 2017.

に備えた十分な財務資源をCCP自身が準備する必要性や、②SITGがCCP自身に適切なリスク管理のインセンティブを与える（CCP参加者が破綻した際に、当該破綻参加者の証拠金・清算金を上回る損失が発生した場合はCCPが負担を被ることになるため）ことから、コンセンサスがみられる。

他方で、CCPのSITGの水準をめぐっては、さまざまな議論が行われている。CCP参加者からは、主に他のCCP参加者が破綻した場合に、デフォルト・ウォーターフォールの順番が破綻参加者とCCPの次に来る自らに負担が生じることを回避するため、また、清算集中義務を課されているCCP参加者としては、各法域で清算が認められているCCPの数が限られておりCCPの選択の余地が事実上ほとんどないことなどからCCPの公共的性格を強調して、CCPにより多くのSITGを積むように求める主張が多くみられる[8]。これに対してLCHなどのCCPからは、CCP自身に適切なリスク管理のインセンティブを与える観点からは現行のSITGの水準で十分である、また、CCPのSITGをこれ以上増やすことは、CCPにとりわけ頑健性が求められる金融危機時などにCCPの財務基盤を弱体化させることになるとして、反対する主張がなされている[9]。

FMI原則上は、SITGの存在は言及されているが、その水準についての義務づけはFMI原則上はなされていない。こうしたなか、米国やわが国など多くの法域では、SITGの水準についての規制は行われていないが、欧州とシンガポールでは規制が導入されている。欧州では、当局であるEBA、

---

[8] ISDA「CCP再建の原則」（2014年11月）、ブラックロック "Central Clearing Counterparties and Too Big to Fail"（2014年4月）、JPモルガン "What is the Resolution Plan for CCPs?"（2014年9月）、PIMCO "Setting Global Standards for Central Clearinghouses"（2014年10月）を参照。上記ISDA（2014）は、その他の上記レポートもふまえて、SITGの適切な水準に関して、市場参加者の意見も異なるとしたうえで、CCPのSITGが有意かつ大規模な金額であるべきという意見に賛同し、最適な金額とCCPの損失吸収財源の構造を決定するために、さらなる定量分析が必要としている。

[9] LCH Clearnet "CCP RISK MANAGEMENT, RECOVERY & RESOLUTION An LCH. Clearnet White Paper" November 2014、Bill Hodgson "CCP Conundrums: LCH. Clearnet White Paper" January 2016、CME Group "Clearing - Balancing CCP and Member Contributions with Exposures" January 2015.

ESMAが欧州市場インフラ規制（EMIR）において、EMIRの所要自己資本の25％と同額のSITGの維持をCCPに対して求めている。また、シンガポールでは、当局のMASによって清算基金の総額の25％以上の金額をCCPがSITGとして維持することを求めている。

FMI原則制定後も、CCP参加者やSITGの水準規制を導入している欧州、シンガポールなどからは、SITGの水準に関する規制を導入すべきとの主張が聞かれる。現在のところ、こうした規制を追加で導入することを正当化するだけの十分に説得的な論拠が示されていない[10]こともあり、こうした主張は広範な支持を得られるには至っていない。実際、2015年から2017年にかけて行われたFMI原則のCCP向け追加ガイダンス策定の議論においても、SITGの水準についての期待水準の明確化等は行われなかった。

なお、CPMI-IOSCOの調査（2016年に公表されたFMI原則のレベル３モニタリングの報告書）によると、対象となったJSCC、LCH、CME、Eurex等を含む世界の主要CCP10社のSITGが清算基金に占める割合は、１％強から約70％とばらつきが大きくなっており、20％超の先は３先のみであった[11]（調査時点は2015年６月末）。

10　追加規制を導入しなくとも、CCP参加者は、CCPとCCP参加者の代表も参加するCCPの各種委員会等を通して、交渉ベースでCCPのSITGの引上げを求めていくことも可能である。また、SITGの水準規制を導入している欧州、シンガポールが、世界的に同水準規制のルール化を求めているのは、同規制がある欧州、シンガポールのCCPのみが競争上の不利益を被ることを防ぎたいとの思惑もあるものと考えられる（CCPのSITGを増額することは、CCPが応分の負担を参加者等に求めることから、結局はCCP参加者の負担を増やし、当該CCPを他のCCP対比で競争上不利な立場に置く可能性がある）。
11　CPMI-IOSCO "Implementation monitoring of PFMI: Level 3 assessment - Report on the financial risk management and recovery practices of 10 derivatives CCPs" August 2016.

信用リスク（原則4）

　FMI原則の信用リスク（原則4）に関する部分は、CCPに関するFMI原則の内容のなかで最も重要な部分となっている。原則4の本文および重要な考慮事項の部分では、以下のように記載している（以下、引用文中の下線は筆者による）。

　　FMIは、参加者に対する信用エクスポージャーや、支払・清算・決済の過程で生じる信用エクスポージャーを実効性をもって計測・モニター・管理すべきである。FMIは、各参加者に対する信用エクスポージャーを高い信頼水準で十分にカバーできるだけの財務資源を保持すべきである。また、より複雑なリスク特性を伴う清算業務に従事しているCCP、または複数の法域においてシステミックに重要なCCPは、極端であるが現実に起こり得る市場環境において最大の総信用エクスポージャーをもたらす可能性がある2先の参加者とその関係法人の破綻を含み、かつこれに限定されない広範な潜在的ストレスシナリオを十分にカバーするだけの追加的な財務資源を保持すべきである。他のすべてのCCPは、極端であるが現実に起こり得る市場環境において最大の総信用エクスポージャーをもたらす可能性がある参加者とその関係法人の破綻を含み、かつこれに限定されない広範な潜在的ストレスシナリオを十分にカバーするだけの追加的な財務資源を保持すべきである。

重要な考慮事項
1．FMIは、その参加者に対する信用エクスポージャーや、支払・清算・決済の過程で生じる信用リスクを管理するための強固な制度を設けるべきである。信用エクスポージャーは、カレント・エクスポージャーやポテンシャル・フューチャー・エクスポージャー、あるいは

その両方から生じ得る。

2．FMIは、信用リスクの源泉を特定し、信用エクスポージャーを定期的に計測し、モニターすべきであるとともに、こうしたリスクをコントロールするため、適切なリスク管理手法を利用すべきである。

4．CCPは、証拠金などの事前拠出型の財務資源を用いて、各参加者に対するカレント・エクスポージャーとポテンシャル・フューチャー・エクスポージャーを、高い信頼水準でカバーすべきである（原則5〈担保〉および原則6〈証拠金〉を参照）。加えて、より複雑なリスク特性を伴う清算業務に従事しているCCP、または複数の法域においてシステミックに重要なCCPは、極端であるが現実に起こり得る市場環境において最大の総信用エクスポージャーをもたらす可能性がある2先の参加者とその関係法人の破綻を含み、かつこれに限定されない広範な潜在的ストレスシナリオを十分にカバーするだけの追加的な財務資源を保持すべきである。他のすべてのCCPは、極端であるが現実に起こり得る市場環境において最大の総信用エクスポージャーをもたらす可能性がある参加者とその関係法人の破綻を含み、かつこれに限定されない広範な潜在的ストレスシナリオを十分にカバーするだけの追加的な財務資源を保持すべきである。すべての場合において、CCPは、保持する財務資源総額の十分性を裏付ける根拠を文書化し、その額に関する適切なガバナンスの取極めを設けるべきである。

5．CCPは、厳格なストレステストにより、極端であるが現実に起こり得る市場環境下での単独または複数の先の参加者破綻に際して利用可能な財務資源総額を決定し、その十分性を定期的に検証すべきである。CCPは、ストレステストの結果をCCPにおける適切な意思決定者に報告し、また、その結果を財務資源総額の適切性評価や金額の調整に活用するための明確な手続を備えるべきである。ストレステストは、標準的で事前に定められたパラメータや想定を用いて毎日実施すべきである。CCPは、現在および変化する市場環境に照らした上で

CCPの破綻回避に足る財務資源の水準を決定するに当たっての適切性を確認するため、少なくとも毎月、採用しているストレスシナリオやモデルと、基本となるパラメータや想定に対して包括的で綿密な分析を行うべきである。清算対象商品や清算業務を提供する市場が高いボラティリティを示したり市場流動性が低下した場合や、CCPの参加者が抱えているポジションの規模・集中度が著しく増大した場合には、こうしたストレステストの分析をより高頻度で実施すべきである。CCPのリスク管理モデルの妥当性の全面的な検証は、少なくとも年に1回行われるべきである。

6．CCPは、ストレステストを行うに当たって、破綻参加者のポジションと当該ポジションの流動化期間中に生じ得る価格変動の両方について、適切なストレスシナリオを広範に想定することの効果を考慮すべきである。こうしたストレスシナリオは、価格ボラティリティの過去最高値のうちストレスシナリオとして適切と判断されるものや、価格決定要因やイールドカーブなど他の市場要因の変化、様々な期間を想定して定義され得る複数先破綻、資金・資産市場においてCCPの参加者破綻と同時に発生し得る市場の逼迫、極端であるが現実に起こり得る市場環境を様々に想定したフォワードルッキングな一連のストレスシナリオを含むべきである。

（重要な考慮事項のうち、3と7は省略）

以下、上記の下線部を中心に、原則4の内容を解説する。

CCPの信用リスクとは

そもそも信用リスクとは、FMI原則の説明3.4.1.によると、大まかには、取引相手が期日または将来のいずれかの時点で金融上の債務を完全には履行できなくなるリスクと定義される。FMIの参加者（およびその関係法人）の破綻は、FMIや他の参加者のほか、広く金融市場に深刻な混乱を引き起こす

図表2-4　変動証拠金と当初証拠金の役割

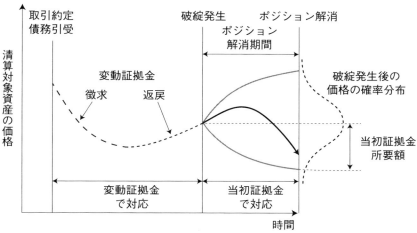

（出所）　日本銀行「決済システムレポート2010-2011」29頁

可能性を有している。したがって、FMIは、その参加者に対する信用エクスポージャーや、支払・清算・決済の過程で生じる信用リスクを管理する強固な制度を設ける必要がある。

　次に、CCPの信用リスクは、カレントエクスポージャーとポテンシャルフューチャーエクスポージャーの両方から生じる。カレントエクスポージャーは、CCPとその参加者との間のオープンポジションの市場価格変動から生じる[12]。ポテンシャルフューチャーエクスポージャーは、破綻参加者のオープンポジションの市場価格変動から生じる[13]。CCPは、カレントエクス

---

[12] たとえば、ポジションの値洗いを行い変動証拠金を受払いすることで、ポジションの価値を値洗いサイクル完了時点で日々ゼロにリセットするCCPの場合、カレントエクスポージャーは、オープンポジションの現在時点の価値と、変動証拠金を徴求する目的でCCPが最後に値洗いした過去時点の価値との差となる。

[13] ポジションが日々値洗いされ、決済される場合、一般に、ポテンシャルフューチャーエクスポージャーは直近の値洗時点からポジションがクローズアウトされる時点までの期間の長さに依存する。すなわち、ポテンシャルフューチャーエクスポージャーには、最後の値洗いからクローズアウトまでの価格変動から生じる未カバーのカレントエクスポージャーが含まれる。

ポージャーには、変動証拠金で、ポテンシャルフューチャーエクスポージャーには、当初証拠金で対応する。参加者破綻の際にCCPが、市場価格変動にさらされる期間は、参加者破綻を受けてCCPが破綻者ポジションをクローズアウトする時点まで、全額ヘッジが完了する時点まで、またはポジションを（他の主体に）移管する時点までとなる。たとえば、参加者破綻を受けてCCPがポジションを（ヘッジによって価値変動を）中立化するまで、またはクローズアウトするまでの期間に、ポジションや清算対象資産の市場価格は変動しうるため、これがCCPの信用エクスポージャーを著しく増大させる可能性がある。CCPは、担保（当初証拠金）の価値がクローズアウトに要する期間中に著しく低下する可能性によっても、ポテンシャルフューチャーエクスポージャーにさらされることになる（FMI原則の説明3.4.14.）。

信用エクスポージャーに関するリスクと財務資源に関するリスク

CCPの信用リスク発生源について、FMI原則に関するCCP向け追加ガイダンス（53頁参照）では、信用エクスポージャーに関するリスク（追加ガイダンス3.2.11.〜3.2.12.）と、財務資源に関するリスク（追加ガイダンス3.2.13.）に分けて、補足的な説明を行っている。

まず、信用エクスポージャーに関するリスクには、清算対象となるポートフォリオの市場価値に影響を与えるすべてのリスクが含まれる。たとえば、以下のようなリスクである。

・流動化期間の清算対象商品の価格変動（適切な場合は、日中のエクスポージャーの変動を含む）
・事前拠出の財務資源を直近に徴求した後の、清算対象ポートフォリオの規模・構成の変化
・「極端であるが現実に起こり得る市場環境」下での、清算対象商品のポートフォリオの流動化・ヘッジに伴う取引コスト、すなわちビッドアスクスプレッド

- 清算対象商品の市場価値と清算参加者の信用力との間の相関関係から生じる誤方向リスク
- 証拠金制度（追加証拠金を含む）で対処されているリスク
- 為替リスク
- リンク先のFMIに関連するリスク
- 営業日終了時点と日中の決済プロセスによって生じるリスク（標準的な決済サイクルを含む）

　次に、CCPの信用リスクのうち、CCPの財務資源に関するリスクとは、信用エクスポージャーをカバーするためにCCPが保有している担保やその他の財務資源の価値に影響を与えるリスク（たとえば担保の市場価値）である。たとえば、以下のようなものも含まれる。

- 誤方向リスクによって、担保価値が毀損するリスク
- 「極端であるが現実に起こり得る市場環境」下で担保等の価値が毀損するリスク
- CCPが利用していたカストディアンのデフォルトによって財務資源が毀損するリスク

求められる財務資源の水準

　原則4では、信用リスクに対する備えとして、各FMIが保持すべき財務資源につき、「各参加者に対する信用エクスポージャーを高い信頼水準で十分にカバーできるだけの財務資源を保持すべきである」としている。「高い信頼水準で十分にカバーでき」ているかどうかは、①想定する破綻参加者数、②ポジション変動と価格変動の想定（「極端であるが現実に起こり得る市場環境」の想定）が十分かどうかという点が、大きなポイントとなる。

想定する破綻参加者数（カバー1かカバー2か）

　まず、①想定する破綻参加者数について、原則4は、「より複雑なリスク特性を伴う清算業務に従事しているCCP」、または「複数の法域においてシステミックに重要なCCP」であるかどうかによって、求める財務資源の水準を変えている。すなわち、これらに該当すれば、「極端であるが現実に起こり得る市場環境」において「最大の総信用エクスポージャーをもたらす可能性がある」「2先」の「参加者とその関係法人の破綻」を含み、かつ「これに限定されない広範な潜在的ストレスシナリオを十分にカバーするだけの追加的な財務資源を保持すべき」とされている（いわゆる「（連結）カバー2」）。他方、これらに該当しなければ、「極端であるが現実に起こり得る市場環境」において「最大の総信用エクスポージャーをもたらす可能性がある」「参加者とその関係法人の破綻」を含み、かつ「これに限定されない広範な潜在的ストレスシナリオを十分にカバーするだけの追加的な財務資源を保持すべき」とされている（いわゆる「（連結）カバー1」）。

　各CCPが「より複雑なリスク特性を伴う清算業務に従事しているCCP」または「複数の法域においてシステミックに重要なCCP」であるかどうかの判断は、一義的には各国の監督当局に委ねられることになる。

　カバー1対象CCPとなるか、カバー2対象CCPとなるかは、CCPの財務負担や競争力の観点からは、とりわけ重要な問題である。カバー1かカバー2かの違いは、銀行のバーゼル規制が銀行に与える影響よりも、よりストレートで大きいと考えられる。なぜなら、銀行は多様なビジネスラインを抱えているが、銀行対比でCCPのビジネスモデルはシンプルであるため、規制上の負担の違いが参加者負担の違いに直接つながりやすいからである。

より複雑なリスク特性を伴う清算業務に従事しているCCP

「より複雑なリスク特性を伴う清算業務に従事しているCCP」について、FMI原則の説明3.4.19.では、「より複雑なリスク特性を伴う清算業務（企業破綻に伴って離散的に価格が大きく変動する特性〈ジャンプ・トゥ・デフォルト・リスク〉をもった金融資産やCCPの参加者の破綻と高い相関を有している金融資産などの清算業務）に従事しているCCP」と説明されている。実務上は、この部分はCDSを清算しているCCPを指すと解されており、主要国ではCDSを清算するCCPが「カバー2対象」のCCPとなっている。

複数の法域においてシステミックに重要なCCP

「複数の法域においてシステミックに重要なCCP」に該当すれば、当該CCPはカバー2が求められるため、その決定の基準・判断は重要である。「複数の法域においてシステミックに重要なCCP」については、FMI原則の説明3.4.19.では、以下の点をふまえて決定を行うべきとしている。
① CCP参加者の所在地
② CCPが業務を行う各法域において取り組まれた取引総件数および総額
③ CCPの全取引総件数および金額に対する②の割合
④ CCPの清算対象商品が清算または決済される際の通貨単位の種類の幅広さ
⑤ 他の法域に所在するFMIとのリンク（リンクの形態はあらゆるものを含む）
⑥ 複数の法域において清算集中義務が課された金融商品の清算の取扱いの程度

カバー1かカバー2の選択に関する各国の扱い

　信用リスクに対応するためのCCPの財務資源に関するカバー1かカバー2かの選択についての主要法域の扱いをみると、わが国と米国がおおむねFMI原則と同様の考え方を採用しているのに対し、欧州は、すべてのCCPに対して原則カバー2を義務づけている。

　わが国については、金融庁の監督指針にこの点の考え方について記載がある。米国では、OTCデリバティブのプライマリー当局であるCFTCが定めるCFTCルールのPart39（Derivatives Clearing Organization）によって、FMI原則と同様に、通常のCCPにはカバー1が（CFTCルール39.11）、「より複雑なリスク特性を伴う清算業務に従事しているCCP」や「複数の法域においてシステミックに重要なCCP」については、カバー2が適用される（CFTCルール39.33）。

　欧州では、「より複雑なリスク特性を伴う清算業務に従事しているCCP」や「複数の法域においてシステミックに重要なCCP」に該当しないCCPであっても、EMIRによってカバー2が原則とされており、FMI原則より高い基準が課されている。

カバー1かカバー2の選択と各国CCPの競争力

　カバー1、カバー2のいずれが適用されるかは、一見技術的な問題であるが、時にそれは各国CCPの競争力ひいては各国市場の競争力にも影響を与える問題になりうることには注意が必要である。

　「より複雑なリスク特性を伴う清算業務に従事しているCCP」または「複数の法域においてシステミックに重要なCCP」と認定され、カバー2適用CCPになれば、その分、平時から保持しておくべき財務資源の額が増加し、それはCCP自身の自己拠出金の増加分を除けば、証拠金や清算基金の増額と

いったかたちで、当該CCPの参加者への負担を増加させることになる。その結果、たとえば、同様の商品を扱うA国のCCP・X社とB国のCCP・Y社があり、前者がカバー2適用CCP、後者がカバー1適用CCPと認定されると、後者は必要財務資源が少なくなる分、参加者へ転嫁する財務資源などの負担が前者より小さくてすむことになる。これを利用して、Y社がX社から顧客の獲得攻勢を掛け、当該商品のメインの清算市場がA国からB国に移動するといったことは十分にありうる話である。

このようにカバー1、カバー2のいずれが適用されるかは、各国CCPの競争力、市場の競争力にも影響を与えうる、きわめてデリケートで政治的な側面もあることには注意が必要である。「複数の法域においてシステミックに重要なCCP」であるかどうかの認定や、各国の国内規制でカバー1かカバー2かの選択をどのように取り込むかは、当局にとって重要な判断である。

カバー1かカバー2の選択の基準としての限界と監督による対応

カバー1やカバー2といった基準は、客観的で基準として明確である点が優れている一方、CCPによって異なる各参加者のポジションの分布によるリスクの違いを細かく反映できない点で限界もある。たとえば、同じカバー1の財務資源であっても、最大の1先の参加者のポジションが他の参加者より格段に大きいCCPの場合は、破綻先の参加者、価格変動、ポジション変動によっては、保有財務資源によって最大の参加者破綻以外の場合は2または3以上の参加者の破綻に対応できる可能性が高いといえるだろう。これに対して、同じカバー1の財務資源であっても、最大の1先の参加者のポジションがたとえば上位5先くらいまでのポジションと同程度のCCPの場合は、ポジションが大きい2または3社が破綻した場合には、保有財務資源の2倍または3倍程度の財務資源が必要となる可能性が高くなるといえるであろう。

この意味で、カバー1およびカバー2はあくまでも最低基準であり、各CCPにおいて、各CCPに対する参加者のポジションの状況等をふまえて、金

融危機等に対しても頑健で十分な財務資源を確保することが求められる（FMI原則のCCP向け追加ガイダンスの4章（財務資源の規模）でもこの点は強調されている）。

なお、カバー1、またはカバー2といった最低基準を、たとえばカバー3に引き上げてはどうかという提案があるが、妥当ではないであろう。カバー1やカバー2はあくまで最低基準であり、こうした点については、上記で指摘したカバー1やカバー2の限界もふまえながら、当局による監督上の対応を行うことが望ましいだろう。

最低基準としてのカバー1とカバー2

2017年7月に公表されたFMI原則のCCP向け追加ガイダンスの4章（財務資源の規模）では、（原則4の信用リスクと原則7の資金流動性リスクの双方を射程に置いて議論を行っているものであるが）カバー1やカバー2があくまでも最低基準であることを強調している。同ガイダンスでは、CCPは保有すべき財務資源の決定にあたっては、自社のリスクプロファイルと、自社にとって適切なすべての「極端であるが現実に起こり得る」シナリオ・市場環境のもとでのストレステストの結果を考慮すべきとしている。ここで考慮すべき事項には、参加者の構成をふまえて、「極端であるが現実に起こり得る」参加者の同時破綻の社数の分析や、ストレステストを行った際の損失の参加者間の分布や集中のモニタリングを含むべきとされている（追加ガイダンス4.2.1.）。

要するに、最大級の参加者3社の同時破綻が「極端であるが現実に起こり得る」シナリオと判断されるのであれば、FMI原則上の最低基準にかかわらずカバー3の財務資源を確保することを検討すべきだということである。

次に、CCPは、ストレステストにおいて、カバー1およびカバー2の対象となる参加者およびその関係先をどのように特定するかを明確に定義しなければならない。その際に、前提となるストレスシナリオと破綻参加者は、信

用リスクのストレステストと資金流動性リスクのストレステストとでは異なる可能性があることに留意が必要である。また、CCPは、参加者およびその関係先が同時に破綻した際には、CCPの規則か関連法によって認められている場合にしか、2者間の相殺は認めるべきでないとしている（追加ガイダンス4.2.2.）。

また、2先破綻の場合の最大想定損失を見積もる際には、通常は、同じストレスシナリオのもとでの想定損失が最大のものを2つ足し上げる。しかし、CCPが既存のデフォルトを処理している際に、さらに次のデフォルトが起きた場合には、その間に市場環境が変わっている可能性があるため、CCPは当該2つのデフォルトについて異なるストレスシナリオを適用してもよい。しかし、これはさらに大きな想定損失につながる可能性があるため、CCPは、当局、参加者、その他のステークホルダーがストレステストの結果をよく理解できるように、自社が採用しているアプローチにつき明確に説明する必要がある（追加ガイダンス4.2.3.）。

ポジション変動と価格変動
（「極端であるが現実に起こり得る市場環境」）の想定

FMI原則の原則4では、上述のとおり、「より複雑なリスク特性を伴う清算業務に従事しているCCP」または「複数の法域においてシステミックに重要なCCP」は、「極端であるが現実に起こり得る（extreme but plausible）市場環境」において最大の総信用エクスポージャーをもたらす可能性がある2先の参加者とその関係法人の破綻を含み、かつこれに限定されない広範な潜在的ストレスシナリオを十分にカバーするだけの追加的な財務資源を保持すべきであるとされる。それでは、「極端であるが現実に起こり得る市場環境」とは何を想定すればよいのであろうか。これには、ポジション変動と価格変動の想定が十分である必要がある。

CCPのストレステストと「極端であるが現実に起こり得る市場環境」

　CCPの財務資源総額の十分性の検証について、FMI原則の原則4の説明3.4.20.では、「CCPは、ストレステストを通じて財務資源総額を決定し、その十分性を定期的に検証すべきである。また、必要に応じて、リバースストレステストを実施すべきである」としている。ストレステストだけでなく、リバースストレステストの実施も義務づけている点が、原則7の資金流動性リスクのストレステストとの違いである。FMI原則の説明3.4.20.では、リバースストレステストについて、「CCPの総財務資源でどれほどの強度のストレス環境がカバーされるかを検証するテストである」と説明している。リバースストレステストについては後述する。

　FMI原則3.4.22.は、以下のように記載している（下線は筆者による）。

　　　CCPは、ストレステストを行うに当って、参加者破綻のポジションと当該ポジションの流動化期間に生じ得る価格変動の両方について、適切なストレスシナリオを広範に検討すべきである。こうしたストレスシナリオは、<u>価格ボラティリティの過去最高値のうちストレスシナリオとして適切と判断されるもの</u>や、価格決定要因やイールドカーブを含む他の市場要因の変化、様々な期間を想定して定義され得る複数先破綻、資金・資産市場においてCCPの参加者破綻と同時に発生し得る市場の逼迫、<u>極端であるが現実に起こり得る市場環境</u>を様々に想定した<u>フォワードルッキングな一連のストレスシナリオ</u>を含むべきである。

　また、追加ガイダンス3.2.5.では、サービスラインごとに異なるデフォルト・ウォーターフォールをもつCCPは、サービスラインごとに信用リスクのストレステストが必要としている。

　追加ガイダンスの策定過程では、市中協議案に対して、「極端であるが現実に起こり得る（extreme but plausible）」の定義を示すよう求める意見も多く寄せられた。しかしながら、CPMI-IOSCOでは、追加ガイダンスの確定

版においては、extreme but plausibleの定義を示すことはせずに、CCPがストレステストの枠組みを整備するにあたって考慮すべき重要な事項について、さらに詳しい説明を提供することが、ガイダンスのねらいであると強調している（追加ガイダンスのカバーノート）。

ヒストリカルシナリオとフォワードルッキングシナリオ

　extreme but plausible scenariosを作成するための1つのやり方は、ヒストリカルシナリオ（対象となる市場における過去最大の価格変動）を利用するものである。しかしながら、ヒストリカルシナリオの利用だけでは、extreme but plausible scenariosとしては不十分である。過去データの不足等の問題に加え、CCPが将来に直面しうるextreme but plausible scenariosが過去データですべて補足できていない可能性がある（過去の延長に未来があるとは限らない）からである（追加ガイダンス3.2.26.）。

　FMI原則の追加ガイダンスでは、ヒストリカルシナリオを補う方法として、forward looking approachを紹介している。forward looking approachには、hypotheticalな手法とtheoreticalな手法がある。前者は、narrative/prospective approachと呼ばれることもあり、ヒストリカルシナリオやtheoreticalな手法でとらえきれていないストレスイベントを主観による判断によって特定するものである。前者について、追加ガイダンスの3.2.37.では、forward lookingなシナリオは、CCP内部またはCCPの参加者コミュニティの、当該市場等に精通した専門家の判断をふまえて作成すべきであるとしている。こうした専門家は、当該市場について、過去には起こったことがなく直接的にモデル化できないが、なんらかのイベントというかたちで当該市場に影響を与えうる経済的、物理的、地政学的要因を含む、有益な専門知識を有しているはずであるからである。後者は、過去のデータ等をもとに、純粋に統計的な手法でシナリオの作成を行うものである（追加ガイダンス3.2.27.）。

ある特定のシナリオにおいて、各リスク要因に与えられるショックは、個別にみて現実に起こりうるものであるだけでなく、全体としてみても整合性がとれている必要がある（追加ガイダンス3.2.28.）。

ストレスシナリオの包括性
 (comprehensiveness of scenarios)

包括的なストレスシナリオが必要である点につき、追加ガイダンスでは以下の点を記載している。

CCPは、ヒストリカルシナリオとforward lookingシナリオの双方を用いて、事前に特定されたすべてのリスクを補足するかたちで、extreme but plausible market conditionをモデル化しなければならない。シナリオの策定にあたっては、1先または複数先の参加者の破綻が市場のボラティリティを増幅させ、エクスポージャーが営業日終了時点よりも日中に大きくなる可能性も考慮しなければならない[14]（追加ガイダンス3.2.29.）。

作成されたextreme but plausibleなシナリオの集合は、現在、過去、仮想のポートフォリオのすべてに包括的にストレスをかけるものとなっていなければならない（追加ガイダンス3.2.31.）。

過去データの利用

ストレステストにおいて、過去データをどのように利用しているかも重要な論点である。特に、ストレステストは、原則として、過去最大の価格変動を含んでいる必要があり、これを含まない場合は、十分な論拠が必要である。また、ストレステストに利用している過去の価格変動等のデータ期間を

---

[14] 仮に営業日終了時点のみのデータを用いてストレステストを行い、財務資源の十分性を確保しているとしていた場合でも、エクスポージャーが営業日終了時点よりも日中に大きくなるような事態が生じると、日中に財務資源の不足が生じ、参加者破綻が起きた場合に日中の財務資源が不足する可能性がある。

30年など一定区間としている場合でも、自動的な対象区間更新によって過去最大の価格変動時点を対象区間外としてはならない（追加ガイダンス3.2.34.）。

過去最大の価格変動を対象外とすることが本当に妥当かどうか実質的な観点から検討が必要である。たとえば、1987年の米国の株式大暴落の際の価格変動が過去最大であった場合に、2017年時点において、過去30年のデータ参照期間に入らなくなったからといって、当該価格変動を自動的にストレステストの対象外とするのは不適切である。

日中の価格・ポジション変動

営業日終了時点でのエクスポージャーよりも、日中のエクスポージャーのほうが大きくなる傾向にある場合には、CCPは営業日終了時点でのエクスポージャーに加え、日中のエクスポージャーも利用してストレステストを行うべきである（追加ガイダンス3.2.39.）。

具体的には、営業日終了時点での価格変動を利用したストレスシナリオに加え、過去最高の日中・一定期間中の価格変動に依拠したストレスシナリオ（ヒストリカルシナリオ、フォワードルッキングシナリオともに）を活用すべきである。たとえば、1987年の株式大暴落に基づいたヒストリカルシナリオの最も極端な価格変動を捕捉するために、CCPは、同年10月19日・20日とその間の極端な価格変動をとらえるため、株価と金利について営業日終了時点と日中の最高・最低価格を考慮に入れることもできる（追加ガイダンス3.2.40.）。

プロダクト間、アセットクラス間の関係の変化：ストレスシナリオ作成上の留意点

FMI原則の追加ガイダンスでは、広範なストレスシナリオを設定するにあたり、ストレスシナリオは、個別の市場単体への影響にストレスをかけるシナリオに限定すべきではないとしている。CCPが複数のプロダクトまたはアセットクラスを清算している場合には、これらの清算対象プロダクトの市場

間の相互関係をとらえたストレスシナリオ（信用リスク・市場リスクとも）の作成を検討すべきである。これらのシナリオは、金融市場間の波及効果を考慮すべきである（関連市場への2次的なextreme but plausibleな影響を通した波及シナリオを含む[15]）（追加ガイダンス3.2.41.）。

特に、複数のプロダクト間、アセットクラス間の相互依存関係は、シナリオが前提としている金融環境と整合的でなければならない。たとえば、シナリオのショックを他の市場の価格変動へ波及させる際に、通常の市場環境下のリスク要因間の相互依存関係を利用するだけでは十分ではない。こうした場合にはストレス環境下での起こりうる市場変動をふまえた、ストレス環境下での市場データの利用や仮想的な相互依存関係のモデル化を行うことを検討すべきである（追加ガイダンス3.2.42.）。

同様に、異時点間の多くのリスク要因をまたいでリスクを集計することによって、フォワードルッキングなシナリオを組成する際には、CCPはストレス環境下でのリスク要因間の相互依存関係をモデル化すべきである。さらに、CCPは、通常は相関のないプロダクトの市場価格が同様な動きをする、あるいは通常は相関のあるプロダクトの市場価格が異なった動きをするといったフォワードルッキングなシナリオを作成することによって、ストレスの要因の1つとして依存性をモデルで考慮すべきである（追加ガイダンス3.2.43.）。

Stressed period of risk（SPOR）

FMI原則の説明3.4.22.では、CCPは、ストレステストを行うにあたって、破綻参加者のポジションと当該ポジションの流動化期間に生じうる価格

---

[15] 追加ガイダンスは、この部分の脚注において、これは、金利と株価とエネルギー市場のそれぞれのextreme but plausibleなシナリオの同時発生を想定するといったような、単に複数の市場におけるextreme but plausibleなシナリオの同時発生をシナリオに加えるべきとの趣旨ではない、と明記している。

変動の両方について、適切なストレスシナリオを広範に検討すべきであるとしている。

追加ガイダンスでは、このstressed period of risk（SPOR）と呼ばれるストレス時の流動化期間についても、FMI原則よりもさらに踏み込んだ記載を行っている。

たとえば、SPORは、通常時の流動化期間（MPOR：margin period of risk）以上であるべきとしている。また、SPORの決定にあたっては、extreme but plausibleな市場環境でポジションを流動化したりヘッジしたりすることに伴う困難さを十分に認識し、清算される商品や市場の特性を十分に考慮すべきとしている。

次に、集中したポジションをもつポートフォリオの流動化に関する潜在的なコストを考慮するために、SPORを拡張するか、他の手法を適用することを検討すべきとしている（追加ガイダンスのカバーノート、追加ガイダンス3.2.45.）。また、SPORの選択の根拠についても、透明性の高いかたちで文書化するよう求めている。さらに、信用リスクと資金流動性リスクでは、リスクが実現するタイム・ホライゾンが異なることを認識し、それぞれに異なったSPORを採用することを検討すべきとしている。

プロダクトカテゴリーをまたいだ結果の集計

極端であるが現実に起こりうるシナリオのさまざまな商品（デリバティブ、株、債券等）への適用は、CCPのデフォルトマネジメントの手順と整合的なものであるべきである。CCPがさまざまな商品のデフォルトマネジメントを一括して行う信頼できる手段を有している場合には、同じストレスシナリオまたは（商品間の影響をふまえた）一連のストレスシナリオが適用される。デフォルトマネジメントが一括して行われない場合には、商品ごとに別々のストレスシナリオが適用され、商品間の損益の相殺も認められない（追加ガイダンス3.2.47.）。

FMI原則の原則5の重要な考慮事項2にも整合的となるように、CCPはストレステストには、担保のストレス時の価値を利用すべきである。これは、担保価値とポジションに別々にストレスをかけ、その後で損失を合算するか、担保価値とポジションに同時にストレスをかけるかの、いずれかの方法で達成できる。CCPは、担保のストレステストとCCPのデフォルトマネジメントの手順を確実に整合的にしなければならない。すなわち、CCPの担保とポジションがポートフォリオとして流動化される場合にのみ、両者は一括してストレスをかけられるべきである（追加ガイダンス3.2.48.）。

顧客エクスポージャーの扱い

　ストレステストの設計にあたっては、CCPは、破綻参加者の保有する顧客担保の利用可能性を含め、顧客担保の利用の可否を、該当する法域の法的枠組みと整合的になるように設計すべきである（追加ガイダンス3.2.50.）。たとえば、日本法のもとでは、顧客担保を参加者の損失処理のために利用することは禁止されているため、CCPのストレステストにおいても、顧客担保の利用を認めるべきではない。

　また、ストレステストで利用する極端であるが現実に起こりうるシナリオでは、CCPは、顧客ポジションを移管することはできないと仮定すべきである。移管には、ストレス時に有能かつその意思のある譲受人が必要となることから、そのような譲受人は見つからないとするのが、確率の高いシナリオである（追加ガイダンス3.2.52.）。

　CCPは、参加者破綻の場合には破綻参加者の顧客の代理としての支払はいっさいなされないという保守的な仮定を置くべきである。顧客から破綻参加者に対する支払がなされていたとしても、破綻参加者からCCPへの支払が行われていなかったものについては、CCPは利用できないと仮定すべきである（追加ガイダンス3.2.53.）。

ストレステストのシナリオ、モデル、パラメータ、仮定の分析

　ここでは、ストレステストのシナリオ、モデル、パラメータ、仮定の分析について説明する。なお、本項の内容は、資金流動性のストレステストにも妥当する。

　まず、厳格なストレスシナリオの設定は、非常に重要である。モデルの選択、データのとり方、データ参照期間の設定、パラメータの設定等の違いによって、必要とされる財務資源水準が異なってくるためである。

　FMI原則の原則4の重要な考慮事項5は、ストレステストのシナリオ、モデル、パラメータ、仮定について、少なくとも月次で包括的な分析を行う必要があるとしている。この点につき、追加ガイダンスでは、CCPは、以下の手法のうちいくつかを組み合わせて利用すべきとしている（追加ガイダンス3.2.55.）。

・起こりうる市場環境を反映した広範囲のパラメータ・仮定（たとえば、流動化期間、信頼区間、相関関係、過去データの参照期間、顧客ポジションの移管）がストレステストの結果に影響を与えるかどうかを検証するためのシナリオの分析。
・事前の財務資源・流動性資源が不十分となる極端なシナリオや市場環境をCCPが特定するのをサポートしたり、ブレークイーブンシナリオがもっともらしいかどうかを評価したりするためのリバースストレステスト。
・もっともらしいシナリオとそうでないシナリオの境界を検証する一助となるfor-information-onlyシナリオをストレステストに入れる。

リバースストレステスト

　FMI原則の説明3.4.23.では、リバースストレステストについて以下のように説明している。

CCPは、(適切な場合には)財務資源総額がテイルリスクを十分にカバーしきれないような極端なシナリオや市場環境の特定を目的としたリバースストレステストを行うべきである。リバースストレステストとは、証拠金モデルの各種仮定のもとで計算される証拠金額や十分な財務資源水準に関する理解を深めるため、仮想のポジションと極端であるが現実に起こりうる市場環境とみなされる状況を超えるような極端な市場環境をモデルでとらえていくことをCCPに求めるものである。こうした極端な市場環境のモデル化は、現在のモデルの限界や財務資源で対応できる限界を測定することに役立つ。

　しかし、異なる市場や商品をモデル化していく際には、それぞれについて、こうした限界に関する判断を下していくことが必要となる。CCPは、清算対象の市場や取扱商品が抱える固有のリスクにあわせて、極端な仮想のシナリオ・市場環境を想定すべきである。リバースストレステストは有用なリスク管理手段とみなすべきであるが、必ずしもCCPの適切な財務資源レベルを決定するものである必要はない(FMI原則の説明3.4.23.)。

財務資源の使用

　FMI原則の説明3.4.24.では、CCPによる財務資源の利用につき、以下のようにいくつかの留意点をあげている。

① 　FMIの規則は、参加者破綻の際にFMIの特定の財務資源が使用されうる状況を含め、デフォルト・ウォーターフォール構造を明確に規定すべき。
② 　現在の営業費用、潜在的なビジネスリスクにかかる損失や、FMIが行う他の業務からの損失をカバーするために必要な財務資源は、参加者破綻による信用損失をカバーするために利用可能な財務資源とすべきでない(原則15:ビジネスリスクを参照)。
③ 　FMIが複数の市場(同一法域内または複数の法域)で業務を行っている場合、ある市場の参加者から拠出された財務資源を別の市場における参加者破綻から生じる損失のカバーに利用しうるが、FMIがこれを行うために

は、適切な法的基盤が備えられ、全参加者に対して明確化されたものでなければならず、また、市場や参加者間での重大な伝播リスクが回避されるものでなければならない。
④　FMIのストレステストの設計では、複数の市場にまたがって1先以上の参加者破綻が生じるシナリオにおいて市場横断的にプールされている財務資源の範囲を考慮すべき。

　このうち上記③に関して、わが国のCCPであるJSCCの例をみると、参加者破綻のための財務資源は、金利スワップ・CDSの各ビジネスラインで別々に拠出されており、一方のビジネスラインのための財務資源を別のビジネスラインのための財務資源に充当することはできないとされている。また、外貨金利スワップのポジションを有する参加者の破綻のための財務資源は、通貨の種類別に配分され、通貨の種類別に配分された財務資源に余剰が生じる場合には、その余剰分を他の通貨の財務資源として再配分できる仕組みとなっている。加えて、JSCCの「クロスマージン制度」(FMI原則の用語法では、いわゆる「ポートフォリオマージニング」。2－4節107頁参照)を利用する参加者の破綻の場合には、同制度の対象の国債先物取引から生じる損益については、金利スワップの参加者破綻のための財務資源によりカバーされる。

ストレステスト結果の経営層への報告、ガバナンス

　FMI原則の原則4の重要な考慮事項5では、CCPはストレステストの結果をCCPにおける適切な意思決定者に報告し、その結果を財務資源総額の適切性評価や金額の調整に活用するための明確な手続を備えるべきであるとしている。この点は、追加ガイダンスの2章(ガバナンス)に詳しい説明があるため、2－6節で後述する。

ストレステストの実施・見直しの頻度

ストレステストの実施・見直しの頻度につき、FMI原則の原則4の重要な考慮事項5では、以下のように記載している。
- ストレステストは、<u>毎日</u>実施すべき。
- <u>少なくとも毎月</u>、採用しているストレスシナリオやモデルと、基本となるパラメータや想定に対して包括的で綿密な分析を行うべき。
- 清算対象商品や清算業務を提供する市場が高いボラティリティを示したり、市場流動性が低下した場合や、CCPの参加者が抱えているポジションの規模・集中度が著しく増大した場合には、こうしたストレステストの分析をより高頻度で行うべき。
- リスク管理モデルの妥当性の全面的な検証は、<u>少なくとも年に1回</u>行うべき。

財務資源の十分性評価の際の留意点

CCPは、財務資源の十分性を評価する際には、コールされたものの、まだ支払われていない証拠金を計上すべきではない。さらに、CCPは、ストレステストの際に、参加者から自発的に拠出された余剰担保を自らの財務資源に計上すべきではない。

参加者破綻のための財務資源に関する重要事項

CCPの参加者破綻のための財務資源については、①事前拠出型(prefunded)であること、②継続的に所要水準の財務資源が維持されていること(on-going maintenance)の2点が非常に重要である。この点は、FMI原則の追加ガイダンスにおいて、(そのガバナンスに関する2章も含め)特に強調されて

いる点である。以下では、これらについて説明する。

事前拠出（prefunded）の必要性

　FMI原則の原則4では、所要財務資源は、いずれも事前拠出型でなければならないとされている。事後拠出型の財務資源では、CCPの参加者の破綻が起こるような金融危機時に実際に金融機関から追加的に財務資源を徴求することができるか実効性に疑問符がつくほか、金融機関からの財務資源の追加徴求がかえって金融危機を増幅させることが懸念されることをふまえ、CCPの強靭性維持と金融システムの安定性維持の観点から、求められているものである。

　FMI原則では、事前拠出を前提とする記載はみられるものの、所要財務資源がprefundedであることが文言上はっきりしない点もあるといわれていた。この点、追加ガイダンスでは、事前拠出型である必要があることが明確に記載されている。また、追加ガイダンスの4.2.6.では、所要財務資源は、いずれも事前拠出型であるべきと明記して、その根拠としてFMI原則の原則4の重要な考慮事項4を参照している。

　なお、説明部分も含め、FMI原則において事前拠出に明示的に言及しているのは以下の箇所である。

　　　価格変動による潜在的損失の程度は計り得ない部分があることを前提とすると、そのようなテイルリスクをすべてカバーすることは現実的でないが、CCPはテイルリスクのある部分まではカバーできるように追加担保や事前拠出型の破綻対応手段など追加的な財務資源を保持すべきである」（FMI原則の説明3.4.17.）。

　　CCPは、証拠金などの事前拠出型の財務資源を用いて、各参加者に対するカレント・エクスポージャーとポテンシャル・フューチャー・エクスポージャーを高い信頼水準で十分にカバーすべきである（FMI原則の説明3.4.18.）。

継続的維持（Ongoing maintenance）の必要性

　CCPの財務資源が不足した場合には、継続的な財務資源維持のために、できるだけ迅速に補充を行う必要がある。清算集中義務の導入で重要性を増したCCPの強靭性を維持することへの重要性に対する認識が高まったことや、CPMI-IOSCOによるCCPのレベル3モニタリングの結果、迅速な財源の補充が十分に対応できていないCCPもみられたことなどから、この点の重要性に関する認識が高まり、FMI原則の追加ガイダンスでも詳細な説明が加えられた。

　この点に関するFMI原則と追加ガイダンスの記載は以下のとおりである。

　　FMIは、参加者のFMIに対するいかなる債務に関しても、単独または複合的な参加者破綻の結果としてFMIが直面し得る損失について十分に対処する明確な規則・手続を設けるべきである。これらの規則・手続は、生じ得る未カバーの信用損失をどのように割り当てるのかについて扱うべきであり、流動性供給主体から借り入れる可能性がある資金の返済も含むべきである。こうした規則・手続では、FMIが安全かつ適切な方法で業務を継続できるよう、ストレスイベント下でFMIが実施する可能性がある財務資源の補填手続も示されるべきである（FMI原則4の重要な考慮事項7）。

　　ある極端な状況においては、FMIの信用エクスポージャーをカバーする担保などの財務資源の売却価値で、信用エクスポージャーに起因する損失を全額カバーできないことが生じ得る。FMIは、未カバーの信用損失にどう対処するかを分析した上で対応計画を立てるべきである。FMIは、参加者のFMIに対するいかなる債務に関しても、単独または複合的な参加者破綻の結果としてFMIが直面し得る損失について十分に対処できる明確な規則・手続を設けるべきである。これらの規則・手続は、生じ得る未カバーの信用損失をどのように割り当てるのかについて扱うべ

きであり、流動性供給主体から借り入れる可能性がある資金の返済も含まれるべきである。こうした規則・手続においては、FMIが安全かつ適切な方法で業務を継続できるよう、ストレス事象下でFMIが実施する可能性がある財務資源の補填手続も示されるべきである（FMI原則の説明3.4.25.：未カバーの信用損失に関する非常時対応）。

　追加ガイダンスのカバレッジの章では、期待内容がより明確にされている（なお、追加ガイダンスの当該部分は、資金流動性リスクも対象とした記載となっている）。

　すなわち、CCPは、ストレステストのブリーチが起きた際に、それを迅速に解消するためにどのような手段をとるかを定めた明確な手続かルールを保持すべきである。それらは、参加者に自動的に（かつ該当する場合には同日中に）拠出を求めるためのトリガーとなる閾値（threshold）、エスカレーション基準、ブリーチについて明確に定義すべきである（追加ガイダンス4.2.7.）。そうしたトリガーはたとえば下記のものによるとしている。

① 定量的な閾値（財務資源、流動性資源のうち、毀損された部分の割合など）
② 定性的な基準（参加者のリスク評点など）
③ 複数参加者のデフォルトを含む、さまざまなデフォルトシナリオにおける、財務資源の十分性モニタリングのために設けられた複数の閾値

　さらに追加ガイダンスの4.2.8.では、CCPは、①参加者から追加的な財務資源、流動性資源を徴求できる状況、②CCPが徴求する資源の性質（追加の証拠金か、追加の清算基金か）、③どのようにして追加拠出金の割当ては決定されるのか、④支払期限につき、明確に取り決めるべきとしている。また、CCPは、参加者が自社の潜在的な債務を正しく理解し、そうした債務を確実に履行できるように適切な手段を講じることを確保するため、定期的に参加者と連絡をとるべきとしている。

　これらの点は、参加者の予測可能性と追加拠出への対応能力を高めるとともに、CCPや参加者自身の危機時の頑健性を高めることを通じて、金融システムの安定性の向上にも貢献するものと考えられる。

財務資源の継続的維持と
プロシクリカリティ抑制とのトレードオフ

　財務資源の継続的維持は重要であるものの、市場ストレス時に迅速な財務資源不足分の補充を急ぎすぎると、プロシクリカリティを高め市場を不安定化させるおそれがある。他方で、プロシクリカリティ抑制を重視しすぎて、財務資源の不足分が長期間にわたり補充されなければ、CCPの頑健性が低下し、市場ストレス等に脆弱になってしまう。このため、財務資源の継続的維持とプロシクリカリティ抑制とのトレードオフに留意しつつ、両者のバランスを保つことが重要である。

　こうした点をふまえ、CCPのルール・手続は、財務資源の不足分の補充については、CCPにその時点での状況に照らして適切な判断を行わせる余地を残すために自動的なトリガーを避けるべきである。また、CCPは、その時点での状況に照らして補充に最も適切なペースを決定し、実務的に可能な範囲でできるだけ迅速に（これに当てはまる場合には「翌営業日まで」を含む）補充を実行すべきである。これらの点は、FMI原則の再建に関する追加ガイダンス4.4の「財務資源の補充（replenish）のためのツール」に明確に記載されている（3－1節217頁参照）。

FMI原則で求めている財務資源の関係
（原則4・原則15・原則16）

　FMI原則では、原則4（信用リスク）、原則15（ビジネスリスク）、原則16（保管・投資リスク）のそれぞれに対して、財務資源の保有が求められている。FMI原則の説明3.4.24.と原則15において、原則4と原則15の財務資源は、別に用意する必要があることが明示されているが、原則15と原則16の財務資源の関係は、明示的な記載がなかった。こうした事情や投資・保管リスクに対しても十分な財務資源が必要との認識の高まりを受け、原則15と原則16の財務資源は、それぞれ独立して用意するべきことが、追加ガイダンスに

おいて明示されている。

　追加ガイダンスの 6 章「損失に対するCCPの拠出金」(CCP contributions to losses) の6.2.3.では、CCPは、保管・投資リスク (custody and investment losses) から生じる損失に適用されるCCP自身の財務資源の金額を特定すべきである、としている。

　また、追加ガイダンス6.2.4.では、保管・投資リスクから生じる損失に適用されるCCP自身の拠出金の多寡は、参加者の資産の保管・投資に係る意思決定にCCPが関与できる度合いを反映して決定されるべきであるとしている。これは、CCPが当該意思決定に関与できる程度に応じて、CCPの損失負担割合を決めることが、CCPのリスク管理に対する動機づけの観点からも、CCPと参加者間の意思決定への関与度合いに応じた損失の公平な分担の観点からも、望ましいことによる。

　たとえば、CCPが大きな意思決定権限をもっている場合は、損失負担割合も大きくなるし、逆に、参加者に大きな意思決定権があり、CCPが保管・投資の意思決定に関与しない場合には、CCPの参加者の資産の保管・投資から生じる損失に対する財務資源の拠出は少額でよいことになる。

　追加ガイダンス6.2.7.では、保管・投資リスクを、ビジネスリスクの一種と認めつつも、保管・投資リスクから生じる損失に適用されるCCP自身の拠出金は、その他の損失に充てるべきではないとしている。そのうえで、本拠出金は、FMI原則の原則15のもとで必要とされる自己資本によってファンディングされる流動性の高いネット資産の金額に計上すべきではないとしている。すなわち、CCPは、原則16の保管・投資リスクに対して、原則15のビジネスリスクに対する財務資源とは別の財務資源を用意する必要がある。

証拠金(原則6)

FMI原則の原則6の本文と重要な考慮事項は以下のとおりである。

　CCPは、リスク量に基づいて運営され、定期的に見直しされている、実効性が確保された証拠金制度を通じて、すべての清算対象商品について参加者に対する信用エクスポージャーをカバーすべきである。

重要な考慮事項
1．CCPは、各清算対象商品、それら商品のポートフォリオ、および清算対象商品の市場について、これらのリスクと固有の特徴に見合った証拠金水準を算出する証拠金制度を備えるべきである。
2．CCPは、証拠金制度のため、<u>最新の価格データが得られる信頼できる情報源</u>をもつべきである。また、<u>価格データを容易に入手できない状況や価格データが信頼できない状況に対処するための手続や適切な価格評価モデル</u>を備えておくべきである。
3．CCPは、リスク計測手法に基づいて証拠金所要額を算定する当初証拠金モデルとそのパラメータを採用すべきである。<u>当初証拠金所要額は、最後に証拠金を徴求した時点から参加者破綻を受けてクローズアウトするまでの間の参加者に対するポテンシャル・フューチャー・エクスポージャーを十分にカバーする</u>ことが求められる。当初証拠金は、<u>少なくとも推計された将来エクスポージャーの分布の片側信頼水準99％をカバーすべき</u>である。ポートフォリオベースで証拠金を算出しているCCPに対しては、この基準は各ポートフォリオの将来エクスポージャーの分布について適用される。サブポートフォリオ毎や商品毎のように、より細かいカテゴリーで証拠金を算出しているCCPに対しては、各々のカテゴリーの将来エクスポージャーの分布について同

基準が満たされなければならない。当初証拠金モデルは、特定の清算対象商品を実質的にヘッジする、またはクローズアウトするための期間を（ストレス時の市場環境を含めて）保守的に見積もるべきであり、その商品に関連するリスクファクターや商品間をまたいで存在するポートフォリオ効果を明示した信用エクスポージャーの適切な計測方法を備えているべきであり、実行可能な範囲でできる限り慎重に、不安定化をもたらすプロシクリカルな制度変更の必要性を限定すべきである。

4．CCPは、少なくとも日次で参加者のポジションを値洗いし、変動証拠金を徴求し、カレント・エクスポージャーの累積を抑制すべきである。参加者に対しては、日中に証拠金を追加徴求する権限をもち、またこれを実際に遂行する業務能力を予定型・臨時型のいずれの方法においても持つべきである。

5．証拠金所要額の算出に際し、ある商品のリスクが他の商品のリスクと有意かつ信頼できるほど安定して相関している場合には、当該CCPが清算する商品間や、他のCCPが清算する商品との間で、証拠金所要額の相殺や減額を認めてもよい。2先以上のCCP間でクロスマージンが承認されている場合には、これらCCPは適切な安全策を講じなければならず、また、リスク管理制度全般の調和が整えられていなければならない。

6．CCPは、日次で厳格なバックテストを行い、また、少なくとも月1回、必要に応じてより頻繁に感応度分析を実施することによって、証拠金モデルの実績や証拠金全体でのカバレッジを分析・モニターすべきである。CCPは、すべての清算対象商品について証拠金モデルの理論的特性および実際の特性を定期的に評価すべきである。CCPは、証拠金モデルのカバレッジの感応度分析を実施する際、対応する市場が経験した最も変動の大きい期間や、価格相関が極端に変動した事例を含めて、生じうる市場環境をさまざまに反映した広範なパラメータや

想定を考慮すべきである。
7．CCPは、証拠金制度の評価や妥当性の検証を定期的に行うべきである。

当初証拠金と変動証拠金

　以下ではまず、FMI原則の説明に沿って、証拠金の内容や分類についてみていく。ここでいう証拠金とは、資金や証券などの金融商品の形態で担保が供託されたものであり、参加者破綻の際に効力を発し、清算対象商品すべてについて信用エクスポージャーを削減する。証拠金には、当初証拠金と変動証拠金がある。

　当初証拠金（IM：initial margin）は、参加者破綻時のポジションのクローズアウトに要する期間中に生じうる大幅なポジション価値変化（ポテンシャルフューチャーエクスポージャー16）をカバーするために徴求される。ポテンシャルフューチャーエクスポージャーの計測においては、将来生じうる価格変動や関係するその他の要因をモデル化することや、目標とする信頼水準やクローズアウトに要する期間の長さを特定することが求められる。

　変動証拠金（VM：variation margin）は、実際に生じた市場価格変動から生じるカレントエクスポージャー17を反映するために、受入れ・返戻を行う証拠金である。変動証拠金の算出では、オープンポジションが現在の市場価格で値洗いされる。そのポジションの損益を決済するために、取引相手に対して、通常、資金の受払いが行われる。変動証拠金は、一部の法域でmark-to-market marginやvariation settlementと称されることもある。

---

[16] ポテンシャルフューチャーエクスポージャーについては、本書の原則4の説明（62～63頁）を参照。
[17] カレントエクスポージャーについては、本書の原則4の説明（62～63頁）を参照。

証拠金制度の設計

　原則6の「重要な考慮事項1」では、CCPは、「CCPは、各清算対象商品、それら商品のポートフォリオ、および清算対象商品の市場について、これらのリスクと固有の特徴に見合った証拠金水準を算出する証拠金制度を備えるべきである」としている。これに関しFMI原則の説明3.6.3.では、「商品のリスク特性には、価格のボラティリティや相関、価格変動の非線形性、ジャンプ・トゥ・デフォルトリスク、市場流動性、とり得る流動化の手法（例えば、マーケット・メーカーによる入札やマーケット・メーカーに対する一括委託）、誤方向リスクのような価格変動とポジション変動の相関が含まれるが、これらのみに限定されない」としている。さらに、「証拠金制度では、清算対象商品の複雑さや、最新で質の高い価格データの入手可能性を考慮する必要がある。例えば店頭デリバティブは、商品が複雑であること、クォート・プライスの信頼性がより不確かであることから、より保守的な証拠金モデルを必要とする。さらに、適切なクローズアウトに要する期間は、商品の市場流動性や価格、その他の特性によって、商品や市場間で異なり得る」としている。

価格データ

　信頼性のある最新の価格データは、証拠金制度を正確かつ実効性をもって運用するためにきわめて重要である。証拠金計算の際のインプットである価格情報が信頼できないと、アウトプットである証拠金所要額も信頼できないものとなってしまうからである。FMI原則の説明3.6.4.では、CCPは信頼できる価格情報源を確保しておくべきであるとしたうえで、具体的に以下の3つの場合分けを提示している。

　まず第一に、これが原則であるが、CCPはほとんどの場合、連続性があ

り、透明で、流動性がある市場価格を利用すべきである。

　第二に、そのような市場価格がない場合は、第三者による価格サービスより価格データを入手できる。この場合、CCPは、データの信頼性や正確性を継続的に評価すべきである。

　第三に、CCPは、市場または第三者から価格データが容易に入手できない状況や得られたデータが信頼できない状況に対処するため、手続と信頼できる評価モデルを整備しておくべきである。この場合、少なくとも年に１回、評価能力がある独立した機関によって、価格評価モデルが適切な価格を正確に算出していることを多様な市場シナリオに基づいて検証すべきであり、必要に応じて、特定されたモデルリスクを反映するよう当初証拠金の計算を調整すべきである。

　さらに、FMI原則の説明3.6.5.では、たとえば店頭市場のような一部の市場では、継続的に市場流動性が存在しないため、価格が信頼できないことがあることなどから、独立した第三者の情報源が望ましいものの、場合によっては、参加者からの価格データの提供が適切な場合もありえようとしている。ただし、この場合、CCPが参加者から提供された価格が信頼できるものであり、清算対象商品の価値を正確に反映していることを確認する手法を備えていることが条件となるとしている。

　さらに、価格データが入手できる場合でも、特に市場ストレス発生時においては、売買スプレッドが不安定化し拡大することがあり、それゆえ、エクスポージャーを正確かつ迅速に評価するCCPの能力が制約されることがある。価格データが利用できない、あるいは信頼できない場合、適切な価格を決定するために、価格データの信頼性の分析はいうまでもなく、清算価格や気配値（売買スプレッドを含む）のもとになった実際の取引情報を過去にさかのぼって、特に価格変動が大きいストレス時の市場について分析すべきである。価格を推計する場合、推計のために用いられるシステムやモデルについて、その妥当性を年に１回評価し、検証を行わなければならない、としている。

価格データに関する追加ガイダンスの記載

　証拠金計算における価格データの重要性をふまえて、追加ガイダンスの5.2.17.～5.2.21.では、価格データについて、追加的な説明を行っている。

　まず、証拠金モデルにおいて、過去の価格データを利用する場合には、サンプル期間を適切なものとすることが重要であるとして、追加ガイダンスでは、サンプル期間の選択は、たとえば以下のような、清算商品の特性に関連した明示的な要素を考慮して決定されるべきとしている（追加ガイダンス5.2.17.）。

・モデルのパラメータやアウトプットを正確に推計する必要性
・清算商品間の複雑な依存性を正確にモデル化する必要性
・過去データにおける季節性
・参加者破綻に整合的な市場環境を特徴づけるような時期が含まれている必要性

　次に、CCPは、最も保守的な証拠金所要額を利用することを意図して、複数の市場ストレス時を含む十分に長いサンプル期間を利用するか、複数のサンプル期間を併用すべきである。また、適切な場合には、証拠金モデルが現在の市場環境に十分に対応し、市場のボラティリティの変化に迅速に対応することを確保するために、weighting and scaling methodologyを利用し、decay factorsを採用することも考えられる。decay factorsは定期的に見直しなどを行うべきである（追加ガイダンス5.2.18.）。

　CCPは、鮮度が悪いデータや誤ったデータを特定するために、利用する市場価格データの信頼性や一貫性を評価するべきである。CCPは、価格データがすぐに利用できない場合や信頼できない場合に対処するための手続や健全な妥当性検証モデルを備えておくべきである。こうした手続等には、価格データが利用不能になった場合や信頼性が低下した場合の、価格推計や証拠金所要額の調整が含まれることもある。こうした価格の妥当性検証モデルや

価格算出の手続は、CCPの証拠金モデル全体の妥当性検証プロセスに含まれるべきである（追加ガイダンス5.2.20.）。

当初証拠金モデルにおける過去データのサンプル期間

当初証拠金の金額に大きな影響を与える要素として、当初証拠金モデルにおける過去データのサンプル期間がある。FMI原則の説明3.6.8.では、以下のように説明している。

> CCPは、清算対象商品毎に当初証拠金モデルで証拠金所要額を計算する際のサンプル期間を適切に選択し、商品種類毎にその期間とその根拠となる分析を文書化しておくべきである。当初証拠金所要額は、サンプル期間やモデルに対して極めて感応的となり得る。サンプル期間の選択は、当初証拠金モデルの理論的特性や過去データを用いた特性の実証分析に基づいて慎重に検討されるべきである。あるケースでは、CCPは足許の新しい価格変動をより効果的に反映させるため、短い期間の過去データを用いて証拠金水準を決定する必要があるかも知れない。逆に、過去の価格変動を反映させるため、より長いサンプル期間に基づいて証拠金水準を決定する必要があるかも知れない。CCPはまた、過去データには存在しないが将来生じ得る事象を捉えるために人工的に生成されたデータをサンプル期間の選択に適用してみることを検討すべきである。とりわけ、ストレス下の市場環境を経験するほど長い歴史を有していない新しい商品ほど、こうした検討が求められる。

当初証拠金計算における過去データのサンプル期間は、各CCPのホームページに掲載されている定量開示の資料によって開示されている。

証拠金モデルの仮定

追加ガイダンスの5.2.8.〜5.2.10.では、証拠金モデル一般の仮定におけ

る留意点を以下のとおり説明している。

　CCPは、証拠金制度の仮定に関係するモデルリスクの影響を管理・低減すべきである。信頼できるデータの不足等の理由で計測などがむずかしいリスクに対しては、CCPは、モデルリスクを減らし、証拠金の保有額が確実にリスク・エクスポージャーに見合ったものとなるよう、リスク保守的な仮定を置くべきである。たとえば、ボラティリティの算出について1つの方法に依拠するのではなく、複数の方法で算出したなかの<u>最高値の利用を選択</u>することが考えられる（追加ガイダンス5.2.8.）。

　保守的な仮定を置くための他の方法としては、たとえば、ボラティリティにフロアを設け、モデル上、証拠金が一定額を下回ることのないようにするなど、<u>証拠金のパラメータについて、フロアを設定</u>することが考えられる（追加ガイダンス5.2.9.）。

　証拠金モデルの仮定で重要な点として、CCPが破綻参加者のポートフォリオを清算する際にかかる潜在的な<u>市場流動化（market liquidation）コスト</u>がある。市場清算コストの見積もりにあたっては、①モデルのなかの価格に織り込まれていないビッドアスクスプレッド、②取引プラットフォームや清算エージェントに支払う明示的なフィー、を推計して利用すべきである。また、市場清算コストの見積もりに際しては、③清算が市場に与える影響、④（当該商品の市場流動性への影響が大きい集中したポジションやポートフォリオの清算の場合は）ビッドアスクスプレッドといった当初仮定していた市場清算コストが、実行不能または予測不能となること、を考慮に入れるべきである（追加ガイダンス5.2.10.）。

追加証拠金

　追加ガイダンスの5.2.11.～5.2.16.では、「証拠制度の構成要素」というタイトルのもと、当初証拠金の一部である<u>追加証拠金（add-on charges）</u>について、詳細な説明がなされている。追加証拠金については、それが必要と

される場合やその算出方法等について、透明性と予測可能性の向上の観点から、追加ガイダンスにおいてFMI原則の期待内容の明確化を求める市場関係者からの意見が強かった。これをふまえて、追加ガイダンスでは、追加証拠金についてかなり詳細な説明がなされている。

まず、証拠金は、当初証拠金と変動証拠金に大別されるが、当初証拠金は、多くの構成要素からなることが多い。こうした構成要素には、しばしば清算商品の価格変動をとらえるVaR（value-at-risk）やその他の統計的モデルを含んでいる。CCPは、多くの追加証拠金を利用することがある。こうした追加証拠金は、①過去の価格変動でとらえきれないリスクを捕捉するため、②正確なモデル化がむずかしいためといった理由で利用されることもあれば、③破綻参加者による財務負担と生存参加者による財務負担のバランスをとるために利用されることもある（追加ガイダンス5.2.11.）。

一般論としては、追加証拠金は、典型的には、当初証拠金全体のうち、統計モデルを補足するものと理解できる。追加ガイダンスは、上記①の例として、以下のようなリスクに基づく追加証拠金をあげている。

・市場流動性リスク
・誤方向リスク（相関リスク）
・ポジションの集中
・ポートフォリオの構成要素
・参加者の集中
・モメンタムやボラティリティの指標
・活動や当初証拠金の利用率の指標（activity or utilization metrics）

上記②のとおり、追加証拠金は正確なモデル化がむずかしいため、その算出にあたっては定量化がむずかしく、定性的な手法を用いるか、あえて保守的に算出することが考えられるとしている（追加ガイダンス5.2.12.）。

上記③の例として、追加証拠金は、参加者の財務負担を意図的に増やす目的で利用されることもある。こうした追加証拠金には、信用リスクやカウンターパーティリスクの懸念に基づくもの（例：CCPの要監視リスト上の参加者

に賦課するもの）や、ストレスシナリオ、ストレス時の市場環境に基づいて徴求されるものがある（追加ガイダンス5.2.13.）。

　CCPは、追加証拠金も含め証拠金制度のすべての構成要素について、自社がFMI原則が遵守していることを確実にするべきである。追加証拠金については、追加ガイダンスのガバナンスの章（150頁参照）や証拠金の章のプロシクリカリティのパート（111頁参照）にも記載があるため、CCPはこれらを参照すべきである。CCPは、FMI原則の原則4（信用リスク）と原則6（証拠金）の記載が、追加証拠金についても、証拠金制度の他の構成要素と同程度に遵守されることを確実にするべきである。特に、追加ガイダンス5.2.11.と追加ガイダンス5.2.12.で言及した、過去の価格変動でとらえきれないリスクを捕捉する、正確なモデル化がむずかしいといった理由で利用される追加証拠金については、FMI原則の原則4（信用リスク）と原則6（証拠金）を遵守すべきである（追加ガイダンス5.2.14.）。

　一般論としては、当該リスクに対して、証拠金制度の他の部分やCCPのリスク管理の枠組みの他の部分で対処できる場合は、追加証拠金の利用を避けるべきである。さらに、追加証拠金の適用は、CCPの証拠金制度のその他の全構成要素に適用されるのと同程度の厳格性と透明性を備えて、文書化され開示されるべきである。その一部として、CCPは、追加証拠金で対処するリスクに対して、証拠金制度の他の部分やCCPのリスク管理の枠組みの他の部分で対処できない理由を文書化・開示すべきである（追加ガイダンス5.2.15.）。

　一般論としては、CCPは、追加証拠金に関するポリシーの理由づけを明確に記載して、参加者とその他ステークホルダーに対して開示し、追加証拠金に対して、概念的健全性を担保するための適切なガバナンスとレビューが行われていることを確実にすべきである（追加ガイダンス5.2.16.）。

当初証拠金の計算手法

　FMI原則の原則6の重要な考慮事項3では、当初証拠金の計算手法につ

き、以下のように記載している。

　　CCPは、リスク計測手法に基づいて証拠金所要額を算定する当初証拠金モデルとそのパラメータを採用すべきである。当初証拠金所要額は、最後に証拠金を徴求した時点から参加者破綻を受けてクローズアウトするまでの間の参加者に対するポテンシャル・フューチャー・エクスポージャーを十分にカバーすることが求められる。当初証拠金は、少なくとも推計された将来エクスポージャーの分布の片側信頼水準99％をカバーすべきである。ポートフォリオベースで証拠金を算出しているCCPに対しては、この基準は各ポートフォリオの将来エクスポージャーの分布について適用される。サブポートフォリオ毎や商品毎のように、より細かいカテゴリーで証拠金を算出しているCCPに対しては、各々のカテゴリーの将来エクスポージャーの分布について同基準が満たされなければならない（以下、省略）。

これに関し、FMI原則の説明3.6.6.では、以下のように説明している。

　　ポテンシャル・フューチャー・エクスポージャーを推計するためにCCPが選択する手法は、清算対象商品の市場規模や市場の変動特性を反映したクローズアウト期間中の価格ボラティリティやその他の商品特性要因の影響や、ポートフォリオ単位でのマージン計算の影響を計測し、取り込むことができなければならない。その推計においては、CCPが将来エクスポージャーを実効的にヘッジできる能力を考慮することがあり得る。また、その手法は、商品価格間の相関や、クローズアウトやヘッジのための市場流動性、価格変動の非線形性リスクを有している可能性（ジャンプ・トゥ・デフォルトリスクを含む）を考慮すべきである。CCPは、日中に当初証拠金を追加徴求する権限を持ち、またこれを実際に遂行する業務能力を予定型・臨時型のいずれの方法においても備えるべきである。

　また、FMI原則の原則6の重要な考慮事項3では、当初証拠金モデルにおける留意点につき、以下のように記載している（(a)−(c)の付番は、筆者によ

る)。

　(前略)当初証拠金モデルは、(a)特定の清算対象商品を実質的にヘッジする、またはクローズアウトするための期間を(ストレス時の市場環境を含めて)保守的に見積もるべきであり、(b)その商品に関連するリスクファクターや商品間をまたいで存在するポートフォリオ効果を明示した信用エクスポージャーの適切な計測方法を備えているべきであり、(c)実行可能な範囲でできる限り慎重に、不安定化をもたらすプロシクリカルな制度変更の必要性を限定すべきである。

これらについて、FMI原則の説明では、それぞれ以下のように補足説明を行っている。

(a) クローズアウトの所要期間⇒FMI原則の説明3.6.7.
(b)-1 その商品に関連するリスクファクター⇒FMI原則の説明3.6.9.(個別誤方向リスク)
(b)-2 商品間をまたいで存在するポートフォリオ効果⇒FMI原則の説明3.6.12.(ポートフォリオ単位での証拠金管理)、FMI原則の説明3.6.13.〜3.6.14(クロスマージン)
(c) プロシクリカリティの抑制⇒FMI原則の説明3.6.10.

以下では、これらを順に説明していく。

クローズアウトの所要期間

クローズアウトの所要期間は、証拠金の計算に大きな影響を与える重要な項目である。FMI原則の説明3.6.7.では、以下のように説明している。

　CCPは、清算対象商品毎にクローズアウトの所要期間を適切に選択し、商品種類毎にその所要期間とその根拠となる分析を文書化しておくべきである。

　当初証拠金モデルにおいてクローズアウトの所要期間を決定する際には、過去の価格データや市場流動性に関するデータのほか、参加者破綻

発生時に合理的に予想可能なイベントに基づいて決定がなされるべきである。

　クローズアウトに要する期間は、参加者破綻が市場環境に与える影響を考慮すべきである。その潜在的な影響を推し量る際には、市場取引の大幅な縮小や他市場の混乱など、清算対象商品の歴史のなかでも流動化に不都合な劣悪なイベントを参照すべきである。クローズアウト期間はストレス下の市場環境で予想される期間に基づくべきであるが、破綻参加者のポートフォリオを、実効性をもってヘッジできるCCPの能力を考慮することがあり得る。

　さらに、流動性の低い商品はクローズアウトにかなり長い時間を必要とする可能性があることから、クローズアウトに要する期間は、商品毎に設定すべきである。

　ポジションの集中は、クローズアウトに要する期間を長期化させ、クローズアウトの期間中に価格のボラティリティを高めてしまう可能性があり、こうした集中についても配慮し、対処していくべきである。

クローズアウト期間（MPOR）に関する追加ガイダンスの記載

　証拠金計算におけるクローズアウト期間の重要性に鑑みて、追加ガイダンスでも、以下のとおり詳細な説明を行っている。なお、クローズアウト期間（closeout period）は、margin period of risk（MPOR）とも呼ばれ、追加ガイダンスでは主にこの用語が用いられているが、本書では基本的に、クローズアウト期間のほうを用いる。

　FMI原則の原則6の重要な考慮事項1および説明3.6.3.によると、適切なクローズアウト期間は、①商品の流動性、②価格、③その他の特徴（取引がマルチラテラルなプラットフォームで行われるかバイラテラルで行われるかなど）によって、商品や市場間で異なる。クローズアウト期間の決定時の考慮事項として、追加ガイダンスでは、④取引量、⑤未決済取引残高、⑥マーケット

メーカーや同種の市場流動性供給者を追加的にあげている。また、追加ガイダンスでは、これらの6点も念頭に置いて、一般論として、クローズアウト期間の決定には、市場の厚みと清算される商品の特性がふまえられ、かつ、CCPによって透明性が高いかたちで文書化された明確な根拠を必要としている。追加ガイダンスでは、CCPが金利スワップ（IRS）やクレジット・デフォルト・スワップ（CDS）といった複数の商品を清算する場合には、商品に応じて複数のクローズアウト期間を検討するか、すべての清算対象商品について同じクローズアウト期間が適切であることにつき十分な説明がつくよう努めるべきであるとしている（追加ガイダンス5.2.4）。

FMI原則の説明3.6.7.では、クローズアウトに要する期間は、参加者破綻が市場環境に与える影響を考慮すべきであるとしているが、追加ガイダンスでは加えて、参加者破綻の際に作用する多くの特別な要素を考慮すべきとしている。一般的な出発点として、クローズアウト期間は、①市場における当該商品の標準化の程度、②上場商品かOTC商品か、③マーケットメーカーの集中の度合いのような市場流動性の程度の一般指標、といった参加者破綻の直後に予想される市場環境と整合的であるべきである（追加ガイダンス5.2.5.）。

FMI原則の原則6の重要な考慮事項3は、当初証拠金所要額は、最後に証拠金を徴求した時点から参加者破綻を受けてクローズアウトするまでの期間の参加者に対するポテンシャルフューチャーエクスポージャーを十分にカバーすることが求められるとしているが、追加ガイダンスの5.2.6では、加えて以下の点を指摘している。

・クローズアウト期間は、CCPが最後に証拠金を徴求した時点から、破綻参加者ポートフォリオの清算（liquidation）かヘッジによって破綻処理に伴う市場リスクが解消される時点までの時間を明示的に考慮に入れるべきである。

・クローズアウト期間の決定には、CCPの顧客ポジションを迅速に移転する能力を考慮して、クローズアウト期間が延長される想定期間を含め、CCP

の分別管理（segregation）・勘定移転（portability）制度との整合性を考慮に入れるべきである。
・CCPは自ら設定したクローズアウト期間を正当化するためには、オペレーション面・手続面でのデフォルトマネジメント能力、相互依存性、デフォルトマネジメント手続の検証結果を考慮に入れたエビデンスベースを参照すべきである。
・証拠金制度パフォーマンスとモデルの妥当性の継続的なレビューの一部として、CCPは、クローズアウト期間の適切性と有効性を定期的に検証・評価し、現在の推定市場流動性、推定クローズアウトコストを計測するために、参加者、間接参加者、その他のステークホルダーからの定期的なフィードバックを求めるべきである。

FMI原則の原則19（階層的参加形態）の重要な考慮事項1では、CCPへの多層構造の参加形態からCCPに生じる重大なリスクを特定・モニタリング・管理するために、CCPは、そのルール、手続、契約が、CCPが間接参加に関する基本的な情報を集めることができるようになっていることを確実にすべきとしている。

CCPのクローズアウト期間が、これらの要素と整合的かどうかを適切に評価するために、CCPは、CCPの直接参加者や、間接参加者のポジションの規模・性質・分布の定期的な評価を含め多くのガバナンス関係の方策を検討すべきである。たとえば、CCPは、直接参加者の顧客について、一般的に①大きなポジションがごく少数の顧客に集中しているか、②同じセクターにいる顧客がいるか、③一方向に偏ったポートフォリオをもっているか、を考慮すべきである（追加ガイダンス5.2.7.）。

クローズアウトに要する期間についての、実務上の取扱いをみると、たとえばJSCCの金利スワップでは5日（顧客取引は7日）となっている。なお、各CCPの証拠金計算の際のクローズアウト期間は、CPMI-IOSCOの定量開示のガイダンスに基づき、各CCPが定量開示資料（本書183頁参照）で4半期ごとに公表している。

個別誤方向リスク

　個別誤方向リスクについては、FMI原則の説明3.6.9.において、以下のとおり留意点が記載されている。

> 　CCPは、個別誤方向リスク（specific wrong-way risk）を発生させ得る信用エクスポージャーを特定・削減すべきである。個別誤方向リスクが発生するのは、相手方の信用力が低下する際に、相手方へのエクスポージャーが高い確度で高まりやすい場合である。例えば、クレジット・デフォルト・スワップを扱うCCPは、参加者に対して、参加者自身または関係法人を対象としたシングルネームのクレジット・デフォルト・スワップの清算持込みを認めるべきでない。CCPは、個別誤方向リスクを発生させるエクスポージャーを特定・モニターし、これを速やかに削減するため、CCPが抱えるポートフォリオの点検を定期的に行うことが期待される。

　次に、追加ガイダンスでは、個別誤方向リスクと一般誤方向リスクの双方を含む誤方向リスクについて、以下のとおり詳しく説明している（追加ガイダンス5.2.50.～5.2.52.）。

　個別誤方向リスクを特定しそれに対処する際の課題は、CCPが直面しているエクスポージャーによって異なる。CCPは、個別誤方向リスクを特定・評価・軽減するためのルール、ポリシー、手続を備えるべきである。

　一般誤方向リスクは、CCP参加者のポートフォリオまたは担保の潜在損失額が、当該参加者のデフォルト確率と相関している際に、CCPに生じるリスクである。一般誤方向リスクの例としては、ある参加者によって発行された株式・債券の価値が、同参加者に似た他の参加者がCCPに対してデフォルトした際に、著しく毀損する場合や、国家債務のデフォルトが、当該国を拠点とするCCP参加者のデフォルト確率と強い相関をもつ場合などがある。原則4（信用リスク）と原則6（証拠金）に沿って、CCPは、証拠金所要額を算

出する際には、一般誤方向リスクに対するポテンシャルフューチャーエクスポージャーをカバーすべきである（追加ガイダンス5.2.50.）。

　追加ガイダンスでは、個別誤方向リスクの存在が明らかな場合として、FMI原則の説明3.6.9.で言及しているCDSの場合に加えて、CCPの直接参加者か顧客（間接参加者）が特定のポジションをもっている場合（たとえば、CCPがCCPの直接参加者か顧客と同じネームの商品を清算する場合が有名）をあげている。個別誤方向リスクへのCCPの対処方法は、状況によってさまざまである。追加ガイダンスでは、一般論として、CCPは、自己実現的または相関の強いCCP参加者・顧客のポジションを特定・モニタリング・管理する枠組みを備えるべきであるとしている。そのうえで、そうした枠組みに含まれうる要素として、①自己実現的または相関の強いポジションに対する証拠金の増額（追加証拠金の適用を含む）、②担保所要額の増額（たとえば、直接参加者の株式または債券のショートポジションを反映した取引の清算の名目価値は、完全に担保でカバーされる必要があることとする）をあげている（追加ガイダンス5.2.51.）。

　CCPは、そのオペレーションの他の側面がリスクエクスポージャーに与える影響についても留意の必要がある。たとえば、CCPが参加者から徴求する担保の関係では、CCPが受け入れる担保の種類や証拠金制度の他の部分が、個別誤方向リスクへのエクスポージャーを生じさせるかどうか考慮し、参加者の信用力と当該参加者へのリスクエクスポージャーの相互関係から生じるリスクを特定するためにふさわしい十分かつ透明性の高い方法を利用するべきである。

　追加ガイダンスでは、この例として、CCPが、①個別誤方向リスクを、担保の限度額設定や担保の種類制限などのCCPの担保受入ポリシーに組み込むこと、②参加者（または顧客）の信用力と参加者（または顧客）がCCPに差し入れる担保価値に相関関係がある場合は、当該担保の差入れを禁止すること、をあげている（追加ガイダンス5.2.52.）。

ポートフォリオ単位での証拠金管理
（potfolio margining）

　FMI原則の説明3.6.12.では、ポートフォリオ単位での証拠金管理、すなわち、いわゆるポートフォリオマージニング（potfolio margining）について、以下のとおり記載している。

　　　証拠金所要額の算出に際し、ある商品のリスクが他の商品のリスクと有意かつ信頼できるほど安定して相関している場合、参加者にとってCCPが相手方となっている商品間で、証拠金所要額の相殺や減額を認めてもよい。CCPは、商品間の価格の相互依存度を反映させ、経済的に意味のある方法に基づいて、そのような相殺を行うべきである。価格の相互依存性は相関関係によってモデル化されることが多いが、特に非線形的な価格変化をする商品については、より問題点の少ない強固な計測方法を検討すべきである。いずれの場合にも、CCPは、ストレス時の市場環境を含めて、全般的な市場環境次第で価格変動の相互依存性がどれほど変化し得るかを考慮すべきである。相殺の適用後、証拠金の水準が、推計されたポートフォリオの将来エクスポージャーの分布損失について少なくとも99％の片側信頼水準を満たしていることを確保する必要がある。ポートフォリオ単位での証拠金管理を行っている場合は、商品間の相殺について継続的に評価・検証を実施していくべきである。実際のポートフォリオと適切な仮想ポートフォリオの両者を用いて、ポートフォリオ単位での証拠金管理手法の頑健性を検証すべきである。特に重要なのは、相関関係が崩れるのか、あるいは別のかたちで不規則な動きを示すのかを評価するために、実際のストレス時の市場やシミュレーションで発生させたストレス相当時の市場において相関関係がどのように変化するかを検証することである。商品間の相殺については、これらの検証によって判明したことに基づき慎重な仮定が立てられるべきである。

ポートフォリオマージニング制度については、主要CCPが参加者や顧客の資本の効率化のために、OTCの金利スワップと金利先物のリスク相殺を可能とする制度を導入している。この点、各CCPにおいて名称や内容が異なっているため、混同しないように留意が必要である（図表2－4参照）。特に、JSCCでは、「クロスマージン」と称するいわゆるポートフォリオマージニング制度を導入しているが、同制度は、FMI原則の用語法でいうポートフォリオマージニングであり、FMI原則の用語法でいう「クロスマージン」（109頁参照）とは意味・内容が異なるものであるため、留意する必要がある。

　追加ガイダンスでは、ポートフォリオマージニングの対象の決定が、市場ストレス時のポートフォリオの清算にも耐えうるものとなっているかに多くの記述が割かれている。

　まず、ポートフォリオマージニングの対象とする商品の決定にあたっては、CCP参加者の破綻の際に、当該ポートフォリオを統合ベースで確実に清算・リスク管理できるかどうかを含む、対象の決定基準を特定・文書化・適用すべきである。これらの基準は、分析によって正当化され、CCP参加者に対してその根拠を開示するべきである（追加ガイダンス5.2.53.）。

　CCPは、ポートフォリオマージニングの対象となっているポジションが、ストレス時を含むさまざまな市場環境下での参加者破綻時に確実に清算できるかどうかを評価・決定すべきである（追加ガイダンス5.2.54.）。

図表2－4　主要CCPにおけるポートフォリオマージニング制度

	名　　称	内　　容
JSCC	クロスマージン	金利スワップ取引と円建て国債先物取引のリスク相殺を可能とする制度。
LCH	LCH Spider	金利スワップ取引と英ポンド建て金利先物取引等のリスク相殺を可能とする制度。
CME	ポートフォリオマージニング（portfolio margining）	金利スワップ取引と米ドル建て金利先物取引等のリスク相殺を可能とする制度。同社では世界で初めて、2012年にポートフォリオマージニングを導入。

追加ガイダンス5.2.56.～5.2.58.にかけて、追加ガイダンスはreliable statistical relationshipとの項目を立てて、ポートフォリオマージニングの対象とする商品間でreliable statistical relationshipがあるかどうかを、どのように評価するかにつき記載している。CCPはポートフォリオマージニングの対象とする商品間での相関関係について、CCPは以下の点を分析すべきである。

・相関についての強い経済的な理由が存在するか（例：商品が補完または代替関係にある）。なお、この点の分析には、①対象商品の商品特性の類似性や②商品が参照している資産のオーバーラップの程度が参考になる。
・当該複数の商品を１つのポートフォリオとしてリスク管理したという証明された能力があるか。また、参加者破綻の際に、CCPのデフォルトマネジメントのプロセスに沿って、同ポートフォリオへのエクスポージャーをクローズアウトできるか。
・信頼できる統計上の関係が、市場ストレス時を含めて存在するか。

　FMI原則では、相関関係に関する特定のアプローチやモデルが承認されているわけではないが、一般論として、商品間の相関について複数の側面を特定・考慮すべきである。追加ガイダンスでは、例として、相関関係の安定性やレベルをあげている。また、CCPは、満たすべき相関の安定性とレベルについての特定の閾値と、過去の相関を計測する期間と信頼水準についての最低基準の適用を検討すべきだとしている（追加ガイダンス5.2.57.）。

　なお、追加ガイダンス5.2.59.～5.2.60.では、CCPによるポートフォリオマージニング制度のモニタリング・見直しに関する留意点を記載している。

クロスマージン

　クロスマージンは、上記で説明したポートフォリオマージニングと同じく、２つ以上のポジションを１つのポートフォリオとしてとらえることでリスク相殺を可能とする制度であるが、２先以上のCCPにまたがる制度である点が、ポートフォリオマージニングと異なる。なお、JSCCが導入している

いわゆる「クロスマージン」制度は、FMI原則の定義では、上述のポートフォリオマージニングに当たる点には留意が必要である。

FMI原則の説明3.6.13.～3.6.14.では、クロスマージンにつき、以下のとおり説明している。

　　　 2 先以上のCCPにおいてクロスマージン制度が導入されている場合がある。クロスマージン制度とは、 2 先以上のCCPに参加している参加者が、各CCPにおいて別々に保有しているポジションとこれを保証する担保を、 1 つの共通ポートフォリオとみなす仕組みである（原則20：FMI間リンクも参照）。

　　　 個々のCCPに保有するポジションの価値が、有意かつ信頼できるかたちで逆の動きを示す場合、クロスマージン用の口座中のポジションに対する担保の総所要額は減額され得る。クロスマージン制度の下で参加者が破綻した場合、同制度に参加しているCCPでは、損失をカバーするためにクロスマージン用の口座にある超過担保の使用が認められることがある（FMI原則の説明3.6.13.）。

　　　 クロスマージン制度に参加するCCPは、情報交換を頻繁に行わなければならず、また、ポジション、証拠金受入状況および価格情報を共同でモニターするなど適切な安全策を確実に講じなければならない。各CCPは、相手先CCPのリスク管理方法や財務資源を完全に理解しなければならない。また、クロスマージンを行うCCPは、リスク管理制度全般の両者間での調和を確保すべきであり、エクスポージャーの計算について起こり得る不一致を定期的にモニターすべきである。特に、価格の相関関係の経時的変化をモニターすることが重要である。リスク管理システムの調和は、当初証拠金の制度設計の選択、証拠金モデルのパラメータ設定、口座や担保の分別管理、破綻対応手続の確立といった点において特に問題となる。前述したポートフォリオ単位での証拠金管理に関する注意点は、CCP間のクロスマージン制度にもすべてあてはまる。クロスマージン制度を運営するCCPは、クロスマージンが事前拠出型の破綻対

応手段や財務資源全体の十分性に及ぼす影響についても十全に分析すべきである。こうしたCCPは、クロスマージン制度を管理していくため、法的に強固であり業務上実行可能な取極めを有していなければならない（FMI原則の説明3.6.14.）。

なお、2016年に公表されたCPMI-IOSCOのFMI原則の実施状況に関するレベル3モニタリングの報告書によると、調査対象となった世界の主要CCP10社のうち、クロスマージン制度を導入している先は1先のみであったとしている。クロスマージンを行っているCCP同士の母国や監督当局が異なる場合は、CCPやその参加者の破綻時等に、クロスマージン制度の対象となっているポジション等をどのように処理していくかが大きな問題となる。このため、平時からの当局間の連携がきわめて重要である。

プロシクリカリティの抑制

信用リスクの変動に応じた証拠金金額の適切な調整は、CCPのリスクを低減させ、金融システムの安定に資するものであるが、他方で、金融危機が発生した場合などの市場ストレス時に、証拠金額を急激に引き上げることは、プロシクリカリティを高め、さらに金融システムを不安定化させるリスクがある。

プロシクリカリティについて、FMI原則の原則6の重要な考慮事項3では、「初証拠金モデルは、（中略）実行可能な範囲でできる限り慎重に、不安定化をもたらすプロシクリカルな制度変更の必要性を限定すべきである」としている。

また、FMI原則の説明3.6.10.では、以下のとおり説明している。

　　CCPは、証拠金制度におけるプロシクリカリティに適切に対処すべきである。ここでプロシクリカリティとは、一般に、市場変動や景気循環、信用力の循環変動と正相関し、金融の不安定化を引き起こす、あるいは不安定性を増幅させる可能性があるようなリスク管理実務の変更を

いう。例えば、価格のボラティリティや参加者の信用リスクが高まった際に、CCPは所与のポートフォリオに対して現行の当初証拠金モデルが要求する以上の追加的な当初証拠金を要求することがある。これによって、市場ストレスや価格ボラティリティがさらに高まり、さらに追加の当初証拠金を要求することにもなりかねない。こうした逆作用効果は、リスク管理手法に恣意的な変更を行わなくとも生じ得る。CCPは、実行可能な範囲でできる限り慎重に、フォワードルッキングで、比較的安定した、かつ保守的な証拠金制度を採用すべきである。こうした制度は、不安定化をもたらすプロシクリカルな制度変更の必要性を抑制できるように設計されるべきである。この目的に資するためには、事前拠出型の破綻対応手段の金額を引き上げておくことや、市場ストレス発生時に多額または予想外のマージンコールが必要とならないよう変動証拠金の徴求頻度を高めることが考えられる。こうした対応は、FMIと参加者にとって、事前拠出型の破綻対応手段が増額されることで、市場の安定期に追加コストをもたらすかも知れないが、ボラティリティが高まった時期には、損失への対応力が増すほか、証拠金の調整においてコストや混乱を抑制する結果となり得るだろう。加えて、市場のボラティリティが高まった際、証拠金制度に関する透明性がプロシクリカリティの影響軽減に役立つことがあり得る。しかし、CCPが価格ボラティリティの大きな変動や循環変動から独立した証拠金制度を設定することは、実務的でなく慎重さに欠ける対応ですらあるかも知れない。

追加ガイダンスにおける
プロシクリカリティへの対応に関する記載

　プロシクリカリティが金融危機を増幅させたのではないかという国際的な議論をふまえて、FMI原則の追加ガイダンスの策定過程でも、プロシクリカリティへの対応が金融システムの安定の観点から重要だという問題意識が各国当局間で共有された。この結果、追加ガイダンスのマージンの章（5章）

においても、プロシクリカリティへの対応について詳細な記載がなされている（追加ガイダンス5.2.37.～5.2.49.）。なお、プロシクリカリティの管理・対処については、学術的にも実務的にも、まだコンセンサスといえる方法論が見出されていない。それにもかかわらず、追加ガイダンスに詳細な記載が盛り込まれたことに、本問題についての当局の強い問題意識が現れている。他方で、実務的にどのような対応が望ましいかについては、今後、当局者、市場関係者、研究者の間で建設的な議論・検討が行われることが期待される。

　追加ガイダンスでプロシクリカリティに関して取り上げられているテーマは、以下の4点である。
・当初証拠金のプロシクリカリティへの対応（追加ガイダンス5.2.37.～）
・証拠金制度全体のプロシクリカリティへの対応（追加ガイダンス5.2.42.～）
・担保のヘアカットのプロシクリカリティへの対応（追加ガイダンス5.2.48.）
・プロシクリカリティへの対応のその他のアプローチ（追加ガイダンス5.2.49.）

当初証拠金のプロシクリカリティへの対応

　まず、追加的な当初証拠金を含む当初証拠金についてである。CCPは、自社の証拠金モデルにおけるプロシクリカリティ抑制ツールの適切性を評価すべきである。また、プロシクリカリティを評価・開示し、さらにプロシクリカリティに対応することを目的として、明確に定められた枠組みを作成すべきである（追加ガイダンス5.2.37.）。

　FMI原則の説明3.6.10.で記載されているように、プロシクリカリティ抑制のための対応は、市場の安定期には追加コストをもたらすが、ボラティリティが高まった時期には、損失への対応力が増すほか、証拠金の調整においてコストや混乱を抑制する効果を発揮するというトレードオフがあることを、CCPは認識すべきである。CCPは、市場ボラティリティが高まった時期

やストレス時に、追加的な安全弁となり、潜在的によりコストが低く市場に混乱を招かない結果を得ることを目標とするよう、プロシクリカリティに対するアプローチを設計することを確実とするような方策を探るべき（should seek to eusure）である（追加ガイダンス5.2.38.）。なお、最後の部分が「確実とすべき」ではなく「確実とするような方策を探るべき」とされているのは、CCPが最善を尽くしたとしても、「確実とすべき」というほどに、「プロシクリカリティ抑制」という結果を得られる保証はないこと（結果へのコントローラビリティが他の項目より低いこと）をふまえたものと考えられる。この点は、前述のプロシクリカリティの管理・対処に関するコンセンサスといえる方法論の未確立と関係している。

　追加ガイダンス5.2.39.〜5.2.41.では、追加証拠金（add-on charges）に関連して詳細なガイダンスを示している。

　まず、追加証拠金が典型的にはCCPの当初証拠金モデルの枠外で算出される限りにおいては、CCPは、どのような場合に追加証拠金が課されるのか（さらに、なぜ証拠金制度の他の部分によって、同じリスクに対応しないのか、あるいはできないのか）を明確かつ透明性の高いかたちで文書化すべきである。この点に関しては、それぞれの追加証拠金のカリブレーションの方法、CCPのプロシクリカリティ管理に対する全体的なアプローチと本カリブレーション方法との一貫性について、一定程度詳細な情報が有益である。このことは、CCPがカウンターパーティ信用リスクに関連する追加証拠金を課す場合に、特に重要かもしれない（追加ガイダンス5.2.39.）。

　市場のボラティリティが高まった時期や市場ストレス期において、追加証拠金が市場を不安定化させるリスクを抑制するために、CCPは、追加証拠金のプロシクリカリティを評価すべきである。

　CCPの頑健性が損なわれない限りにおいて、追加証拠金の適用は、大きな金額変更を避けるべきである。たとえば、CCP参加者の時系列でみた証拠金所要額の増加額を徐々にスムーズにならしていくために、証拠金の金額変更をより頻繁に行うことも考えられる（追加ガイダンス5.2.40.）。

さらに、追加証拠金の変化額は、実務的に可能な限り、CCP参加者が、CCPによって提供されている証拠金制度の透明性に沿って変化額を予想できるような指標（metrics）と明確に関連づけられるべきである。これは、CCP参加者が追加証拠金を予想し、それに応じた準備を行う能力を高めることにつながる（追加ガイダンス5.2.41.）。

証拠金制度全体のプロシクリカリティへの対応

　十分に文書化されたポリシーや手続によることを含め、CCPは証拠金制度全体のなかで適切にプロシクリカリティに対処すべきである。そのうえで、追加ガイダンスでは、以下のような例をあげている。
- 例1：証拠金モデルの妥当性評価プロセスの一部として、証拠金の各構成要素のプロシクリカルな特性を評価するための定量的な指標を用いることによって、証拠金制度のプロシクリカリティを評価する。
- 例2：証拠金の変動幅、最高値・最低値比率（peak-to-trough ratio）、証拠金の急激かつ重大な増加の例といった定期的な感応度テストとレビュー指標によってプロシクリカリティを診断する。
- 例3：感応度分析に、実際のサンプルデータをさまざまな長さで利用する。
- 例4：プロシクリカリティ評価のための指標を、事前に定められたCCPのリスク許容度に基づいたものにする。なお、CCPのリスク許容度は、参加者からの徴求額における許容可能な変化額を特定する、CCPのガバナンスプロセスによって決定される。

　CCPは、事前拠出の財務資源全体に対するアプローチのなかでプロシクリカリティを測定する際には、全体を俯瞰したアプローチをとるべきである。たとえば、事前拠出の参加者破綻用の財務資源の再徴求が、証拠金のプロシクリカリティにどのように影響を与えるかについて、CCPが評価を行うことが考えられる（追加ガイダンス5.2.42.）。また、追加ガイダンスのこの部分

には、直接言及されていないが、CCPの再建における、損失負担のための生存参加者からのキャッシュコールや、財務資源の補充のための生存参加者からのキャッシュコールについても、プロシクリカリティに十分留意すべきである。

　CCPは、こうした指標分析を考慮に入れて、証拠金制度から生じる市場を不安定化させるようなプロシクリカルな変化の可能性を低減させるための、適切な手法・ツールを開発すべきである。CCPは、プロシクリカリティを抑制する要素を証拠金制度に導入し、適切な場合には、清算する商品や市場のリスク特性を反映するための個別のアプローチを作り込むべきである。たとえば、市場のボラティリティが低い時期や非ストレス時に、証拠金があらかじめ定めた値より少なくなるのを避けるために、CCPは、証拠金所要額にバッファーやフロアを設けることを検討すべきである（追加ガイダンス5.2.43.）。なお、この点はバッファーやフロアについては、「検討すべき」としつつも、義務づけは慎重に避けている点に留意が必要である（この点に関する主要国の対応については、129頁参照）。

　証拠金制度のパラメータのリ・カリブレーションによって証拠金所要額が急増するリスクを軽減するために、CCPは、証拠金制度のパラメータのリ・カリブレーションを頻繁かつ定期的に行うべきである。参加者からの証拠金徴求額における変化額に事前に上限を設定するなど、事前に特定の指標を決めておけば、こうしたアプローチを促進し、効果を高めることができる。さらに、証拠金モデルが、市場ボラティリティの急増に関連したリスクに対して、市場を不安定化させるように反応するのを適切に予測し、そうした動きを軽減できるように、CCPは、証拠金モデルを使った証拠金所要額算出に、市場ボラティリティが高かった時期のデータを活用すべきである（追加ガイダンス5.2.44.）。

　CCPは、参加者に対して日中に証拠金を徴求・支払する権限・業務遂行能力を、予定型・臨時型のいずれの証拠金においても備えるべきである。

　しかし、CCPは、いかなる日中の証拠金徴求も、①実務的に可能でプルー

デントである限り、証拠金所要額における市場を不安定化されるプロシクリカルな変化を制限する必要性を適切に考慮したものであり、②プロシクリカリティを管理するためのCCPの包括的なアプローチ（関連する内部ガバナンスやディスクロージャーの仕組みを含む）と一貫性があることが確実となるように努めなければならない（追加ガイダンス5.2.45.）。

　証拠金制度のパラメータのリ・カリブレーションを行って、証拠金不足額を日中ベースで徴求するかどうかを決定する際に、CCPはCCP参加者の資金流動性ポジションへの潜在的影響を考慮しなければならない（FMI原則の説明3.6.11.（変動証拠金。後述）参照）。FMI原則の説明3.6.10.では、市場のボラティリティが高まった際、証拠金制度に関する透明性がプロシクリカリティの影響軽減に役立つことがありうる、としている。CCPは、参加者の日中の証拠金徴求に対するオペレーション上の準備や財務上の対応能力を高めるために、日中の証拠金徴求の予測可能性を高めるように努めるべきである（追加ガイダンス5.2.46.）。

　また、証拠金制度のパラメータのリ・カリブレーションに基づく、CCPの日中の証拠金徴求の仕組みは、証拠金制度のその他すべての構成要素に適用される厳格さと透明性を備え、文書化・開示されるべきである。関連する追加施策として、証拠金制度のパラメータのリ・カリブレーションに基づく、CCPの日中の証拠金徴求の仕組みが、CCP参加者（適切かつ実務的に可能な場合には、その顧客を含む）やリンク先のFMIの資金流動性ポジションに潜在的にどのような影響を与えるかについて、CCPは定期的にこれらの先から意見を聞くべきである。こうした意見聴取は、これらの先がCCPの証拠金制度がプロシクリカリティに関する懸念にどう関係するのかを事前に理解するのを促進する可能性がある（追加ガイダンス5.2.47.）。

担保のヘアカットのプロシクリカリティへの対応

　追加ガイダンス5.2.48.ではCCPは、プロシクリカリティを管理するツー

ルのなかに、フォワードルッキングで保守的なヘアカットを含めるべきであるとしている。FMI原則の原則5（担保）の重要な考慮事項3は、プロシクリカルな調整の必要性を減らすために、CCPは、実務的に可能でプルーデントである限り、市場のストレス時を含むようにカリブレートされた安定的で保守的な担保のヘアカット制度を確立するべきであるとしている。たとえば、ストレス時の市場では、資産価格の下落とヘアカット水準の上昇により、CCPは追加担保の差入れを要求するかもしれない。こうした対応は、市場のストレスを悪化させ、資産価格のさらなる下落を後押しし、さらなる追加担保要求につながる可能性がある。

プロシクリカリティへの対応のその他のアプローチ

　CCPのプロシクリカリティへのアプローチは、CCPの当初証拠金（追加証拠金を含む）にだけ焦点を当てたものである必要はない。

　FMI原則の説明3.6.10.でも言及されているように、市場を不安定化させるようなプロシクリカルな変化の必要性を制限するために、CCPは、市場ストレス時の巨額または予期しない証拠金徴求の必要性や可能性を制限するために、参加者破綻のための事前拠出財務資源の額を増加させることを検討することがありうる。

　証拠金制度においてプロシクリカリティへの懸念に対処する1つの方法は、CCPが参加者破綻のための事前拠出財務資源の金額決定の仕組みに、市場の高ボラティリティ時や市場ストレス時に巨額または予期しない証拠金徴求の必要性や可能性を制限する要素（参加者破綻のための事前拠出財務資源の総額にフロア（下限）を設ける、モデルを使って算出されるストレス時損失にバッファーを加えた財務資源を常備することとするなど）を入れることである。

　しかし、証拠金とその他の財務資源の違いを整理するにあたっては、CCPは、証拠金制度（破綻参加者から資源を徴求）によって対応できるリスクと参加者破綻のための事前拠出財務資源（生存している非破綻の直接参加者から、

かなりの部分の資源を徴求）によって対応できるリスクとの間のバランスを変化させることのインプリケーションを考慮に入れるよう注意するべきである（追加ガイダンス5.2.49.）。

変動証拠金と日中の証拠金徴求

変動証拠金

　FMI原則の原則6の重要な考慮事項4では、変動証拠金や日中の証拠金追加徴求につき、以下のように記載している。

　　　CCPは、少なくとも日次で参加者のポジションを値洗いし、変動証拠金を徴求し、カレント・エクスポージャーの累積を抑制すべきである。参加者に対しては、<u>日中に証拠金を追加徴求する権限を持ち、またこれを実際に遂行する業務能力を予定型・臨時型のいずれの方法においても持つべき</u>である。

　さらに、FMI原則の説明3.6.11.（変動証拠金）では以下のように記載している。

　　　CCPは、<u>価格変動や参加者ポジションの変動、あるいはその両方の変動</u>の結果として、参加者に対するエクスポージャーが急激に変化し得るというリスクに直面している。CCPにとって不利な方向へ価格が変化することや、参加者が新たな取引によってポジションを積み増すことは、参加者に対するCCPのエクスポージャーを急激に増大させ得る（ただし、このリスクが低減するよう取引制限やポジション制限を課す市場もある）。CCPは、各参加者の保有ポジションを現在の市場価格で値洗いすることにより、各参加者に対するカレント・エクスポージャーを確定することができる。CCPの規則で認められ、法令の裏付けがある範囲で、CCPは損失と利益をネッティングすべきであり、また、損益の決済を頻繁に（少なくとも日次で）行うことを求めるべきである。その決済には、ポジションの価値が下がった参加者から、日次で（場合によっては日中

に）変動証拠金を徴求することが含まれるべきであり、ポジションの価値が上がった参加者に変動証拠金を返戻することも含まれる。変動証拠金を定期的に徴求することでカレント・エクスポージャーの累積が避けられ、CCPが直面し得るポテンシャル・フューチャー・エクスポージャーが軽減される。CCPはまた、日中に変動証拠金を追加徴求・返戻する権限を持ち、またこれを実際に遂行する業務能力を予定型（scheduled）・臨時型（unscheduled）のいずれの方法においても備えるべきである。CCPは、変動証拠金に関する日中の追加徴求・返戻が参加者の流動性ポジションに及ぼす潜在的な影響を考慮すべきであり、変動証拠金の日中の返戻を行う業務能力を備えるべきである。

日中エクスポージャーのモニタリングに関する追加ガイダンスの説明

　追加ガイダンスでは、日中のエクスポージャーのモニタリングや変動証拠金について、以下のようにさらに詳細に説明している。

　価格変動や参加者ポジションの変動、あるいはその両方の変動の結果として、参加者に対するエクスポージャーが急激に変化しうるといった日中のリスクに対処するために、CCPは、そうしたリスクが、当初証拠金、変動証拠金、追加証拠金を含む証拠金制度のあらゆる構成要素にどのような影響を与えるかについて、継続的に対処・モニタリングを行うべきである（追加ガイダンス5.2.22.）。

　こうした観点から、CCPは、日中ベースで証拠金所要額の再計算を行うための明確なトリガーと閾値を特定、設定、実施すべきである。これは、決済プロセスなどに特徴があるために、日中エクスポージャーが営業日終了時点のエクスポージャーよりも大きい傾向にある市場や商品について、特に適切である。たとえば、CCPは継続的に日中の証拠金所要額を再計算すると同時に、エクスポージャーの変化に関連する日中の証拠金のトリガーを設定、実施することが考えられる（追加ガイダンス5.2.23.）。

日中の証拠金所要額の再計算ができない場合には、事前拠出の財務資源全体としてFMI原則のカバレッジの基準を確実に継続的に遵守するために、CCPは、より拡張的なクローズアウト期間（101～105頁参照）やストレステストといった、日中のリスクが適切にカバーされていることを確実にするための適切な方策をとるべきである。さらに、適切な場合には、CCPは、日中の証拠金徴求といった施策の実施を検討できる。

　なお、JSCCの金利スワップの場合の清算参加者からの証拠金の徴求頻度をみると、当初証拠金は1日2回、変動証拠金は1日1回（ただし、急激な価格変動発生時には日中に臨時で追加徴求）となっている。

変動証拠金に関する追加ガイダンスの説明

　日中の変動証拠金の追加徴求・返戻に関するガバナンスとオペレーション上の仕組みを設計する際に、CCPは、特に市場の状態がカレントエクスポージャーに大規模で予期しない変化を起こす場合には、これらの仕組みがCCP参加者の資金流動性ポジションや関連市場にどのような悪影響を及ぼしうるかを考慮すべきである。CCPは、変動証拠金の仕組みの設計・適用に対しては包括的なアプローチをとるべきである（追加ガイダンス5.2.25.）。

　CCPは、参加者の変動証拠金返戻に対するオペレーション上の準備や財務上の対応能力を高めるために、変動証拠金徴求・返戻の予測可能性を高めるように努めるべきである。たとえば、CCPは、日中の証拠金の算出・回収について、あらかじめスケジュールを決めておくことが考えられる。日中のカレントエクスポージャー積み上がりを軽減する事前の追加担保をCCPが徴求することも、日中の変動証拠金の臨時徴求の必要性を減らすことにつながる（追加ガイダンス5.2.26.）。

　日中における変動証拠金の徴求・返戻タイミングの決定にあたっては、CCP参加者のオペレーションと資金流動性に対するインプリケーションを考慮すべきである（追加ガイダンス5.2.27.）。

CCPの変動証拠金の仕組みは、証拠金制度のその他すべての構成要素に適用される厳格さと透明性を備え、文書化され開示されるべきである。関連する追加施策として、証拠金制度のパラメータのリ・カリブレーションに基づく、CCPの変動証拠金徴求の仕組みが、CCP参加者（適切かつ実務的に可能な場合には、その顧客を含む）やリンク先のFMIの資金流動性ポジションに潜在的にどのような影響を与えるかについて、CCPは定期的にこれらの先から意見を聞くべきである。こうした意見聴取は、これらの先がCCPの変動証拠金が市場流動性にどう影響するのかを事前に理解するのを促進する可能性がある（追加ガイダンス5.2.28.）。

証拠金のバックテスト

　FMI原則の原則6の重要な考慮事項6の証拠金のバックテストに関連して、FMI原則の説明では以下のように記載している。

　　CCPは、日次で厳格なバックテストを行い、また、少なくとも月1回、必要に応じてより頻繁に感応度分析を実施することによって、証拠金モデルの実績や証拠金全体でのカバレッジを分析・モニターすべきである。CCPは、すべての清算対象商品について証拠金モデルの理論的特性および実際の特性の評価を定期的に実施すべきである。証拠金のモデル・パラメータの妥当性を検証するため、CCPはバックテスト・プログラムを設け、特定の目標値に対する当初証拠金モデルの実績を検証すべきである。バックテストとは、証拠金モデルが算出した結果と実際の観察値を事後的に比較する手法である（FMI原則の説明3.6.15.）。

　　CCPは、当初証拠金のカバレッジについて（設定水準を達成していない）例外的なケースがあるかどうかを評価するために、日々の実際の参加者ポジションを用いてバックテストを行うべきである。この証拠金のカバレッジ検証は、証拠金モデルの実績評価の不可欠な一部と考えられるべきである。カバレッジは、商品別や参加者別に評価が行われるべき

であり、CCP内のアセットクラスをまたいだポートフォリオ効果を考慮すべきである。当初証拠金モデルの実際のカバレッジは、事前に計画された実績の計測方法に従って算出され、適切な流動化期間について推計された将来エクスポージャーの分布の片側信頼水準99%をカバーすべきである。バックテストによって、モデルが期待どおりに機能しなかった（すなわち、目標となるカバレッジを達成するために必要となる適切な当初証拠所要額をモデルが特定できなかった）ことが判明した場合、パラメータやサンプル期間の調整などの手段により証拠金制度を再調整する明確な手続を設けるべきである。さらに、CCPは、証拠金計算手法の根本的な変更が妥当なのかどうか、または、現行パラメータの再調整で済むのかどうかを決定するために、バックテストの結果が証拠金カバレッジの設定水準を超過した原因を検討すべきである。なお、バックテストの手続だけでは、モデルの実効性を評価するのに十分ではなく、フォワードルッキングに想定されるリスクに対して適切な財務資源を備えているかどうかを評価するのにも十分ではない（FMI原則の説明3.6.16.）。

なお、最後の箇所でバックテストだけでは十分ではないとしているのは、ストレステストや感応度分析が必要という趣旨である。

バックテストに関する追加ガイダンスの記載

追加ガイダンス5.2.29.では、証拠金のバックテストの目的として、①CCPが要件を満たす十分な証拠金を保有しているかの検証、②証拠金制度の統計的パフォーマンスの検証の2点をあげている。

そのうえで、追加ガイダンス5.2.30.では、バックテスト実施上の留意点として以下の点を指摘している。

① CCPによって債務引受された決済前の、実際のCCP参加者のポートフォリオを利用すること。
② 回収ずみの証拠金のみを検証の対象とし、CCP参加者によって自主的に

差し入れられた余剰担保は無視すること。
③　参加者破綻のタイミングと破綻前に参加者がどのようなアクションをとっていたかについて明示的な仮定を置くこと（日中証拠金の支払、決済義務の履行など）。こうした仮定は、参加者破綻の直前にとられそうなタイミングや決定を保守的に反映すべきである。特に、CCPは、参加者が破綻手続に入る前に、証拠金の未払額や支払債務をすべて履行ずみと仮定すべきではない。
④　仮定のクローズアウト期間、実際のクローズアウト期間と一貫性のある損益を算出し、最後の証拠金支払計算からデフォルトマネジメントプロセスの開始までの期間を含める。
⑤　ヒストリカルな価格データに含まれていないが、適用される証拠金の各構成要素によってカバーされることが意図されているリスクを適切に考慮に入れることによって、バックテストが妥当な比較に基づいていることを確実にする。こうした要素には、たとえば、市場流動化コスト、特定の誤方向リスクなどがある（こうしたリスクの多くは、典型的には、追加証拠金によって対処される）。こうした追加エクスポージャーは、ヒストリカルな損益に含めるか、バックテストの際には、証拠金から除外する必要がある。

なお、最後の部分はベースをそろえるための注記である。こうしたリスクも算入する場合は、証拠金サイドにも追加証拠金なども含める必要がある。他方、こうしたリスクを算入しない場合は、追加証拠金などを保有証拠金サイドから除外しなければ、保有証拠金の十分性を過度に評価することになる。

統計的パフォーマンスの検証のためにバックテストを行う際には、CCPは、アドホックな仮定を置かずに直接計測・検証できるモデルの構成要素のみをテスト対象とすべきである。たとえば、統計的モデルによって決定されるわけではない追加証拠金は、このタイプのバックテストから除外されるべきである。このように直接計測・検証できないモデルの構成要素、たとえ

ば、流動性や集中など、特定のポートフォリオ特性を反映した構成要素については、その概念的健全性について、ストレステストにおいて適切かつ保守的な考慮を行うとともに、FMI原則の説明3.6.18.の記述も参照して、詳細な妥当性検証を行うべきである（追加ガイダンス5.2.31.）。

　バックテストの対象期間は、結果の信頼性を担保するため十分に長くするべきであるが、サンプルテストは避けるべきである。統計的パフォーマンスの検証のためにバックテストを行う際には、CCPは実際のポートフォリオのバックテストをさまざまな追加テストで補足すべきである。こうした追加テストは、①特定のエクスポージャーの集中（1種類の契約・商品・イールドカーブのエクスポージャー、特定の資産の組合せなど）を含む仮定のポートフォリオ、②満期が固定および変動のポートフォリオ、③ストレス期などの長さのウィンドウを変更するといった仮定を用いて、証拠金モデルのパフォーマンスを評価するバックテストまたは感応度分析を含むことが考えられる（追加ガイダンス5.2.32.）。

　CCPは、証拠金の算出方法等が最低基準を満たしているかどうかを検証するために、テスト結果を分析すべきである。この分析は、証拠金全体としての評価に加えて、個々の参加者ベースでみた証拠金のパフォーマンスの評価を含むべきである。この証拠金カバレッジの評価は、FMI原則の原則6の重要な考慮事項6に要求されており、証拠金モデルの評価の重要な部分である。これらの分析は、統計的なテストを用いて、証拠金不足が生じた回数、不足額の規模、不足の分布（時系列分析と参加者別の分析）を評価することが含まれうる。証拠金不足が観察された場合には、どのような対応が必要か決定するために、CCPはこれらの不足の原因を調査・評価すべきである。そのような対応には現在のパラメータのリ・カリブレーション、サンプル期間の調整、そして新しいリスクや従来のモデルで無視されていたリスクをいっそう厳格に考慮にいれることが含まれうる。しかし、場合によっては、証拠金の算出方法等に関するいっそう根本的な変更が必要かもしれない（追加ガイダンス5.2.33.）。

適切な場合には、バックテストの結果は、証拠金不足となった場合の原因等の調査の結果とともに、CCPのガバナンス構造を通して報告されるべきである。また、バックテストの結果は、証拠金のカバレッジテストの結果の開示の一部にも含まれるべきである（追加ガイダンス5.2.34.）。

感応度分析

感応度分析について、FMI原則の説明では、以下のように述べられている。

> CCPは、様々な市場環境での証拠金のカバレッジを評価するために、過去に実現したストレス下での市場環境から得た過去データや、経験したことのない様々なストレス市場環境を表した仮想データを用いて、当初証拠金モデルの感応度分析を行うべきである（FMI原則の説明3.6.15.）。
>
> CCPは、強くストレスがかかった市場環境下で、証拠金カバレッジの水準がどのような影響を受け得るかを把握するため、生じ得る市場環境を様々に反映した広範なパラメータや想定を用いて証拠金モデルのカバレッジの感応度を検証すべきである。FMIは、パラメータや想定の範囲が、<u>清算業務を提供する市場が経験した最も変動が大きい期間</u>や、<u>価格相関が極端に変動した事例</u>を含めて、様々な歴史的状況、仮想的状況を捉えるように努めるべきである。CCPは、少なくとも月に1回は、感応度テストの結果を用いて証拠金モデルのカバレッジに関する感応度分析を行うべきであり、被る可能性のある潜在的損失について綿密に分析を行うべきである。CCPは、各参加者のポジションにおける潜在的損失と、必要に応じて参加者の顧客のポジションにおける潜在的損失を検証すべきである。さらに、（社債やCDSのような）クレジット商品を清算するCCPの場合、参加者とクレジット商品の参照主体の同時破綻の可能性を反映するパラメータについても感応度分析を検討すべきである。感応度分析は、実際のポジションとシミュレーションで作り出されたポジ

ションの両方に対して行うべきである。証拠金所要額に対する厳格な感応度分析は、市場流動性が低かったり価格変動が大きい場合に、その重要性が増す可能性がある。この分析は、市場の価格変動が著しく大きい場合や、市場流動性が低下している場合、参加者の保有するポジションや集中度が著しく大きくなっている場合には、より頻繁に実行されるべきである（FMI原則の説明3.6.17.）。

感応度分析に関する追加ガイダンスの記載

　追加ガイダンスでは、感応度分析について、さらに以下の点を説明している。まず、CCPは、証拠金制度のパラメータの感応度を評価し、どのパラメータや仮定が証拠金モデルのアウトプットに最大の影響を与えるか検証するために、少なくとも月次で感応度分析を行うべきである。感応度分析には、たとえば、市場ボラティリティの急激な増加に対して証拠金制度がどのように反応するかのシミュレーションを行うことによって、証拠金制度のプロシクリカルな特性をレビューすることを含むべきである。感応度分析の結果、問題が特定された場合には、CCPはさらなる調査を行い、証拠金の設定を変更するか維持するかの提案を行うべきである（追加ガイダンス5.2.35.）。

　感応度分析を行う際には、追加証拠金は、その他の証拠金とは別に分析され、分析結果は、証拠金制度の全構成要素の全体的な分析との関係で考慮されるべきである。また、モデルのアウトプットを比較し、より長い期間でみたモデルの動きを評価するために、CCPは、重要なパラメータについては一定の幅をもった信頼区間を利用すべきである。モデルのパラメータと仮定のテストについては、CCPは、<u>サンプル期間、クローズアウト期間、信頼区間をテストし、ストレス期のデータについては、過去の期間のものと仮定の期間のもの</u>を利用することが考えられる（追加ガイダンス5.2.36.）。

証拠金制度の検証

　FMI原則の原則6の重要な考慮事項7に関連して、証拠金制度の検証についてFMI原則の説明では以下のように記載している。

　　　CCPは証拠金制度を定期的に検証し、妥当性を評価すべきである。CCPの証拠金制度は、適切な専門性を有しておりCCPとは独立した主体が、少なくとも年1回、市場に重要な変化がある場合にはより頻繁に、検証や妥当性評価を行うべきである。証拠金制度やパラメータの重要な改正または調整は、適切なガバナンスの下に置かれるべきであり（原則2〈ガバナンス〉も参照）、改正や調整の実施前に妥当性が評価されるべきである。クロスマージン制度をとっているCCPは、クロスマージンが事前拠出型の破綻対応手段に与える影響を分析し、財務資源全体の十分性を評価すべきである。また、CCPが用いている当初証拠金モデルやパラメータを含む証拠金制度は、可能な限り透明にすべきである。少なくとも、選択した分析方法の基本的な前提と重要な利用データは参加者に開示すべきである。理想は、参加者がそれぞれのリスク管理の取組みに活用できるよう、CCPが証拠金制度の詳細情報を参加者に利用可能とすることであろう（FMI原則の説明3.6.18.）。

証拠金支払の適時性とその所有

　FMI原則の説明3.6.19.では以下のように記載している。

　　　CCPは、証拠金の拠出と返戻に関するスケジュールを設定して厳格に実施すべきであり、また、予定どおり拠出がなされなかった場合の適切な対応を定めておくべきである。参加者が様々な時差の中にいるCCPは、参加者の現地の時間帯における資金市場の流動性や、関連する決済システムの稼働時間帯を考慮して、証拠金制度の手続（マージンコール

を行う時点を含む）を調整する必要性があろう。証拠金は、エクスポージャーが消滅するまでCCPが保有すべきである。すなわち、証拠金は決済が無事に終了するまで返戻すべきでない。

証拠金に関する追加ガイダンスの内容の特徴

　以上、証拠金に関するFMI原則と追加ガイダンスの記載をみてきたが、追加ガイダンスで補足された点の特徴につき、簡単に触れておきたい。

　まず第一にプロシクリカリティの抑制については、詳しいガイダンスを示す一方で、その方法論につき特定のツールの利用を義務づける記載は避けている。

　プロシクリカリティの抑制については、欧州市場インフラ規制（EMIR）では、①マージン所要額の最低25％のバッファー、②マージン算出に利用するデータ算出期間の最低25％をストレス時のものに充てる、③過去10年のデータから推計されるボラティリティから算出されるマージン所要額以上のマージンの具備、の3つのツールを示して、そのうち必ず1つのツールを利用するように求めている[18]。これに対しては、OTCデリバティブには多様な商品が含まれるため、コモディティについては季節性を、金利についてはボラティリティを重視するといった要領で商品ごとの違いをふまえた実効性のあるプロシクリカリティ対策を行うことが必要であるところ、EMIRの規制は、商品ごとの違い等をふまえずに、規制のそもそもの目的よりも手段を重視しているとして、批判がみられる[19]。米国（CFTCルール39.13）、英国、日本では、欧州のようにプロシクリカリティの抑制のために、特定のツールの

18　EMIR Article 28.
19　BOEが公表した以下の論文では、プロシクリカリティ抑制のためにどのツールが最適であるかは、状況により異なるとして、ツールベースの規制よりもプロシクリカリティ抑制の結果に着目した規制が望ましいとしている。David Murphy et al. "A Comparative Analysis of Tools to Limit the Procyclicality of Initial Margin" Bank of England Working Papers No.597Requirements, April 2016.

利用を義務づけるといったアプローチはとっていない。

　第二に、追加証拠金についても、詳細なガイダンスを示している。たとえば、その算出方法とその根拠について、CCPは参加者等に明確に示すことが必要である点、追加証拠金の設定枠組みの概念的な健全性に関して、適切なガバナンスと見直しが必要な点等を強調している。

　第三に、価格データの取扱いについても、詳細に記載している。たとえば、すぐに利用可能で信頼できる価格データがない場合の取扱いについては、CCPが準備する証拠金算出モデルと手続に関する期待を明確化している。

　第四に、日中の証拠金のやりとりについても、期待水準の明確化を行っている。たとえば、日中の変動証拠金回収のオペレーション設計における留意点として、CCPは、参加者の流動性ポジションや市場流動性への潜在的な影響を考慮すべきであることを明記している。

清算基金と証拠金の比率

　FMI原則や追加ガイダンスでは、その水準等について、特に期待水準が示されているわけではないが、証拠金に関する論点の1つとして、清算基金と証拠金の比率があげられる。

　宮内[20]は、近年の清算基金に対する証拠金の割合を増やそうとする傾向があるとしたうえで、以下のように説明している。

　CCP参加者にとっては、清算基金のほうが当初証拠金に比べて担保効率がよいため、担保コストが大きければ当初証拠金より清算基金のほうが好まれるはずである。他方で、CCPでの清算集中義務導入によって、大手以外のCCP参加者も増えたため、損失の相互分担を行うと負担が大きくなることが想定される大手の参加者は、相互分担部分（清算基金）を減らし自己責任部

20　宮内惇至『金融危機とバーゼル規制の経済学：リスク管理から見る金融システム』（2015年9月、勁草書房）。

分（当初証拠金）を増やすインセンティブが働く。そのうえで、宮内は、近年の清算基金に対する証拠金の割合を増やそうとする議論の背景には、こうした考え方があると指摘している。

また、富安（2014）[21]362頁は、当初証拠金に対する清算基金の割合が大きいCCPは、クリアリングブローカーが顧客のために負担する金額が多くなるため、クリアリングのフィーが高くなると指摘している。こうした点も、当初証拠金の割合を増やそうとするインセンティブになる。

2−5　資金流動性リスク（原則7）

FMI原則の原則7は、以下のとおりである。

　FMIは、資金流動性リスクを実効性をもって計測・モニター・管理すべきである。FMIは、極端であるが現実に起こり得る市場環境において最大の総流動性債務をもたらす可能性のある参加者とその関係法人の破綻を含み、かつこれに限定されない広範な潜在的ストレスシナリオについて、同日中または必要に応じて日中・複数日の支払債務を高い信頼水準をもって決済できるだけの十分な流動性資源をすべての関連通貨について保持すべきである。

重要な考慮事項（一部抜粋）
1．FMIは、参加者や、決済銀行・ノストロエージェント・カストディ銀行・流動性供給主体などの主体に起因する資金流動性リスクを管理するための強固な枠組みを有するべきである。
2．FMIは、日中流動性の使用を含め、決済および資金調達フローを継

21　富安弘毅『カウンターパーティーリスクマネジメント（第2版）』（2014年9月、金融財政事情研究会）。

続的かつ適時のタイミングで特定・計測・モニターするために実効性のある運用方法や分析手段を備えるべきである。
4．CCPは、極端であるが現実に起こり得る市場環境において最大の総支払債務をもたらす可能性のある参加者とその関係法人の破綻を含み、かつこれに限定されない広範な潜在的ストレスシナリオについて、証券決済関連の支払や所要変動証拠金の返戻、他の支払債務を高い信頼水準をもって予定の時刻どおりに決済できるだけの十分な流動性資源をすべての関連通貨について保持すべきである。加えて、より複雑なリスク特性を伴う清算業務に従事しているCCP、または複数の法域においてシステミックに重要なCCPでは、極端であるが現実に起こり得る市場環境において最大の総支払債務をもたらす可能性のある２先の参加者とその関係法人の破綻を含み、かつこれに限定されない広範な潜在的ストレスシナリオをカバーするだけの十分な流動性資源を保持することを検討すべきである。

CCPの資金流動性リスクとは

CCPの資金流動性リスクは、CCP、その参加者および他の主体が、清算や決済の過程の一部としての支払債務の決済を期日どおりに履行できない場合に、CCPにおいて生じる。

保持すべき流動性資源の水準：カバー１かカバー２の選択と信用リスク（原則４）との違い

資金流動性リスクについても、すべてのCCPに対して、（上記の重要な考慮事項４にあるように）「極端であるが現実に起こり得る市場環境において最大の総支払債務をもたらす可能性のある参加者とその関係法人の破綻を含み、かつこれに限定されない広範な潜在的ストレスシナリオ」をカバーするのに十分な流動性資源、すなわち、「カバー１」の保持が義務づけられている点

は、信用リスク（原則4）と同様である。

　これに対して、「より複雑なリスク特性を伴う清算業務に従事しているCCP、または複数の法域においてシステミックに重要なCCP」に対しては、信用リスクにおいてはカバー2を義務づけていた（should maintain）のに対し、資金流動性リスクはカバー2の保持を「検討すべき」（should consider maintaining）との記載になっている。これは、FMI原則策定時の市中協議で提出された意見もふまえて、資金流動性リスクの重要性とその対応のための負担を勘案したためと考えられる。

CCPの適格流動性資源

　それでは、保持すべき流動性資源の水準であるカバー1やカバー2を満たすために、CCPはどのような流動性資源を保持すればよいのだろうか。FMI原則の原則7では、FMIの適格流動性資源に関して、以下のように記載している（重要な考慮事項5）。

　　　各々の通貨別に流動性資源の最低要件を満たすためのFMIの適格流動性資源は、当該通貨を発行する中央銀行や信用力の高い商業銀行に有する現金、コミットされた貸出枠、コミットされた為替スワップ、コミットされたレポ、および保管・投資勘定に保有されている市場性の高い（資金調達の裏付け資産となる）担保資産である。この担保資産は、極端であるが現実に起こり得る市場環境においても、事前に取極められた信頼性が高い資金調達手段によって直ちに利用でき、現金に転換できるものでなければならない。FMIが通常業務の一環として当該通貨を発行している中央銀行の与信へアクセスしている場合、当該アクセスを中央銀行与信の適格担保、（または中央銀行との間で他の適切な形態の取引を実行するための適格担保）を保有している範囲において、最低要件を満たす一部に含めることができる。こうした流動性資源はすべて、必要となった際に利用できるものでなければならない。

適格流動性資源を補う流動性資源

　FMI原則の原則7の重要な考慮事項6では、適格流動性資源を補う他の形態の流動性資源について、以下のように記載している。なお、これらは適格流動性資源を補うものという位置づけであり、保持すべき流動性資源の水準であるカバー1やカバー2は、これらを除いた適格流動性資源のみによって満たす必要がある。

　　FMIは、上記の最低要件としての適格流動性資源を補うものとして、他の形態の流動性資源を備えている場合がある。これらは、信頼できるかたちで事前に取極めを交わしておくことができない、あるいは、極端な市場環境においては履行が保証され得ないものであるかもしれない。その場合であっても、これらの流動性資源は、売却可能性が高い資産として備えられたもの、またはアドホックな貸出や為替スワップ、レポの担保として認められたものでなければならない。たとえFMIが通常業務の一環として中央銀行の与信にアクセスしていない場合でも、当該中央銀行によって一般的に受け入れられている担保資産はストレス環境下で市場流動性が高まる可能性があるため、FMIはどのような資産が中央銀行に担保として受け入れられているかを考慮しておくべきである。FMIは、緊急時の中央銀行与信の利用可能性を流動性調達計画の一部として想定すべきでない。

CCPが実際に保有している流動性資源

　各CCPが、実際にどのような流動性資源を有しているかについては、2016年に公表されたCPMI-IOSCOのIMSGのレベル3モニタリングレポートのなかで、世界の主要CCP10社の比較が示されているほか、4半期ごとに公表される各CCPのCPMI-IOSCOのCCPの定量開示ガイダンスに基づく定量開示

資料にも記載されている。

適格流動性資源の供給主体の評価

　FMI原則の原則7の重要な考慮事項7では、適格流動性資源の供給主体の評価について、以下のように記載している。

　　　FMIは、最低要件としての適格流動性資源の供給主体各々について、当該FMIの参加者であるか外部の主体であるかを問わず、流動性供給主体が自らに関わる資金流動性リスクを把握し管理するための十分な情報を得ていること、コミットされた流動性供給の取極めに基づきFMIの求めに応じて流動性を供給できる能力を有していることを、厳格なデューデリジェンスを通じて十分に確認しておくべきである。特定の通貨について、流動性供給主体の実行の信頼性を評価する場合には、流動性供給主体が当該通貨を発行する中央銀行の与信にアクセスできる可能性が考慮されるべきである。FMIは、流動性供給主体にある流動性資源にアクセスする手続を定期的にテストするべきである。

中央銀行サービスの利用

　FMI原則の原則7の重要な考慮事項8では、決済の安全性の観点から、「中央銀行の口座や資金決済サービス、証券決済サービスにアクセスできるFMIは、それが実務に適していれば、資金流動性リスク管理を強化するためにこうしたサービスを利用すべきである」としている。

流動性リスクのストレステスト

　流動性リスクのストレステストに関しては、FMI原則の原則7の重要な考慮事項9では以下のように記載している。

FMIは、厳格なストレステストを通じて流動性資源額を決定し、<u>定期的にその十分性を検証すべきである</u>。ストレステストの結果をFMIにおける適切な意思決定者に報告し、また、その結果を資金流動性リスク管理制度の適切さの評価や、その調整に活用するための明解な手続を備えるべきである。FMIは、ストレステストを行うに当たって、適切なストレスシナリオを広範に検討すべきである。こうしたストレスシナリオは、価格ボラティリティの過去最高値のうちストレスシナリオとして適切と判断されるものや、価格決定要因やイールドカーブなど他の市場要因の変化、様々な期間を想定して定義され得る複数先破綻、資金・資産市場においてFMIの参加者破綻と同時に発生し得る市場の逼迫、極端であるが現実に起こり得る市場環境を様々に想定したフォワードルッキングな一連のストレスシナリオを含むべきである。また、ストレスシナリオはFMIの制度設計や運用を考慮すべきであり、重大な資金流動性リスクをFMIにもたらす可能性のあるすべての主体（例えば、決済銀行、ノストロエージェント、カストディ銀行、流動性供給主体、リンク先のFMI）を含むべきであり、それが適切であれば複数日の期間をカバーすべきである。すべてのケースで、FMIは、保持する全流動性資源の総額と形態を裏付ける根拠を文書化し、その額や形態に関する適切なガバナンスの取極めを設けるべきである。

　資金流動性リスクに関しては、<u>流動性エクスポージャーに関するリスク</u>と<u>流動性資源に関するリスク</u>の双方に対して、十分なストレステストを行うことが必要である。この点は、FMI原則の原則7の重要な考慮事項9に記載の期待水準を、2017年7月に公表された追加ガイダンスにおいてより明確に示しており（資金流動性エクスポージャーに関するリスクは、追加ガイダンスの3.2.16.以降、流動性資源に関するリスクは、追加ガイダンス3.2.21.に説明がある）、以下で詳しく説明する。

追加ガイダンスの特徴：
資金流動性リスクのストレステスト

　追加ガイダンスでは、資金流動性リスクの発生原因について具体的な例を含め詳細な記載を行っている。また、必要な流動性資源をすべての適格通貨について保持しなければならないことや、日中流動性の保持の必要性を強調している。さらに、資金流動性リスクのストレステストのストレスシナリオは、信用リスクのストレステストのストレスシナリオをすべて含んだうえで、資金流動性リスクに固有のストレスシナリオについても考慮しなければならないとしている（追加ガイダンス3.2.31.）。

CCPの資金流動性リスク

　追加ガイダンスの3.2.14.では、通貨ごとに、極端であるが現実に起こりうる市場環境において生じうる資金流動性リスクのすべての要因について、CCPは特定すべきであるとしている。資金流動性リスクにおいて注意が必要なのは、信用リスクと異なり、参加者破綻や未カバーの信用エクスポージャーがない場合にも、リスクが生じることである。

　CCPの資金流動性リスクは、第一に、参加者（またはノストロエージェント）が支払債務を、期限どおりにかつ必要な通貨で履行しないことによって生じる（資金流動性エクスポージャーに関するリスク）。そうした支払債務の例としては、VMのマージンコールや、証券・外国為替・現物資産の引渡しなどがある。

　CCPの資金流動性リスクは、第二に、流動性資源の価値に影響を与えるリスクによって生じる（流動性資源に関するリスク）。たとえば、担保となっている流動性資源の価格下落や、（カストディアンやクレジットプロバイダーなどの債務不履行などにより）CCPがこれらの流動性資源に迅速にアクセスできないといったリスクである。

追加ガイダンスの3.2.15.では、①通貨ごとに、かつ②営業日終了時点(end-of-day)と日中（intraday）の双方において、かつ③流動化期間において支払が必要になるかもしれないすべての時点において、資金流動性リスクを特定すべきであるとしている。③は、日中の価格変動、日中の参加者のポジション変動、日中のCCPにおける決済プロセスなどをふまえて決定される。
　また、追加ガイダンスの3.2.15.では、資金流動性リスクのその他の発生原因を考慮すべきであるとしている。その他の発生原因の例としては、担保関連の破綻、外国為替リスク、（決済銀行、ノストロエージェント、カストディアン銀行、流動性供給者、相互リンクを行っているCCPといった）その他の関係者が存在する日中の決済プロセスといったものがあげられる。
　以下では、流動性エクスポージャーに関するリスクと流動性資源に関するリスクの双方を詳細にみていくが、ストレステストの設計にあたっては、これらの双方にストレスをかける必要がある。また、以下に掲げる項目のうち、テスト対象のCCP自身に当てはまるリスクをできるだけ広範にカバーするとともに、特に対象CCPにとってリスクが大きいと思われる項目について、（極端であるが現実に起こりうる範囲で）十分なストレスをかけることによって資金流動性リスクへの耐性が十分なものとなっているか、確認する必要がある。

流動性エクスポージャーに関するリスク

　流動性エクスポージャーに関するリスクには、変動証拠金（VM）、決済債務関連の支払債務、デリバティブの満期に関する支払債務といった支払債務を、期限どおりかつ適切な通貨（relevant currencies）によって履行するために、必要な適格流動性資源の総額に影響を与えるリスクが最低限含まれる。また、決済されるポジションに関するリスク、エクスポージャーをクローズアウトするためのデフォルトマネジメントプロセスに関するリスクなども含まれる。

relevant currenciesとは、CCPやその参加者が決済・清算の過程から生じる支払債務の履行のために必要な、すべての通貨を指す。

追加ガイダンス3.2.18.では、資金流動性エクスポージャーに関するリスクは、当該CCPにおいて該当するものがある場合には、以下のものを含むべきであるとしている。

① 破綻者のポートフォリオから生じる変動証拠金その他の証拠金の支払債務を満たすために必要な資金流動性
② 極端であるが現実に起こりうる市場環境において、清算される商品のポートフォリオを流動化またはヘッジすることに伴う、取引コストまたはビッドアスクスプレッド
③ 決済の支払、クーポンの支払、オプションプレミアムの支払、デリバティブの満期到来や現物の引渡しに関する支払などに必要な資金流動性
④ 非破綻参加者のポートフォリオのリスク減少や余剰担保の引出しに伴い、非破綻参加者に対する証拠金支払を行うために必要な資金流動性
⑤ 特定の誤方向リスク（または一般的な誤方向リスクに）による債務金額の増加
⑥ 全通貨に関する外国為替リスクから生じるエクスポージャー
⑦ 相互リンクを行っているFMIに関するエクスポージャー

これらに関連して、CCPは資金流動性ストレステストの設計にあたり、誤方向リスクと取引コストを特定すべきである。また、資金流動性エクスポージャーのモデル設計は、信用リスクのストレステストにおいて利用しているシナリオとの一貫性が確保されている必要がある。

追加ガイダンス3.2.19.では、資金流動性リスクの要因を特定するにあたって、CCPはどのエクスポージャーが事前に予測可能で（例：流動化期間における事前に定められた決済債務）、どのエクスポージャーが事前には予測不可能で（将来のVMの支払）ストレステストのためのモデル化が必要か決定すべきであるとしている。

流動性資源に関するリスク

　これらの流動性資源に関するリスクとして、FMI原則の追加ガイダンス3.2.20.～3.2.22.で例示されている、以下のような項目をカバーする必要がある。

① 決済銀行、証券決済システム、カストディアンといったCCPに対するサービスプロバイダーの破綻が、CCPの流動性資源へのアクセスを妨げるリスク
② CCPに対する流動性プロバイダーを兼ねていたCCP参加者の破綻によって、CCPが期限どおりに必要な通貨建てのキャッシュにアクセスできなくなるリスク
③ 極端であるが現実に起こりうる市場環境における、日中または営業日終了時点ベースでの担保・投資価値の変化（特に、担保・投資が集中していた場合）により、流動性プロバイダーから調達できる流動性が減少するリスク
④ 流動性プロバイダーやサービスプロバイダーの破綻や市場の混乱によって、（レポ、クレジットライン、為替スワップといった）事前に確保していた流動性ファシリティにアクセスできないリスク
⑤ 市場の混乱やCCPの信用力の欠如によって、市場取引を含め、事前に確保していなかった流動性資源にアクセスできないリスク
⑥ CCPが保有していた担保証券の発行者の破綻や、流動性プロバイダーやサービスプロバイダーも兼ねていたCCP参加者の破綻
⑦ 決済銀行、カストディアン、証券決済システム、決済システムの破綻やオペレーションの遅延

　追加ガイダンス3.2.21.では、上記リスク要因の特定にあたっては、潜在的な損失規模（流動性ファシリティにアクセスする際に使われる担保価値への影響を含む）の決定の際に当該事例に特有の誤方向リスクを利用することによっ

て、流動性エクスポージャーに関するリスクと流動性資源に関するリスクの相互作用を考慮すべきとしている。たとえば、CCP参加者でCCPの流動性プロバイダーを兼ねていた者が破綻した場合、CCPはCCPの破綻参加者が負っていた支払債務を他の参加者に対して履行する必要が生じ、(その金額が債権より小さい場合は)CCPの流動性エクスポージャーは増加する可能性がある一方で、流動性プロバイダーの破綻によって、利用できる流動性資源は減少することになり、資金流動性リスクが二重の意味で高まることになる。

また、追加ガイダンス3.2.22.では、CCPは資金流動性リスクの管理において、CCPの日中の支払能力に影響を与えるイベントを特定すべきとしている。たとえば、CCPが非キャッシュ資産を日中にキャッシュに転換することを阻害するイベントなどがあげられる。

資金流動性リスクに固有のリスクシナリオの必要性

資金流動性リスクのストレステストのストレスシナリオは、信用リスクのストレステストのストレスシナリオをすべて含んだうえで、資金流動性リスクに固有のストレスシナリオについても考慮しなければならない。追加ガイダンスの3.2.31.では、資金流動性リスクのストレステストのストレスシナリオは、信用リスクのストレステストのストレスシナリオをすべて含んでいる必要があると明記したうえで、信用エクスポージャーに影響を与えないが流動性エクスポージャーに影響を与えるシナリオ、財務資源には影響を与えないものの流動性資源に影響を与えるシナリオを追加すべきであるとしている。

資金流動性リスクに固有のストレスシナリオについては、CPMI-IOSCOのレベル3モニタリングでも十分に考慮されていないCCPがみられたと指摘されている。

CCPは、上述の流動性エクスポージャーに関するリスク、流動性資源に関するリスクの一覧も参考にしながら、自社にとって重要なリスクシナリオを

流動性ストレステストに織り込む必要がある。

リバースストレステスト

　FMI原則の説明3.7.16.では、リバースストレステストについて、「FMIは、自らの流動性資源が不足するような極端な破綻シナリオや極端な市場環境の特定を目的とした「リバース・ストレステスト」も妥当であれば実施すべきである」としている。信用リスクについては、リバースストレステストを実施すべきであるとされているのとは異なる記載となっている。

資金流動性ストレステストの頻度

　FMI原則の説明3.7.17.では、資金流動性ストレステストの頻度についての記載は、基本的に信用リスクのストレステストに対するものと同様である、としている。

　まず、標準的で事前に定められたパラメータや想定を用いて毎日実施すべきとしている。また、少なくとも月次で、ストレスシナリオやモデル、基本となるパラメータや想定について包括的で綿密な分析を行うべきであるとしている。こうした分析は、FMIが、現在および変化する市場環境に照らしたうえで流動性需要を特定し、必要な流動性資源を決定するにあたって、ストレスシナリオやモデルと、基本となるパラメータや想定が適切かどうかを確認するために行われる。対象商品や清算業務を提供する市場が高いボラティリティを示したり市場流動性が低下した場合や、FMIの参加者が抱えているポジションの規模・集中度が著しく増大した場合には、こうしたストレステストの分析をより高頻度で実施すべきである、とされている。

　FMIの資金流動性リスク管理モデルの妥当性の全面的な検証は、少なくとも年に1回行われるべきとされている。

緊急時対応計画

　FMI原則の説明3.7.18.では、資金流動性不足への手当がない場合の緊急時対応計画について、「FMIは、個別または複合的な参加者破綻に際しても、同日中、必要に応じて日中や複数日に亘る支払債務を予定の時刻どおりに決済するための明確な規則・手続を設けるべきである。これらの規則・手続は、予期せぬ流動性不足の事態に対処しているべきであり、支払債務の同日中の決済を巻戻したり、取り消したり、遅延させることの回避を目的とするべきである。これらの規則・手続においては、FMIが安全かつ適切な方法で業務を継続できるよう、ストレスイベント時において実施する可能性のある流動性資源の補填手続も開示されるべきである」としている。

　さらに、FMI原則の説明3.7.19.では、「FMIが、未カバーの流動性不足分を参加者に割り当てる場合には、その割当てについて明確かつ透明な規則・手続を備えておくべき」としている。予期せぬ参加者への割当てが参加者の資金流動性を圧迫し、連鎖破綻や金融危機のさらなる悪化につながらないようにする趣旨である。この点FMI原則の説明3.7.19.では、「いかなる割当ての規則・手続も、参加者との綿密な議論や明確な意思疎通を踏まえなければならず、また、各参加者がそれぞれ求められている資金流動性リスク管理の規制上の要件と整合的なものでなければならない」としたうえで、「FMIは、シミュレーションなどの手法を通じて、また、各参加者との議論を通じて、資金流動性リスクを同日中に配分することが各参加者にもたらす潜在的な影響や、提案された流動性割当てを参加者が負担する能力を検討・実証すべきである」としている。

2−6 ガバナンス（原則2）

　FMI原則のガバナンス（原則2）については、その重要性をふまえ、2017年に公表されたCCP向けの追加ガイダンスにおいて、詳細かつ重要なガイダンスが多数示された。本節では、追加ガイダンスの前提となるFMI原則の重要部分を確認したうえで、追加ガイダンスのポイントを詳しく説明する。

　原則2の本文および重要な考慮事項では、以下のとおり記載されている。

　　　FMIは、明確かつ透明なガバナンスの取極めを設けるべきである。そうした取極めは、FMIの安全性と効率性を促進し、広く金融システム全般の安定などの関係する公益上の考慮事項と関係する利害関係者の目的に資するものであるべきである。

重要な考慮事項
1．FMIは、その安全性と効率性を優先するとともに、金融システムの安定などの関係する公益の考慮事項に明示的に資することを目的とすべきである。
2．FMIは、業務遂行と説明の明確かつ直接的な責任体制を定める、文書化されたガバナンスの取極めを備えるべきである。こうした取極めは、所有者、関係当局、参加者のほか、概略のレベルでは、公衆にも、開示すべきである。
3．FMIの取締役会（以下、それに相当するものを含む）の役割と責務は、明確に定められるべきである。また、メンバーの利害対立を特定・対処・管理する手続を含む、取締役会の機能に関する文書化された手続が存在すべきである。取締役会は、取締役会全体と各メンバーの双方の業績を定期的に評価すべきである。

4．取締役会は、その多様な役割を果たすための適切な能力とインセンティブを持つ相応しいメンバーにより構成されるべきである。通常、取締役会には、非業務執行のメンバーを含むことが必要である。

5．経営陣の役割と責務は明確に定められるべきである。FMIの経営陣は、FMIの運営やリスク管理の責務を果たすために必要となる十分な経験・多様な能力・高潔性（integrity）を備えるべきである。

6．取締役会は、明確かつ文書化されたリスク管理制度を構築すべきである。こうした制度には、FMIのリスク許容度に関する方針を含め、リスクに関する諸決定についての遂行と説明の責任を割り当て、危機時や緊急時の意思決定を取り扱うべきである。ガバナンスの取極めは、リスク管理と内部統制の機能が、十分な権限、独立性、資源および取締役会へのアクセスを有していることを確保すべきである。

7．取締役会は、FMIの制度設計・規則・全体的な戦略・重要な決定事項が直接・間接参加者などの関係する利害関係者の正当な利益を適切に反映していることを確保すべきである。重要な決定事項は、関係する利害関係者と（市場への広範な影響がある場合には）公衆に対し、明確に開示すべきである。

また、FMI原則の説明では、取締役会の責務やリスク管理における責任につき、以下のとおり記載している。これらの部分は、FMI原則の追加ガイダンスの記載とも関連する重要な部分である。

　FMIの取締役会には、明確に定められるべき様々な役割と責務がある。こうした役割と責務には、(a)組織体の明確な戦略目的の設定、(b)上級経営陣の有効なモニタリングの確保（上級経営者の選任、その目的の設定・業績の評価、（必要に応じて）解任を含む）、(c)適切な報酬方針の確立（これは、ベストプラクティスと整合的で、FMIの安全性と効率性という長期的な達成項目を基礎とすべきである）、(d)リスク管理機能とリスク関連の重要な決定事項の確立・監視、(e)内部統制機能の監視（独立性と適切な

資源の確保を含む）、(f)すべての監督上およびオーバーサイト上の要件遵守の確保、(g)金融システムの安定などの関係する公益への配慮の確保、(h)所有者、参加者などの関係する利害関係者への説明責任の遂行が含まれるべきである（FMI原則の説明3.2.8.）。

　取締役会は、FMIのリスク管理に対する最終的な責任を負っているため、FMIのリスク許容度に関する方針を含む、明確に文書化されたリスク管理制度を設け、リスク関連の決定事項の遂行と説明の責任を割り当て、危機と緊急事態における意思決定に対処すべきである。取締役会は、FMIのリスクプロファイルを定期的にモニターし、それがFMIの事業戦略やリスク許容度に関する方針と整合的であることを確保すべきである。さらに、取締役会は、FMIのリスクの数値化・集計・管理に使用するモデルに対する効果的なコントロールと監視のシステム（適切なガバナンスとプロジェクト管理のプロセスを含む）がFMIに備わるよう確保すべきである。信用エクスポージャーの総額や個別の大口信用エクスポージャーの上限額のような、FMIのリスクプロファイルに重大な影響を及ぼすと思われる重要な決定には、取締役会の承認を必要とすべきである。その他の決定事項には、新しい取扱商品やリンクの承認、危機管理制度、重大なリスクエクスポージャーの報告および関係する市場プロトコルの遵守を検討するプロセスの導入が含まれる。店頭デリバティブ市場において、CCPは、確立した市場慣行となっている実務や枠組みに従う、あるいは、特段の合理的な根拠がない限りそうした条件と相反せず、市場全体の利益にも反しない方法で業務を行うことが期待されている。この点において、CCPがある市場における市場全体のプロトコルや関連する諸決定に完全に従う場合には、CCPはそうした標準の策定や確立に関与すべきである。市場のガバナンスプロセスは市場におけるCCPの役割を十分に反映すべきである。CCPによって採用された枠組みは、その参加者や規制主体に対して透明性を有するべきである（FMI原則の

説明3.2.12.）。

ボードによるリスク管理のガバナンスに関する追加ガイダンスの記載

　2017年に公表されたFMI原則の追加ガイダンスでは、CCPのガバナンスに１つの章を割いて詳細なガイダンスを提供している。これは、CCPのガバナンス強化、特に、CCPのリスク管理強化のためのボードの関与強化に関する、当局の強い問題意識を反映している。

　追加ガイダンスでは、CCPのボードは、CCPのリスク管理の枠組みの重要部分として、証拠金制度やストレステストの枠組みが、以下の目的のために設計されていることを確保する最終的な責任をもつべきであるとしている（追加ガイダンス2.1.1.）。

① 　求められる水準の財務資源を設定し、その水準の財務資源を継続的に維持する。
② 　特定の損失を吸収するためのCCP自身の財務資源拠出額と、これらの財務資源の特性を決定する。
③ 　プロシクリカリティの影響を評価・制限する。

　また、追加ガイダンスでは、④CCPのボードは、証拠金制度とストレステストの枠組みについて、参加者（直接参加者、間接参加者の双方）やその他のステークホルダーに対する包括的な情報開示（disclosure）とフィードバックの仕組みを確立する最終的な責任をもつべきであるとしている（追加ガイダンス2.1.1.）。

　このように、リスク管理の重要部分とステークホルダーへの開示・フィードバックに対するボードの責任を明示している点に追加ガイダンスの特徴がある。

　以下では、これらの４点につき解説する。

　なお、後述するように追加ガイダンス2.2.2.では、ボードが、これらのタスクの実行をボードのもとに設置されるボード委員会に委任することを認め

ている。

求められる財務資源の継続的確保
（Ongoing maintenance of required financial resources）

　まず、追加ガイダンスは、CCPのボードに対して求められる財務資源の継続的確保に最終的な責任をもつべきとしている。

　CCPのボードは、求められる水準の財務資源を継続的に維持し、財務資源がその水準を下回った場合や下回るリスクがある場合には早期に是正措置をとることを確実にする最終的な責任をもつべきである。また、ボードは、経営陣とボードがこれらの行動をとるためのそれぞれの役割、責任、権限について、CCPのポリシーや手続に明確に記載されることを確保すべきである（追加ガイダンス2.2.8.）。

　ボードは、追加ガイダンス2.2.8.に記載された責任を果たすために必要な情報を備えるべきである。たとえば、日次の（また該当する場合には日中の）証拠金のカバレッジ分析、ストレステストの分析の結果は、ボード、CRO、関連する経営レベルの委員会に対して、それぞれの責任の遂行のために必要かつ十分な頻度で報告されるべきである。ボードは、証拠金のカバレッジ分析、ストレステストの分析の結果に基づく是正措置の決定を経営陣に委ねてもよい。さらに、<u>CCPのポリシー・手続は、直接参加者からの自動的な追加拠出や当日中の追加拠出のトリガーとなる閾値（threshold）、エスカレーションの基準、ブリーチ（違反）について明確に記載すべきである。CCPのポリシー・手続は、追加拠出の形式（追加の証拠金か、清算金かなど）、追加拠出金の算出方法、関連する支払の期限について明確に記載すべきである</u>（追加ガイダンス2.2.9.）。

　また、ボードは、CCPの関連するポリシー・手続を最低でも年に1回レビューし、CCPが、①証拠金のカバレッジ分析とストレステストの分析の結果をふまえ、CCP自身の所要財務資源の維持を確認すること、②所要財務資源を維持できていないかその重大なリスクに直面している場合には、迅速な

行動をとれること、の両方において、有効に機能していることを確認すべきである。また、ボードは、信用リスクをカバーするための事前拠出財務資源全体の所要額、または資金流動性リスクをカバーするための通貨ごとの適格流動性資源所要額にブリーチが発生した場合には、リスク管理の関連する項目のレビューが直ちに開始されることを確実にすべきである。ボードは、レビューに対して適切な疑義を呈し、こうしたブリーチの再発を防止するため、適切な場合にはリスク管理の枠組みが改正されることが確実になるようにすべきである（追加ガイダンス2.2.10.）。

損失を吸収するためのCCP自身の財務資源拠出額と財務資源の特性の決定

次に、追加ガイダンスでは、CCPのボードに対して、損失を吸収するためのCCP自身の財務資源拠出額と財務資源の特性の決定に最終的な責任をもつべきとしている。まず、ボードは、CCPのリスク管理への信頼を高めるように、特定の損失に対するCCP自身の財務資源の金額を決定し、その金額の財務資源を保持することに最終的な責任をもつべきである。特に、追加ガイダンスの6章（「損失に対するCCPの拠出金」）でも言及されているように、CCP参加者のデフォルトと参加者資産の保管・投資から生じる潜在的な損失を吸収するためのCCP自身拠出金の金額と特性（形式、構成、デフォルト・ウォーターフォールにおけるCCP拠出分の参加者の拠出金からの分離と利用される際の順位など）は、CCPのリスク管理の設計、ルール、全体戦略と主要な決定が、CCP参加者とその他のステークホルダーの正当な利益を適切に反映しているという信頼を高めうるものである。

CCP自身拠出金の金額と特性を決定する際には、ボードは、直接参加者、間接参加者とその他のステークホルダーの意見を求め、それを考慮する仕組みを採用すべきである。このような参加者・ステークホルダーの関与は、ボードが、CCPのリスク管理において、これらのステークホルダーの正当な利益を考慮し、それに対する説明責任を果たし、それを反映することを確実

にするように設計されるべきである。さらに、CCPの所有者を損失リスクにさらすことは、CCP所有者に対して、CCPが適切にリスク管理されていることを確実にする適切なインセンティブを与える。しかし、適切なガバナンスの仕組みとステークホルダーの関与なしには、これらのリスク管理のインセンティブも低下する可能性がある（追加ガイダンス2.2.11.）。

ボードは、損失に対して拠出するCCP自身の財務資源の金額と特性を定期的にレビューし承認すべきである。このプロセスをサポートするために、ボードは、参加者を含むステークホルダーの意見を聴取・検討し、必要に応じて上記金額と特性を変更する仕組みを確実に維持すべきである。CCPは、自身の意思決定を行い、レビューの結果をステークホルダーへ明確に伝達する際に、透明性を維持するべきである（追加ガイダンス2.2.12.）。

市場を不安定化させるプロシクリカルな変化の抑制

追加ガイダンスでは、ボードは、（当初証拠金、追加証拠金、清算基金、担保のヘアカット分など）直接参加者から徴求する財務資源の総額の、市場を不安定化させるプロシクリカルな変化を評価し、それを（実行可能でプルーデントな程度において）抑制する最終的な責任をもつべきである。プロシクリカリティの評価と抑制のためにボードによって確立された自社のアプローチは、経営陣とボードに課せられた明確な役割と責任とともに、明確に定義され、正当化され、文書化されるべきである。また、このアプローチは、ボードによって最低年1回はレビューされ、承認されるべきである。このレビュー・承認は、経営陣によって行われる分析にサポートされ、またCCP参加者、リンク先のCCP、その他のステークホルダーへの諮問を経て行われるべきである。

たとえば、CCPの証拠金制度、参加者破綻のための事前拠出金の再徴求、担保のヘアカット制度のもとで徴求されるチャージの文脈において、CCPは大規模で予想不可能な変化の確率を抑制するために設計されたポリシーや手

続を備えるべきである（追加ガイダンス2.2.13.）。

　追加ガイダンスの５章（証拠金）で詳細に記載されているように、ボードは、プロシクリカルな効果を評価するのに資する定量的・定性的な基準を確立することを、CCPが確実に検討するようにすべきである。

　たとえば、CCPは、これらの基準を、参加者から徴求したもの、リンク先のCCPから徴求したもの、CCP全体として徴求したものの各レベルにおいて、財務資源の総額と構成の変化が、市場を不安定化させるプロシクリカルな影響をもちうるのかどうかを評価するために利用することができる。

　そうした基準は、CCPが、実際に観察された市場を不安定化させるプロシクリカルな変化を定期的に評価する際に、CCPを補助するものとして利用することも可能である。その結果を、CRO、関連する経営レベルの委員会、ボードに報告することも考えられる（追加ガイダンス2.2.14.）。

　ボードは、市場ストレス時における、証拠金、参加者破綻のための事前拠出の財務資源、キャッシュコール、担保ヘアカットの潜在的な変化を参加者が理解しているか、またそれを参加者が予測し管理する能力があるかについて、CCPが定期的かつ厳格なデュー・デリジェンスを行うことを確実にすべきである。このデュー・デリジェンスは、CCP参加者がそうした拠出金の要件を理解し、いつでもそうした要件を満たせるよう必要な措置をとっていることを確実にする一助となる（追加ガイダンス2.2.15.）。

証拠金制度・ストレステストの枠組みのレビューに関する情報開示・フィードバックの仕組み

　追加ガイダンスでは、市場参加者からの意見もふまえ、証拠金制度・ストレステストの枠組みのレビューに関する情報開示・フィードバックの仕組みの確立についてCCPのボードが最終的な責任をもつべきとしたうえで、かなり突っ込んだ記載を行っている（追加ガイダンス2.2.18.）。

　フィードバックの仕組みは、CCPのリスク管理の枠組みに関する直接参加者、間接参加者やその他のステークホルダーの懸念について、ボードが情報

の伝達を受け、内部レビューの目的で検討することを確実にするものである。このため、ボードは、CCPにおいて採用されているフィードバックの仕組みが適正かつ継続的に実施されるようにしなければならない。また、こうしたフィードバックの仕組みをつくるにあたっては、ボードは、CCP参加者やその他のステークホルダーとのコミュニケーションの頻度について、あらかじめどの程度に設定するのがよいか、検討すべきである。加えて、そうした仕組みは、CCPがすべてのステークホルダーの専門知識や観点を考慮に入れることができるように設計するべきである（追加ガイダンス2.2.19.）。

追加ガイダンスの2.2.20.では、証拠金制度・ストレステストの枠組みのレビューに関する情報開示・フィードバックの効果的な仕組みは、以下を含むべきであるとしている。

① 情報開示とフィードバックの受け手の類型。そうした受け手に対する情報開示の詳細さと頻度を含む（詳細さと頻度は、ステークホルダーの類型によって異なることもありうる）。
② それぞれの受け手の類型ごとに適切な情報開示手法の特定。
③ 情報開示が時系列にみて一貫していることを確実にするための統制の実行。
④ 証拠金制度・ストレステストの枠組みのレビューに関するボードの意思決定プロセスの一部として、ステークホルダーからのフィードバックを受けてそれを検討する明示的かつ効果的なチャンネルの特定。
⑤ ステークホルダーからのフィードバックをふまえて講じられた施策に取り組み、それを説明し、文書化するためのプロセス（そうした施策が講じられなかった場合も含む）。

情報の開示は必要であるが、それが個別のCCP参加者の業務上の秘密をもらす、個別のステークホルダーを不当に利する、CCP自身の安全性・健全性を損ねるといったことがあってはならない。そこで、追加ガイダンスの2.2.21.は、そうした事態に対するセーフガードとして、CCPが情報開示の際に留意すべき点を以下のとおり列挙している。

① 個別の直接参加者・間接参加者のポジションを開示しないこと
② 特定の（個別・グループの）ステークホルダーに対して、商業的な利益を与えないこと
③ CCPの安全性・健全性をリスクにさらさないこと

さらに、追加ガイダンスの2.2.21.では、以下の点を記載している。CCPは、開示すべき情報を、一貫した方法で、かつタイムリーなアクセスを促進する適切な（必要に応じて安全な）チャンネルにおいて、提供すべきである。また、機密情報については、個別のCCP参加者とCCPの間の安全な接続環境を通して、または、デューデリジェンスの際に、個別のCCP参加者のCFOとのやりとりのなかで提供されることもありうる。

マージン制度・ストレステストの枠組みに関する有益なフィードバックを引き出すためには、CCPはCCP参加者とその他のステークホルダーのレビューを促すために、彼らに情報を開示する必要があるであろう（上述のFMI原則・原則2の重要な考慮事項7も参照）。参加者とその他のステークホルダーがCCPのアプローチ、方法論（メソドロジー）、パラメータ、仮定、シナリオ、モデルのパフォーマンスについて、理解し、効果的なフィードバックを提供し、疑義を呈することができるように、CCPは、前述（追加ガイダンス2.2.21.）のセーフガードを満たしたうえで、十分に詳細で、正確かつ信頼できるタイムリーな情報を参加者とその他のステークホルダーに提供すべきである。そうした情報は、以下のものを含むべある（追加ガイダンス2.2.22.）。

・方法論（メソドロジー）、パラメータ、仮定（例：CCPのクローズアウト期間において仮定されている市場流動性やクローズアウトのコスト）、ストレステストのシナリオ、ストレステストと証拠金のカバレッジテストの結果の要約（感応度分析とリバースストレステストの結果とともに）
・CCPの所要財務資源・流動性資源の規模に関する決定をサポートする根拠（追加ガイダンス4.2.1.参照）、MPORの選択（追加ガイダンス5.2.4.参照）、SPOR（追加ガイダンス3.2.45.参照）、ポートフォリオマージニングを適用

する基準（追加ガイダンス5.2.53.～5.2.55.）といったリスクのモデル化の重要なポイントについて、それを支持する根拠
- 市場のストレス時の、大規模または予期しないマージンコールの発生確率を含む、CCPのマージン制度に関する十分に粒度の高い詳細（参加者が証拠金の要件の予測可能性について理解・評価・フィードバックできるようにするため）
- 追加証拠金に対するCCPのアプローチ（追加ガイダンス5.2.11.～5.2.16.）、徴求されるすべての財務資源の、市場の安定性を損なうプロシクリカル変化を評価・制限するためのアプローチ、これら2つのアプローチを支持する根拠

　追加ガイダンス2.2.23.では、より一般的な話として、CCP参加者が、時間や市場環境の変化に伴って証拠金モデルがどのような動きをして、自身の証拠金所要額がどのように変化するかを理解できるようにするために、CCPは、前述（追加ガイダンス2.2.21.）のセーフガードを満たしたうえで、証拠金の要件の復元可能性（replicability）（実現可能な範囲で追加証拠金の復元可能性を含む）をサポートする十分な情報を提供すべきとしている。

　また、追加ガイダンスではCCPが広範囲のステークホルダーから知見を得ることが確実となるように、CCPは、さまざまなフィードバックのチャンネルを検討すべきであるとして、以下の例をあげている（追加ガイダンス2.2.24.）。
- CCPが設立する正式なグループ・委員会（リスク諮問グループ、リスクワーキンググループ、リスク委員会）
- ⇒　これらのグループ・委員会は、CCP参加者とその他のステークホルダーが関与する。参加者やその他のステークホルダーは、自身の組織を代表することもあれば、CCP参加者のうち、あるカテゴリーなど一定の母集団を代表することもある。
- ステークホルダーとの公式・非公式の対話（バイラテラルまたはマルチラテラル）

・CCPの規則、手続、オペレーションの変更提案に関するコメント期間
・外部専門家のフィードバック

　これらのフィードバックの仕組みのうち、どれを組み合わせて選択するかを決定する際には、CCPは、これらのフィードバックから得られる知見の範囲が、CCPの業務の広範さや複雑さ（例：商品の範囲）を適切に反映したものとなるようにすべきである。追加ガイダンス2.2.24.に示されたいくつかのグループを利用する際には、CCPは、それらのグループのスキルと専門知識の広範さが、全体としてみて、CCPのサービスやリスク管理の枠組みの全範囲をカバーできているか検討すべきである。また、CCPは、これらのグループの参加者が誰の利益のために行動しているかを考慮すべきである（上記の例でいうと、CCP参加者で特定の委員会等に参加している者が①自身の利益を代表しているか、②CCP参加者のうち自社を含む一定の母集団の利益を代表しているか）（追加ガイダンス2.2.25.）。

　CCPは、得られたフィードバックが、CCPのCRO、関連するリスク委員会、ボードに報告されるようにすべきである。CCPのボードは、フィードバックが確実にボードに届くようなプロセスを確保すべきである。CCPは得られたフィードバックを反映した記録を作成すべきである（追加ガイダンス2.2.26.）。

　ここまで述べてきた開示は、FMI原則の原則23で求めている規則・主要手続・市場データの開示の要件をCCPが満たす力を高めることにもなる（追加ガイダンス2.2.27.）。

追加ガイダンスの特徴と市中協議をふまえた修正

　追加ガイダンスのガバナンスの章（2章）は、ボードに期待される役割が詳細に記載されていることが特徴である。これは、世界金融危機を受けて、金利スワップ等のOTCデリバティブの清算にCCPを利用することが世界的に義務づけられ、CCPの重要性と公共的性格が強まっていることと、これを

受けてCCP参加者等のステークホルダーのCCPに対する期待や要求が強まっていることが背景にある。

　他方で、ボードが自らリスク管理の枠組みの細部の実施を担ったり、日々のリスク管理の実務を行ったりすることを期待することは現実的ではない。これをふまえ、追加ガイダンスでは、ボードは、リスク管理の枠組みの整備とその枠組みの実施の有効性に対しては最終的な責任をもつものの、自ら日々のリスク管理等を行うといったことまで期待されているわけではない（追加ガイダンス2.2.1.）と明確に記載している。この点は、もともと2016年に公表された追加ガイダンスの市中協議案に対して、ボードに細かな点まで責任を負わせすぎているとの批判があったことに対応して、ボードに対する期待を明確に記載したものである。

　より詳細にみると、追加ガイダンスのガバナンスの章では、CCPのボードは以下の点に責任をもつべきであるとされている（追加ガイダンス2.1.1.）。

① 　経営陣によるリスク管理の枠組みの実施を注意深く監督する。
② 　経営陣がリスク管理の仕事を適正かつ効果的に実行することを確実とするための適切な措置をとる。
③ 　経営陣とボードの間で効果的かつタイムリーな意思疎通、報告、情報の流れを維持するためのプロセスが設けられていることを確実にする。
④ 　リスク管理のプロセスについて、経営陣と意思疎通を行う。
⑤ 　リスク管理の枠組みの評価を行う際に、リスク管理のプロセスの有効性を示すよう経営陣に求める。

　追加ガイダンス2.2.2.では、ボードが、これらのタスクの実行をボードのもとに設置されるボード委員会に委任することを認めている。ただし、その際には、CCPのリスク管理の枠組みに関する最終的な責任はボードが保持し、委員会の決定を監督し、適切な場合にはそれに異議を唱えるべきであるとしている。また、ボードは、①委員会がスキル、経験、CCPの知識を適切に備えた適格なメンバーから構成されていること、②委員会メンバーがCCPのコーポレートガバナンスにおける自身の役割を明確に理解し、役割遂行に

十分な時間を割けること、また、スキルの更新を確保でき、役割遂行の適切なインセンティブを保持していること、③委員会がCCPの経営陣（執行サイド）から独立していること、④メンバーが全体として、委任された課題を検討するための幅広い経験と能力を保持することが確実となるよう、委員会の規模が十分に大きいこと、を確実にすべきであるとしている。

　また、市中協議の過程では、CCPはCCPのステークホルダーに対するフィードバック（情報提供）を充実させるべきだとのコメントが多く寄せられた。これを受け、追加ガイダンスでは、CCPからCCPのステークホルダーに対するフィードバックの仕組みについてさらなる明確化が行われた。たとえば、追加ガイダンスは、上述のとおり、参加者や他のステークホルダーがCCPの証拠金制度やストレステストの枠組みを理解し、これらについて有効にコメントし、疑義を呈することができるようにするために、CCPに対してマージン制度やストレステストの枠組みについて詳細な情報を十分に提供するよう求めている。

2−7　FMI原則のその他の原則

　本節では、前節までに取り上げた原則2・4・6・7以外のFMI原則のその他の原則について紹介し、簡潔に説明する。

原則1：法的基盤

　FMIは、関係するすべての法域において、業務の重要な側面についての、確固とした、明確かつ透明で執行可能な法的基盤を備えるべきである。

原則1の重要な考慮事項1では、法的基盤は、関係するすべての法域について、FMIの「業務の重要な側面」に関する高い確実性を与えるべきであるとされている。法的基盤は、法制度と、FMIの規則・手続・契約から構成される。

　わが国では、CCPの活動は金融商品取引法等の法律や金融商品取引清算機関等に関する内閣府令などによって規律される。また、CCPは、同法および金融庁の「清算・振替機関等向けの総合的な監督指針」に基づいて、金融庁の監督を受けている。

　また、同法では、CCPはその業務方法書（同法156条の3・156条の12）について、内閣総理大臣の認可を受ける必要があり、法律等に加え、業務方法書に基づき業務を行う必要がある。わが国のCCPでOTCデリバティブの清算を行っているJSCCでは、清算参加者との間で、清算参加者がJSCCの業務方法書を遵守する旨を規定した「清算参加者契約書」を締結することによって、JSCCの業務方法書を清算参加者との契約と位置づけ、法的拘束力をもたせている。

　「業務の重要な側面」に該当するものとしては、清算業務そのものに加え、決済のファイナリティ、ネッティング、破綻処理、担保等があげられる。

　CCPの参加者の破綻処理については、同法（156条の11の2）では、清算参加者が破綻した場合には、破綻清算参加者とCCPとの間の清算済取引（成立ずみの債務引受や債務負担に係る取引）の決済については、CCPの規則が一般的な倒産手続に優先する旨が定められている。これを受けて、JSCCの業務方法書には、清算参加者が破綻した場合に、JSCCと清算参加者との間の債権・債務をネッティングするクローズアウトネッティングの取決めに関連する規定が定められている。このように、破綻清算参加者とCCPとの間の清算済取引の決済については、業務方法書に強い効果が認められている。

　重要な考慮事項5では、「複数の法域において業務を行っているFMIは、法域間における潜在的な法の抵触から生じるリスクを特定・軽減すべきであ

る」としている。この点、FMIの業務を規律するルールブック（業務方法書等）では、FMIの各業務運営面において適用することが意図されている法を明確に指定すべきである。また、JSCC等のCCPの定性開示資料では、当該CCPが認証等を取得している法域、当局、根拠法令等を記載している。

原則3：包括的リスク管理制度

　FMIは、法的リスク・信用リスク・資金流動性リスク・オペレーショナルリスクなどのリスクを包括的に管理するための健全なリスク管理制度を設けるべきである。

　原則3は、すべてのリスクを含む包括的リスク管理制度に関するものである。個別のリスクについては、原則4（信用リスク）、原則7（資金流動性リスク）、原則15（ビジネスリスク）、原則17（オペレーショナルリスク）等にそれぞれ記載がある。

　原則3の重要な考慮事項1では、FMIは、FMIに発生する、またはFMIが被るさまざまなリスクを特定・計測・モニター・管理できるよう、リスク管理の方針・手続・システムを備えるべきで、リスク管理制度は定期的に見直されるべきであるとしている。

　重要な考慮事項2では、FMIは、参加者や（関係する場合には）その顧客に対して、各自がFMIにもたらすリスクを管理・抑制するインセンティブを与えるべきであるとしている。この点、多くのCCPでは、清算参加者のリスク額に応じて清算基金等を徴求することなどによって、清算参加者がCCPとのポジションのリスクを適切に管理するインセンティブを与えている。

　重要な考慮事項3では、FMIは、相互依存関係の結果として他の主体（他のFMI、決済銀行、流動性供給主体、サービス業者など）との間に生じる重要なリスクを定期的に点検するとともに、これらのリスクに対処するための適切なリスク管理手法を構築すべきであるとしている。

重要な考慮事項4では、FMIは、継続事業体として不可欠な業務・サービスが提供できなくなるおそれのあるシナリオを特定し、再建や秩序立った撤退に関するあらゆる選択肢の実効性を評価すべきであるとしている。そのうえで、FMIは、その評価に基づき、再建や秩序立った撤退のための適切な計画を策定すべきであり、また、可能であれば、関係当局に対して破綻対応の計画策定に必要な情報を提供すべきであるとしている。「再建や秩序立った撤退」のためには、原則15の重要な考慮事項3において、少なくとも当期の営業費用の6カ月分に相当する資本を財源とするネットベースの流動資産最低限保有すべきであるとしている。なお、この資産は、参加者破綻のための財務資源（原則4）とは別に準備する必要があるとされている。なお、FMIの再建については、FMI原則を補完するものとして、再建に関する追加ガイダンスが策定されており、3－1節で詳しく説明する。

原則5：担保

　FMIは、自らまたは参加者の信用エクスポージャーを管理するために担保を要求している場合、信用リスク・市場流動性リスク・マーケットリスクの低い担保を受け入れるべきである。FMIは、保守的な掛け目と担保資産の集中に関する上限を適切に設定し、実施すべきである。

　重要な考慮事項1では、FMIは、一般に、担保として（通常）受け入れる資産を、信用リスク・市場流動性リスク・マーケットリスクの低いものに限定すべきであるとしている。受入可能な担保について、FMI原則の説明3.5.2.では、特にストレス下の市場環境であってもすみやかに担保を処分できる体制を整えておく必要があるとしている。また、最低水準を超える信用リスク・市場流動性リスク・マーケットリスクを抱えた担保を受け入れるFMIは、保守的な掛け目や集中に関する上限を適切に設定し、これを実行していることを明示すべきとしている。また、FMI原則の説明3.5.3.では、受

け入れる担保の種類を評価する際の留意点として、資産の移転に関する決済慣行によって担保の確保が遅れる可能性を考慮すべきとしている。また、参加者が自らの負債・株式、あるいは緊密な関係のある会社の負債・株式を担保として差し入れることは認められるべきでないとしている。後者について、より一般的な話として、担保を差し入れた参加者が破綻した場合に価値を失う可能性が高いような担保の受取りを制限することで個別誤方向リスク（specific wrong-way risk）[22]を軽減すべきであり、参加者の信用力と差入担保価値の相関を測定・モニターし、たとえば、より慎重な掛け目を設定することで、こうしたリスクを削減する手段を講じるべきとしている。

重要な考慮事項2では、FMIは、担保価値の慎重な評価手法を確立したうえで担保掛け目の設定を行うべきであり、担保掛け目は、定期的に検証され、かつストレス時の市場環境を考慮したものでなければならないとしている。担保の評価につき、FMI原則の説明3.5.5.では、FMIは、担保売却時にその価値を適切に維持できるように、慎重な評価手法を確立し、定期的にテストされ、かつストレス時の市場環境を考慮した掛け目設定手法を策定すべきであるとしたうえで、以下の点に注意を促している。

・FMIは、少なくとも日次で担保を値洗いすべき。
・掛け目には、直近の値洗い時点から資産が売却可能と合理的に仮定できる時点までの間に担保資産価格や市場流動性が低下する可能性を反映させるべき。
・掛け目には、ストレス時の市場環境下での担保価値についての想定を織り込み、当該資産の極端な価格変動や市場流動性の変化を考慮した定期的なストレステストの結果を反映させるべき。
・市場価格が資産の実態価値を適正に示さない場合、FMIは、あらかじめ定められた透明性の高い方法に従って、自己の裁量で資産価値を評価する権限をもつべき。

---

[22] 個別誤方向リスクとは、相手方の信用力が低下するときに、その相手方に対するエクスポージャーが増大しやすくなるリスクをいう。

・掛け目設定の方法については、少なくとも年に1回、独立した妥当性の検証を行うべき。

　重要な考慮事項3では、FMIは、担保をプロシクリカルに調整する必要性を抑制するため、ストレス下の市場環境期を含めて掛け目を算出し、実行可能な範囲でできる限り慎重に、安定的・保守的な掛け目を設定すべきであるとしている。プロシクリカリティの抑制につき、FMI原則の説明3.5.6.は、以下のとおり説明している。

　　FMIは、担保制度におけるプロシクリカリティに適切に対処すべきである。FMIは、担保をプロシクリカルに調整する必要性を抑制するため、ストレス下の市場環境期を含めて掛目を算出し、実行可能な範囲でできる限り慎重に、安定的・保守的な掛目を設定すべきである。（中略）担保資産価格の変動はもともとプロシクリカルとなりやすいが、掛目の水準が市場の安定期に引き下げられ、ストレスが高まった時期に引き上げられる場合、こうした担保制度はプロシクリカリティを増幅させる可能性がある。例えば、ストレス時の市場において、担保資産価格の下落と掛目水準引上げの両方の理由から、FMIが追加担保の差入れを要求するかもしれない。そうした措置は、市場ストレスを悪化させ、資産価格全般をさらに引き下げ、更なる担保追徴という結果につながりかねない。このサイクルは、資産価格全般に一段の下方圧力をもたらし得る。プロシクリカリティの問題に対処することで担保の要求水準が高まり、市場安定期における追加コストがFMIやその参加者に生じるかも知れない。しかし、市場でストレスが高まった時期には、担保による保全を高め、担保調整においてコストや混乱を抑制させる結果となり得るだろう。

　なお、CCPに関係するプロシクリカリティ全般の問題については、FMI原則のCCPの強靭性に関する追加ガイダンスの証拠金の節に詳しい記載があり、本書では原則6（証拠金）を説明した2－4節で詳しく説明している。

重要な考慮事項4では、FMIは、担保として特定の資産を集中的に保有することを避けるべきであり、こうした集中保有は、損失が著しく拡大するような価格変動を伴うことなく迅速に資産を流動化できる能力を大きく損なわせるであろうとしている。担保の集中の回避について、FMI原則の説明3.5.7.では、FMIは、損失が著しく拡大するような価格変動を伴うことなく迅速に資産を流動化できるよう、担保として特定の資産を集中的に保有することを避けるべきであるとしている。そのうえで、具体的な方策として、集中に関する上限や集中への課金の設定をあげている。また、集中に関する上限や課金は、その妥当性を検証するため定期的に精査されるべきであるとしている。

　重要な考慮事項5では、クロスボーダー担保を受け入れるFMIは、その利用に伴うリスクを軽減し、担保処分を適時に行えるようにしなければならないとしている。これに関連して、FMI原則の説明3.5.8.では、以下の点に注意を促している。

・FMIは、クロスボーダー担保を適時に処分できるよう適切な法的な保護策や業務上の安全策を講じるべきであり、処分に伴って担保資産の市場流動性に及ぶだろう各種の影響を特定し、これに対処していくべき。
・外為市場リスク、すなわち、エクスポージャーが生じる通貨とは異なる通貨単位で担保価値が定められることに伴うリスクも考慮し、高い信頼水準で追加的な外為市場リスクに対処できるような掛目を設定すべき。
・FMIは、内外の時差や外国のCSDやカストディアンの営業時間の違いなど、国境を越えて業務を行う際の業務上の課題に対処する能力をもつべき。

　このように、クロスボーダー担保には、外為市場リスクや内外の時差、適用される法令といった点で、留意すべき点が多く、慎重なリスク管理が求められる。

　重要な考慮事項6では、FMIは、適切に設計され運用上の柔軟性を有した担保管理システムを用いるべきであるとしている。

原則 8 :決済のファイナリティ

　　　FMIは、最低限、決済日中に、ファイナルな決済を明確かつ確実に提供すべきである。FMIは、必要または望ましい場合には、ファイナルな決済を日中随時または即時に提供すべきである。

　重要な考慮事項1では、FMIの規則・手続は、決済がいつの時点でファイナルとなるのかを明確に定義すべきであるとしている。また、重要な考慮事項2では、FMIは、決済リスクを軽減するため、決済日中に、（より望ましくは）日中随時または即時に、ファイナルな決済を完了すべきであるとしている。重要な考慮事項3では、FMIは、決済未了の支払・振替指図・その他の債務を参加者がいつの時点以降に取り消すことができなくなるのかについて明確に定義すべきであるとしている。

原則 9 :資金決済

　　　FMIは、実務に適しかつ利用可能である場合には、中央銀行マネーで資金決済を行うべきである。FMIが中央銀行マネーを利用していない場合には、商業銀行マネーの利用から生じる信用リスクと資金流動性リスクを最小化するとともに、厳格にコントロールすべきである。

　原則9の重要な考慮事項では、以下のとおり記載している。これらは、決済の安全性の観点から原則、中央銀行マネーでの決済を求め、それ以外の決済方法を利用する場合には、必要な対策を行うよう求めるものである。

　　重要な考慮事項
　　1.FMIは、信用リスクと資金流動性リスクを回避するため、実務に適

しかつ利用可能である場合には、中央銀行マネーで資金決済を行うべきである。
2．中央銀行マネーが利用されない場合には、FMIは、信用リスクと資金流動性リスクが殆どまたは全くない決済資産を利用して、資金決済を行うべきである。
3．商業銀行マネーで決済を行う場合、FMIは、決済を行う商業銀行から生じる信用リスクと資金流動性リスクをモニタリング・管理・制限すべきである。特にFMIは、とりわけ規制・監督体制、信用力、自己資本、資金流動性へのアクセスおよび事務処理上の信頼性を考慮した決済銀行に対する厳格な判断基準を設定し、その遵守状況をモニタリングすべきである。また、FMIは、決済を行う商業銀行に信用・資金流動性エクスポージャーが集中することについてもモニタリング・管理すべきである。
4．FMIが自らの帳簿上で資金決済を行う場合は、信用・資金流動性リスクを最小化するとともに、厳格にコントロールすべきである。
5．FMIとその参加者が信用・資金流動性リスクを管理できるようにするため、FMIと決済銀行の法的な合意では、個々の決済銀行の帳簿上で振替が行われることになる時点、振替実行時に振替がファイナルとなること、受取資金が振替日当日の少なくとも終了時まで（理想的には日中）のできるだけ早くに振替可能とすべきであることを明確に規定するべきである。

原則10：現物の受渡し

FMIは、金融商品やコモディティの現物の受渡しに関する債務を明確に規定すべきであり、そうした現物の受渡しに関連するリスクを特定・モニタリング・管理すべきである。

OTCデリバティブの決済では、基本的に現物の受渡しは発生しないため、本原則の対象外となる。

原則11：証券集中振替機関

　証券集中振替機関は、証券の完全性（integrity）の確保に資する適切な規則と手続を設けるとともに、証券の管理と移転に関連するリスクを最小化し、管理すべきである。証券集中振替機関は、帳簿上の記載による証券決済（振替決済）のために、不動化または無券面化された形式で証券を保持すべきである。

本原則は証券集中振替機関（CSD）を対象としたものであり、CCPには適用されない。

原則12：価値交換型決済システム

　FMIは、2つの結び付いた債務の決済を伴う取引（例えば、証券取引や外国為替取引）を決済する場合、一方の債務のファイナルな決済を他方の債務のファイナルな決済の条件とすることにより、元本リスクを除去すべきである。

原則13：参加者破綻時処理の規則・手続

　FMIは、参加者の破綻を管理するための実効的かつ明確に定義された規則や手続を設けるべきである。こうした規則や手続は、FMIが、その損失と流動性の逼迫を抑制し、債務の履行を継続するために適時の行動を取れるよう設計されるべきである。

重要な考慮事項
1．FMIは、参加者破綻時においてもFMIの債務履行を継続可能とする規則・手続や、破綻後の財源補填に対処するための規則・手続を設けるべきである。
2．FMIは、その規則に定められた適切な裁量的手続を含め、参加者破綻時処理の規則・手続を実施する体制を十分に整えておくべきである。
3．FMIは、参加者破綻時処理に関する規則・手続の重要事項を公開すべきである。
4．FMIは、クローズアウトの手続を含む参加者破綻時処理の手続の検証・見直しを行う際に、参加者などの利害関係者を関与させるべきである。そうした検証・見直しは、規則・手続が実務的であり実効性を持ち続けるために、少なくとも年に１回、あるいは規則・手続に重要な変更があった場合にはその都度、実施されるべきである。

　重要な考慮事項１・３に関しては、CCPのこうした規則・手続等は、通常、各社のルールブック（業務方法書）、規則等に定められており、ホームページにおいて公表されている。
　FMI原則の説明3.13.1.では、参加者破綻時処理の規則・手続の主な目的には、以下のものが含まれるべきであるとしている。
① 極端であるが現実に起こりうる市場環境においても、決済の適時の完了を確保すること
② FMIや非破綻参加者の損失を最小化すること
③ 市場の混乱を抑制すること
④ 必要に応じて、FMIの流動性調達枠にアクセスする明確な制度を設けること
⑤ 破綻参加者のポジションを管理しクローズアウトするとともに、該当する担保を慎重かつ秩序立った方法で処分すること

また、FMI原則の説明3.13.3.では、FMIの規則は、さまざまな種類の財務資源が使用される順序を定めるべきであるとしているが、財務資源の仕様の順序についてはFMIの決定に委ねている。ただし、CCPに財務資源の使用順序については、細部におおむね業界標準ができあがっており、たとえば、JSCCのデフォルト・ウォーターフォールは、前述（2－2節参照）のような構成となっている。

　また、FMI原則の説明3.13.6.では、参加者破綻時にFMIが講じうる措置が予測できるように、また措置の確実性を伝えるために、FMIは、破綻時処理規則・手続には以下の事項を含んだうえで公開すべきであるとしている。
① 措置が講じられる可能性のある状況
② 措置を講じうる主体
③ 参加者の自己・顧客双方のポジション・資金・他の資産の取扱いを含む講じられる可能性のある措置の対象範囲
④ FMIの非破綻参加者に対する債務の処置
⑤ 参加者の顧客とFMIの間に直接関係が存在する場合、破綻参加者がその顧客に対して有する債務についてFMIが関与・対処していく仕組み

原則14：分別管理・勘定移管

　CCPは、参加者の顧客のポジションとこれらポジションに関してCCPに預託された担保の分別管理と勘定移管を可能とする規則と手続を設けるべきである。

重要な考慮事項
1. CCPは、最低限、参加者の破綻・支払不能からその参加者の顧客のポジションと関連する担保を有効に保護するための分別管理と勘定移管の取極めを設けるべきである。CCPがそうした顧客のポジション・担保に、参加者とその傘下の顧客の同時破綻に対する保護を追加的に

提供する場合、CCPはそうした保護の有効性を確保する措置を講じるべきである。
2．CCPは、参加者の顧客のポジションを容易に特定し、関連する担保を分別管理することを可能にする口座構造を採用すべきである。CCPは、顧客のポジション・担保を、個別の顧客口座またはオムニバスの顧客口座において保持すべきである。
3．CCPは、破綻参加者の顧客のポジション・担保を単一または複数の別の参加者に移転しやすい方法により、勘定移管の取極めを構築すべきである。
4．CCPは、参加者の顧客のポジションと関連する担保の分別管理と勘定移管に関する規則・方針・手続を開示すべきである。特にCCPは、顧客の担保が個別口座とオムニバス口座のいずれによって保護されているかを開示すべきである。さらに、CCPは、参加者の顧客のポジションと関連する担保を分別管理・移管する能力を阻害し得る法的・事務処理上の制約を開示すべきである。

　顧客のポジション・担保の分別管理は、特に参加者の破綻・支払不能時に、顧客のポジション・担保を安全かつ有効に保有・移転するうえで重要な役割を果たす。分別管理とは、顧客の担保や契約上のポジションを区分して保有し、または帳簿で管理することにより、これらを保護する方法をいう。顧客の担保は、その顧客が清算を行う参加者の資産とは分別管理されるべきである。さらに、個々の顧客の担保を、同じ参加者の別の顧客の担保と区分して保有することにより、各顧客は互いの破綻から保護されうる（FMI原則の説明3.14.1.）。
　顧客の担保の保護が達成される程度は、顧客が個別口座とオムニバス口座のいずれで保護されているか、およびCCPが当初証拠金を徴求する方法（グロスベースかネットベースか）に左右される（FMI原則の説明3.14.8.）。一般的には、グロスベースでの証拠金徴求および個別口座での管理が顧客の担保保

護を強めやすい。

(1) グロスベースとネットベース

グロスベースで証拠金を徴求することは、参加者がその顧客にかわってCCPに預託しなければならない証拠金額がそうした顧客各々に求められる証拠金の合計額であることを意味する。ネットベースで証拠金を徴求することは、参加者が、その顧客にかわってCCPに預託しなければならない証拠金額を計算する際に、異なる顧客のポートフォリオに関連する証拠金額を相殺してよいことを意味する。

(2) 個別口座とオムニバス口座

個別口座のもとでは、各顧客の担保は、CCPで別々に分別管理された個別口座において保有されるほか、CCPに適用される法制度に依存するものの、各顧客の担保は、その顧客の破綻に関連する損失のカバーにのみ使用することができ、顧客の担保は個別に保護されている（FMI原則の説明3.14.9.）。このため個別口座は、CCPの参加者の顧客に清算段階の担保について高い水準の保護を提供する。これは別の顧客の破綻に関連する損失が参加者の資源を上回る場合であっても変わらない。

オムニバス口座では、特定の参加者のすべての顧客に帰属するすべての担保が、参加者の担保と分別管理され、単一の口座に混蔵保管される。このアプローチは、CCPの業務の集中度を低くすることができ、（顧客の破綻がない場合や、顧客の担保が個別で法的に保護されている場合に）破綻参加者の顧客のポジションと担保をグループ単位で移管する際の効率性を高めることができる。また、顧客の担保が直接参加者の破綻をカバーするために使用されないよう保護することも可能である（FMI原則の説明3.14.10.）。

ただし、法制度やCCPの規則によっては、顧客の担保がオムニバスで保護されている場合、オムニバス口座においては、顧客を「フェローカスタマーリスク（fellow customer risk）」（同一参加者下の別の顧客が破綻する場合に、破

綻した顧客のポジションを支えるために参加者が利用可能な担保の額および参加者が利用可能な財務資源の両方を上回る損失が生じるリスク）にさらすことに注意が必要である。その結果、同一参加者下の破綻していない顧客が差し入れている残りの担保は、混蔵保管されているために損失リスクにさらされる（FMI原則の説明3.14.11.）。なお、こうしたオムニバス口座の欠点を補完する1つの方策は、顧客を法的には個別に保護しつつ、顧客のポジションに関連する担保を事務処理上混蔵保管するように設計することが考えられる（FMI原則の説明3.14.12.）。

(3) JSCCの事例

ここで、わが国のCCPであるJSCCの制度をみると、OTCデリバティブ取引清算については、清算参加者の自己分と顧客分のポジション・証拠金とも、グロスベースで管理されている。また、顧客の証拠金はグロスベースで差し入れられ、清算参加者は顧客から差し入れられた証拠金の全額をJSCCに預託する必要がある。顧客分のポジション・証拠金については、常時、CCPレベルで個別の顧客口座ごとに分別管理されており、顧客のポジション・証拠金が清算参加者の破綻や支払不能のリスクから保護されているほか、同一の清算参加者を利用する別の顧客の破綻による上記「フェローカスタマーリスク」からも保護されている。

この点に関しては、2008年のリーマンブラザーズの破綻時に、リーマンに拠出していた余剰担保の扱いが問題となった。本来は担保の余剰分の返却を求めることができるが、これがリーマンの他の債権者と同順位の請求権となってしまい、とりわけ、英国法や日本法のCSA[23]で譲渡担保方式の担保提供を行っていた場合には、担保の所有権が移転してしまっているため、余剰

---

[23] CSA（Credit Support Annex）は、店頭デリバティブ取引を行う際に、当事者と相手方の間で結ぶ契約のことで、市場動向やリスクに応じて相互に担保資産を差し入れる取決めを行うもの。契約書形式としては、デリバティブ取引に関する国際的な業界団体であるISDA（International Swaps and Derivatives Association）が定めるマスター契約に従うのが通例。

担保がすぐには返却されないという問題があった。これを避けるには、余剰分について金融機関から倒産隔離された口座に担保を分別保管する方法がある。バーゼルの資本規制上も、CCPに拠出した担保を無リスクとして扱うことはできないが、これを信託銀行等に分別してCCPのリスクから切り離すことができれば、無リスクとして扱うことができる。これはわが国のJSCCが世界で初めて可能にした方法である[24]。

(4) 参加者破綻時のポジション移管

原則14の重要な考慮事項3でも、「CCPは、破綻参加者の顧客のポジション・担保を単一または複数の別の参加者に移転しやすい方法により、勘定移管の取極めを構築すべきである」とされているように、参加者破綻時には、迅速なポジションの移転が求められる。JSCCの例をみると、清算参加者が破綻した際には、顧客は、自身のポジション・証拠金を、破綻清算参加者の同意なしに、別の清算参加者に移管することができる(ただし、各顧客は、移管先の清算参加者から承諾を受ける必要がある)とされている。

原則15：ビジネスリスク

> FMIは、ビジネスリスクを特定・モニター・管理するとともに、潜在的な事業上の損失が顕在化した場合に継続事業体としての業務とサービスを提供し続けることができるよう、こうした損失をカバーする上で十分な、資本を財源とするネットベースの流動資産を保有すべきである。さらに、ネットベースの流動資産額は、不可欠な業務とサービスの再建や秩序立った撤退を確実とするために常時十分なものとすべきである。

FMI原則の説明3.15.1.では、ビジネスリスクとは、収益の減少や費用の

---

[24] この段落の記載は、富安（2014）による。

増大により、費用が収益を上回り、結果として損失を資本でまかなわなければならないことによる、（継続事業体としての）FMIの財務状態の悪化の可能性を指すとしている。そうした損失は、さまざまな事業上の要因、すなわち事業戦略の杜撰な執行、負のキャッシュフロー、予想外に過大な営業費用などによって引き起こされるとされている。また、事業関連の損失は、他の原則でカバーされているリスク、たとえば、法的リスク（FMIの保管の取極めに対する法的措置の場合）、FMIによる財源に影響を与える投資リスク、オペレーショナルリスク（不正行為、盗難、紛失の場合）から生じることもあるとしている。

　ネットベースの流動資産の財源につき、重要な考慮事項2では、FMIは、事業上の損失が発生した場合に継続事業体として業務・サービスを提供し続けることができるよう、資本（たとえば普通株式、公表準備金などの内部留保）を財源とするネットベースの流動資産を保有すべきとしている。また、ネットベースの流動資産の最低保有基準につき、重要な考慮事項3ではFMIは、再建と秩序立った撤退のための実行可能な計画を保持すべきであり、この計画を実行するうえで十分な資本を財源とするネットベースの流動資産を保有すべきである。FMIは、<u>少なくとも当期の営業費用の6カ月分に相当する資本を財源とするネットベースの流動資産を最低限保有すべきである</u>としている。なお、この資産は、参加者破綻のための財務資源（原則4）とは別に準備する必要があるとしている。

　重要な考慮事項5では、FMIは、仮に資本水準が必要とされる額に近づいたり、下回ったりする場合には、追加的な資本を調達するための実行可能な計画を保持すべきであるとしている。

原則16：保管・投資リスク

　FMIは、自らと参加者の資産を保全するとともに、これらの資産の損失やアクセスの遅延のリスクを最小化すべきである。FMIによる投資

は、最小限の信用リスク・マーケットリスク・市場流動性リスクを持つ商品に対して行われるべきである。

FMI原則の説明3.16.1.では、保管リスクと投資リスクを以下のように定義している。

・保管リスク……カストディアン（またはサブカストディアン）の倒産・過失・不正行為・杜撰な管理・不適切な記帳によって、カストディアンに保管された資産が失われるリスク
・投資リスク……FMIが自らの資産や参加者の資産を投資する際に、FMIが損失を被るリスク

FMI原則では、原則16の保管・投資リスクは、原則15のビジネスリスクの一部とされており（FMI原則の説明3.15.1）、保管・投資リスクから生じる損失に対する財源は、原則15のビジネスリスクのための財源の一部とすることも排除されていないようにも見受けられた。しかし、FMI原則のCCP向け追加ガイダンスの策定過程では、市場関係者等から、CCPとその参加者の資産の保全の観点からはCCPが保管・投資リスクに対して十分な財源を準備することが必要との問題意識が示された。こうしたこともふまえて、同追加ガイダンス6.2.7では、保管・投資リスクを、ビジネスリスクの一種と認めつつも、CCPは、原則16の保管・投資リスクに対して、原則15のビジネスリスクに対する財務資源とは別の財務資源を用意する必要があると明示されている。

原則17：オペレーショナルリスク

FMIは、オペレーショナルリスクをもたらし得る内部・外部の原因を特定し、適切なシステム・手続・コントロール手段の使用を通じて、そ

の影響を軽減すべきである。システムは、高度のセキュリティと事務処理の信頼性を確保するよう設計するとともに、適切かつ拡張可能性を持った処理能力を備えるべきである。業務継続体制は、広範囲または重大な障害発生時も含めて、事務処理の適時の復旧とFMIの義務の履行を目的とすべきである。

　オペレーショナルリスクの管理は、事務リスク、システムリスクの管理に加え、業務継続体制や、サイバーセキュリティ対策も重要な要素である。サイバーセキュリティ対策については、本原則を補完するものとしてCPMI-IOSCOから追加ガイダンスが公表されている（2−10節）。

　重要な考慮事項6では、業務継続計画には、代替施設の使用も織り込むべきであり、不可欠な情報システム（ITシステム）は事務処理の停止から2時間以内の再開を確保する設計とすべきであるとしている。また、重要な考慮事項7では、FMIは、主要な参加者・他のFMI・サービス業者・公益事業者（utility provider）がFMIの事務処理にもたらすリスクを特定・モニター・管理すべきであるとしている。

原則18：アクセス・参加要件

　　　FMIは、公正で開かれたアクセスを可能とするよう、客観的かつリスク評価に基づいた参加要件を設定し、公表すべきである。

　重要な考慮事項2は、FMIの参加要件は、FMIおよび業務を提供する市場にとって安全性・効率性の観点から正当化されるものでなければならず、また、FMI固有のリスクに応じて、そのリスクに見合うように設定され、公表されるべきであるとしている。

　後者について、FMI原則の説明3.18.5.では、参加者がFMIや他の参加者に対する債務を適時に履行可能とするよう、適切な業務執行要件・財務要

件・法的要件を満たしていることを確保すべきとしている。業務執行要件としては、FMIのサービスを利用するために参加者に求められる能力と準備体制（たとえばIT能力）に関する合理的な基準などが、財務要件としては、自己資本、事前拠出型の破綻時対応手段への拠出、信用力の適切な指標などが、法的要件としては、関係する業務を行うための適切な免許・認可のほか、抵触法上の潜在的な論点によって申請者（たとえば、外国の主体）がFMIに対する債務を履行する能力が妨げられることがないことを示す法律意見書などがあげられるとされている。

　また、重要な考慮事項2では、FMIは、リスクコントロール基準が受入可能な範囲に維持されることを条件として、状況が許す限り、アクセスへの影響が最も限定的となる参加要件を定めるよう努めるべきであるとしている。この部分は、FMIが開かれたアクセスとリスクのバランスをどのようにとるべきかという問題である。たとえば、与信限度額や担保徴求の活用によって、特定の参加者に対する信用エクスポージャーを管理することができるのであれば、アクセス制限ではなく、参加者にアクセスを認めたうえで、こうした管理策によって対処するよう求めている。

　重要な考慮事項3では、FMIは、参加要件の遵守状況のモニタリングを継続的に行い、参加要件に違反した参加者や、要件を満たさなくなった参加者について、参加停止や秩序立った退出を円滑に行うために明確に定められた手続を具備・公開するべきであるとしている。

　一般に、清算集中が義務づけられているOTCデリバティブを清算する金融機関等は、CCPの直接参加者として、清算を行うか、CCPの間接参加者として清算を行う。間接参加者となる場合には、直接参加者になる要件（財務要件等）を満たせない場合や、それを満たせるが直接参加者となるコストが高いため、これを避けたい場合などがある。

原則19：階層的参加形態

FMIは、階層的な参加形態から生じるFMIに対する重要なリスクを特定・モニター・管理すべきである。

重要な考慮事項
1．FMIの規則・手続・契約は、階層的な参加形態から生じるFMIに対する重要なリスクを特定・モニター・管理するために、FMIが間接参加に関する基本的な情報を収集できるように整備されるべきである。
2．FMIは、自らに影響し得る直接参加者・間接参加者間の重要な依存関係を特定すべきである。
3．FMIが扱う取引のうち間接参加者がかなりの割合を占める場合や、間接参加者の取引件数または価額がFMIへのアクセスを提供する直接参加者のリスク対応能力と比較して大きい場合には、こうした取引に起因するリスクを管理するため、当該間接参加者を特定すべきである。
4．FMIは、階層的な参加形態から生じるリスクを定期的に検証し、適切な場合には、こうしたリスクの軽減措置を取るべきである。

　CCPにおいては、直接参加者のポジションに加え、直接参加者の顧客や直接参加者の関連会社が間接参加者として清算に参加しており、そのポジションを引き受けている。このため、たとえば、特定の直接参加者を通して清算を行う間接参加者の数やポジションが大きい場合には、当該直接参加者に清算に関するリスクが集中することになり、これが当該直接参加者の財務やリスク対応能力に見合ったものであるかどうか、CCPは確認の必要がある。
　また、金融システム全体の安定の観点からは、当局にとっても、このようにリスクが集中している直接参加者がいないか、いる場合にCCPおよび直接

参加者が十分なリスク管理を行っているかは、重要なポイントである。
　FMI原則の説明3.19.5.では、FMIは、少なくとも以下の点を特定可能とすべきとしている。
① 　直接参加者が間接参加者にかわって行う業務の割合
② 　相当数の間接参加者を抱えた直接参加者
③ 　取引件数や金額を相当量有している間接参加者
④ 　取引件数や金額がFMIのサービスにアクセスするために利用している直接参加者と比べて相対的に大きい間接参加者

原則20：FMI間リンク

　　FMIは、単独または複数のFMIとリンクを構築している場合、リンクに関連するリスクを特定・モニター・管理すべきである。

　FMI原則の説明3.20.1.では、リンクとは、2つ以上のFMIが直接または仲介機関を通じて接続するための一連の契約・事務処理上の取極めを指すとしている。
　リンクから生じるリスクは、リンクの性質によって異なる。たとえば、2つ以上のCCP間でクロスマージンが行われる場合には、CCPは、信用リスクや資金流動性リスクの計測・モニタリング・管理にあたって互いのリスク管理の枠組みに依存していることから、追加的なリスクをもたらすが、CCPと清算や資金決済の機能を有しない取引情報蓄積機関（TR）とのリンクでは、リスクはきわめて限定されている。

原則21：効率性・実効性

　　FMIは、その参加者と業務を提供する市場の要件を満たす上で効率的・実効的であるべきである。

原則22：通信手順・標準

　　FMIは、効率的な支払・清算・決済・記録を促進するため、これに関連する国際的に受け入れられた通信手順・標準を使用し、または最低限これに適合すべきである。

原則23：規則・主要手続・市場データの開示

　　FMIは、参加者がFMIへの参加に伴うリスクと料金などの重要なコストを正確に理解できるよう、明確かつ包括的な規則と手続を設けるとともに、十分な情報を提供すべきである。FMIの関係するすべての規則と主要な手続は、公表されるべきである。

原則23の重要な考慮事項5では、以下のように記載されている。
　　FMIは、「金融市場インフラのための情報開示の枠組み」に対する回答を定期的に作成・公表すべきである。FMIは、最低限、取引の件数・金額の基本データを開示すべきである。

　このうち、前者についてはFMI原則の開示に関する定性開示ガイダンスで、後者については同定量開示ガイダンスで詳しい記載がある。これらのガイダンスについては、2－9節で詳しく説明する。

原則24：取引情報蓄積機関による市場データの開示

　　TRは、関係当局と公衆に対して、各々のニーズに沿って、適時にかつ正確なデータを提供すべきである。

本原則はTRを対象としたものであり、CCPには適用されない。

金融市場インフラに対する中央銀行・市場監督者・その他関係当局の責務

　FMI原則は、CCPなどのFMIが遵守すべき事項に加えて、金融市場インフラに対する中央銀行・市場監督者・その他関係当局の責務「当局責務」についても、以下のとおり記載している。

　責務A：FMIの規制・監督・オーバーサイト
　FMIは、中央銀行・市場監督者・その他の関係当局による適切で実効的な規制・監督・オーバーサイトに服すべきである。

　責務B：規制・監督・オーバーサイトの権限・資源
　中央銀行・市場監督者・その他の関係当局は、FMIに対する規制・監督・オーバーサイトを行う上で、その責務を実効的に遂行するための権限と資源を備えるべきである。

　責務C：FMIに関する方針の開示
　中央銀行・市場監督者・その他の関係当局は、FMIに対する規制・監督・オーバーサイトの方針を明確に定義し、開示すべきである。

　責務D：本原則の適用
　中央銀行・市場監督者・その他の関係当局は、本原則を採用し、整合的に適用すべきである。

　責務E：他の当局との協力
　中央銀行・市場監督者・その他の関係当局は、FMIの安全性・効率性を

促進する上で、適切な場合には国内・国際の双方の関係において相互に協力すべきである。

なお、各項目に関するより詳細な説明は、FMI原則を参照されたい。また、2015年に公表された各国の「当局責務」の実施状況の調査レポートによると、わが国の当局は、CCPを含むすべてのFMIにおいて、責務Aから責務Eを遵守していると評価されている。

2−9 開示に関する追加ガイダンス（定性開示ガイダンス、定量開示ガイダンス）

FMIは、原則23でFMI原則の遵守状況を開示することを求められている。CPMI-IOSCOでは、これに加え、2012年12月に「金融市場インフラのための原則：情報開示の枠組みと評価方法（Principles for financial market infrastructures: disclosure framework and assessment methodology）」を、2015年2月に「清算機関のための定量的な情報開示基準」（Public quantitative disclosure standards for central counterparties、対象はCCPのみ）を公表し、各FMIが開示を行うに際しての期待水準を明示している（前者を定性開示ガイダンス、後者を定量開示ガイダンスと呼ぶことが多い）。開示の頻度は、前者は最低2年に1回、後者では多くの項目で4半期に1回とされている。なお、前者については、金融庁と日本銀行のホームページで日本語訳が公表されている。また、CCP各社では、これらの開示ガイダンスに沿った開示資料を自社ホームページなどで開示しているが、これらはCCP各社の概要を理解するための重要な資料となっている。

定性開示ガイダンス

　まず、定性開示ガイダンスについては、「情報開示の枠組み」、「評価方法」の2つの部分からなる。

　「情報開示の枠組み」は、FMI原則の要件に則してFMIによる整合的かつ包括的な公衆開示を促進することを目的としている。本枠組みは、FMI原則の原則23の重要な考慮事項5を具現化したもので、FMIの活動、リスクプロファイル、リスク管理業務についての透明性を提供するために、FMIによって使用され、また、これにより、FMIおよびその利害関係者による健全な意思決定を支援するものとされる。

　「評価方法」は、FMI原則の遵守状況のモニタリングおよび評価のための指針を提供しており、評価方法は、主に国際的な外部評価機関、特に国際通貨基金や世界銀行に使用されることを想定している。また、評価方法は、各国当局に対しても、各当局のオーバーサイトや監督におけるFMI原則の遵守状況の評価や、規制・監督・オーバーサイトの主体としての責務の遂行状況を自己評価するうえでの基準を提示している。

　FMIは、「情報開示の枠組み」に従って、ガバナンス、オペレーション、リスク管理の体制・手法等を開示することにより透明性の向上を図ることが求められる。開示には、CPMI-IOSCOが策定した標準雛型を利用して、以下の内容を開示することが求められている。

① 開示内容の概要説明
② 前回開示からの主要な変化点
③ FMIの機能、FMIが対象とする市場、FMIのサービスやオペレーションの基礎的なデータ等、FMIの組織構造・法的枠組み、決済等の仕組み
④ FMI原則の各原則に則した包括的な開示
⑤ 一般に公表されている関連資料のリスト

　なお、④の開示にあたっては、定性開示ガイダンスに含まれている「評価

方法」の「主要な質問」に対して適切に答える必要がある。「評価方法」は、FMI原則の遵守状況を具体的に評価するための手順書であり、各原則の細則である「主要な考慮事項」ごとに評価のうえで必要な情報を収集するにあたって「主要な考慮事項」ごとに「主要な質問」が策定されている。

定量開示ガイダンス

次に定量開示ガイダンスは、FMI原則の原則23の重要な考慮事項5に沿ったもので、CCPに対してFMI原則の原則4・5・6・7・12〜20・23に関連して、ガイダンスに示す内容について定量的なデータの開示を求めるものである。清算集中義務の導入を受けてCCPの市場インフラとしての重要性が高まっていることをふまえて、ガイダンスでは詳細かつ多岐にわたる事項の開示を求めている。CCP参加者をはじめとする市場関係者は、本ガイダンスに基づくCCPからの定量開示資料によって、CCPのリスク管理や財務資源、流動性資源、担保等の状況についてかなり詳細な情報を得ることができる。また、市場参加者は、リスク管理や財務資源の十分性、当該CCPに参加するリスクなどについて、CCP間の比較を行うことが可能となる。また、当局・市場参加者は、定量開示の内容をもとに当該CCPの金融システム上の重要性や、当該CCPが特定の法域・通貨に与えるシステミックな影響について評価することが可能となる。

本書でも詳しく説明した特に重要な原則である原則4（信用リスク）・5（担保）・6（証拠金）・7（資金流動性リスク）について、定量開示ガイダンスにおいて開示が求められている項目をコラムに記載している。

コラム

定量開示ガイダンスが求める開示項目

定量開示ガイダンスにおいて、原則4（信用リスク）、原則5（担保）、原則

6（証拠金）、原則7（資金流動性リスク）について開示が求められているのは、以下の項目である。なお、本コラムに記載するのは、項目の概要であり、実際は、各項目の細目等についてさらに詳細な開示がなされている（詳細は、定量開示ガイダンスの原文やCCP各社のホームページで公表されている定量開示の資料を参照）。なお、各項目の内容については、本書の2－3節から2－7節に目を通したうえで参照すると理解しやすい。

原則4（信用リスク）

・参加者破綻のための財務資源の総額と内訳
　事前拠出分の総額および総額に占める自己拠出分、参加者拠出分等の内訳、コミット分の総額および総額に占める自己拠出分、参加者拠出分等の内訳
・仮想所要自己資本
　BCBS282の仮想自己資本の開示が求められている。
・清算業務ごとの事前拠出分の参加者破綻のための財務資源（当初証拠金と変動証拠金を除く）の総額と内訳
　内訳は、関連する通貨の発行主体である中央銀行の現金預金、その他の中央銀行の現金預金、商業銀行における保全された現金預金（リバースレポを含む）、商業銀行における未保全の現金預金、現金以外のソブリン債、現金以外の政府機関債等
  ・参加者破綻のための事前拠出の財務資源の最低要件として、「カバー1」対象か、「カバー2」対象か
  ・各清算業務において、清算基金によってカバーすることが必要な潜在的な信用エクスポージャーを算出する際にCCPが利用するクローズアウト期間
  ・各清算業務につき、極端であるが現実に起こりうる市場環境において、ある清算参加者とその関係法人の破綻によって生じる信用エクスポージャーの（当初証拠金を超える）推定最大総額（間接参加者のために清算される取引分も含む）の過去12カ月における最大額と平均額
  ・同金額が参加者破綻のための事前拠出分の財務資源を実際に超えた（証拠金を超えた）日があれば、その営業日数と超過額
  ・各清算業務につき、ある清算参加者とその関係法人の破綻によって生じる信用エクスポージャーの（当初証拠金を超える）実際の最大総額（間接参加者のために清算される取引分も含む）の過去12カ月における最大額と平

均額
- 各清算業務につき、極端であるが現実に起こりうる市場環境において、最大の2先の清算参加者とその関係法人の破綻によって生じる信用エクスポージャーの（当初証拠金を超える）推定最大総額（間接参加者のために清算される取引分も含む）の過去12カ月における最大額と平均額
- 同金額が参加者破綻のための事前拠出分の財務資源を実際に超えた（証拠金を超えた）日があれば、その営業日数と超過額
- 各清算業務につき、最大の2先の清算参加者とその関係法人の破綻によって生じる信用エクスポージャーの（当初証拠金を越える）実際の最大総額（間接参加者のために清算される取引分も含む）の過去12カ月における最大額と平均額

原則5（担保）

- 当初証拠金として預託可能な資産およびそれぞれの担保資産に適用されるヘアカット
- （これと異なる場合）参加者破綻のための財務資源に対する参加者事前拠出に利用可能な担保資産およびそれぞれの担保資産に適用されるヘアカット
- ヘアカットに係るテスト結果

原則6（証拠金）

- 当初証拠金の総所要額の内訳
　自己・委託（グロス）・委託（ネット）（分別管理されていない場合は合計金額）
- 自己ないし委託別の清算業務ごとの当初証拠金の預託総額
　内訳は、関連する通貨の発行主体である中央銀行の現金預金、その他の中央銀行の現金預金、商業銀行における保全された現金預金（リバースレポを含む）、商業銀行における未保全の現金預金、現金以外のソブリン債、現金以外の政府機関債等。それぞれヘアカット前とヘアカット後の計数
- （該当がある場合は）CCPが設定する各契約の当初証拠金率
- 各清算業務に適用される当初証拠金算出モデル（たとえば、ポートフォリオシミュレーション、リスク合算モデル）およびモデル上の主要なパラメータ
　主要なパラメータは、片側信頼水準、参照期間、ヒストリカルデータに適用される調整、クローズアウト期間、パラメータの見直し頻度等

・当初証拠金に係るバックテストの結果。これには少なくとも、各清算業務と当該清算業務に適用される当初証拠金算出モデルごとの以下の情報が含まれる。

　①直近12カ月間で、各口座における証拠金のカバレッジ水準が当該口座における実際の値洗額を下回った回数、②参照数（口座数×バックテストのカバー日数）、③達成されたカバレッジレベル。

・バックテストの結果、当初証拠金カバレッジのブリーチが発生した場合の未カバーのエクスポージャーの最大額・平均額

原則7 （資金流動性リスク）

・資金流動性リスクのための財務資源の最低要件として、「カバー1」対象か、「カバー2」対象か
・清算業務ごとの適格流動性資源の総額と内訳

　内訳は、①関連する通貨の発行主体である中央銀行の現金預金、②その他の中央銀行の現金預金、③商業銀行における保全された現金預金（リバースレポを含む）、④商業銀行における未保全の現金預金、⑤コミットされた有担保信用供与枠（CCPが引き出そうとした場合に担保／証券が提供されるもの。コミットされた外為スワップおよびコミットされたレポ取引を含む）、⑥コミットされた無担保信用供与枠（CCPが担保／証券の供与なしに引き出すことができるもの）、⑦カストディにおいて保持された高い市場性を有する担保および投資資産であって、事前にアレンジされた信頼性の高い資金調達アレンジメントに基づき、極端ではあるが現実に起こりうる市場環境下においても即時に利用可能で現金に転換可能なもの、⑧その他。

・CCPは中央銀行の流動性・流動性供給ファシリティに常時アクセス可能か
・適格流動性資源を用いる際、CCPが支払債務に充当するために優先順位をつけることが許容または求められる場合における、支払スケジュールまたは支払割当の優先順位、それらの決定に際して適用される規定、方針、手続、ガバナンス
・適格流動性資源の利用について、CCPが優先順位づけを行っている場合には、その内容（スケジュール・優先順位）と、適用されるルール、ポリシー、手順と意思決定に関するガバナンスの仕組み
・上記「清算業務ごとの適格流動性資源」に加えて、清算業務ごとの補完的な流動性資源の総額、内訳

- 各清算業務において、極端ではあるが起こりうる市場環境において参加者1先およびその関連法人（間接参加者のために清算される取引分も含む）の破綻から生じうる同日支払債務、および関連するものがある場合は日中支払債務と複数日支払債務の推定最大総額
- 上記の金額が適格流動性資源（ブリーチ発生時点の利用可能額）を超えた場合、その営業日数と超過金額
- 参加者1先およびその関連法人（間接参加者のために清算される取引分も含む）の実際の日中・複数日支払債務の最大額
- 極端ではあるが起こりうる市場環境において参加者1先およびその関連法人（間接参加者のために清算される取引分も含む）の破綻から生じうる同日支払債務、および関連するものがある場合は日中支払債務と複数日支払債務の関連通貨ごとの推定最大総額
- 上記の金額が各関連通貨につき適格流動性資源（ブリーチ発生時点の利用可能額）を超えた場合、その営業日数と超過金額

開示ガイダンス策定の背景と留意点

　このように、FMI、とりわけCCPについては、FMI原則、定性開示ガイダンス、定量開示ガイダンスにおいて、多くの情報開示が求められることになった。これは、各国のOTCデリバティブの清算集中義務の導入、各国による利用可能CCPの指定（CCPに対する免許制、相互認証等。詳細は、1章1-3節参照）によって、OTCデリバティブ取引を行う金融機関等が各国において清算機関の利用を義務づけられ、かつ清算に利用できるCCPがきわめて限定されるなかで、市場参加者からこれらのCCPのリスク管理や財務資源の十分性に対する情報開示のニーズが高まったことなどが背景にある。

　CCP各社のホームページで公表されているこれらの開示資料は、個別のFMIの概要、リスク管理の方針・手法を含むFMI原則の遵守状況を詳細に説明しており、非常に有益な情報を提供している。ただし、リスク管理の手法

の詳細等については、(特にそれが競争力の源泉となる重要なノウハウ等の情報にかかわる場合は、競合となるFMIによる模倣を阻止するため)意図的に一般的な記載にとどまっている箇所もあることに留意が必要なのが実情である。

なお、金融庁の清算・振替機関等向けの総合的な監督指針では、FMIによる開示につきこれら2つの開示ガイダンスをふまえた記載がなされており、清算機関については以下のように記載されている。

　Ⅲ－3－8　情報開示の適切性等
　(1)　意義
　　清算機関においては、参加者や参加予定者が、清算制度への参加から生ずるリスクと責任を明確に認識し、十分に理解することができるよう、十分な情報を提供することが重要である。
　　また、参加者等への十分な情報提供の観点から、参加者等の権利・義務及びリスクに係る重要な手続等については、業務方法書等の規則・手続に明記し、併せてこれを公表することが、重要である。
　(2)　主な着眼点
　①　清算機関は、明確かつ包括的な規則・手続を策定し、参加者に開示しているか。また、主要な規則・手続等については、これを公表することとしているか。
　②　上記の規則・手続等については、参加者が清算機関への参加から生じるリスクを評価できるよう、清算機関と参加者の権利・義務について明瞭な記述を行っているか。
　③　清算機関は、有償で行う業務と無償で行う業務とを明確にし、個別サービスの料金・内容を公表しているか。
　④　清算機関は、「金融市場インフラのための原則」及びこれを補足する「情報開示の枠組みと評価方法」並びに「清算機関のための定量的な情報開示基準」(注)を踏まえた情報開示を定期的に行っているか。
(注)　CPSS及びIOSCO「情報開示の枠組みと評価方法」(2012年12月)
　　　CPMI及びIOSCO「清算機関のための定量的な情報開示基準」(2015年2月)

サイバーレジリエンスに関する追加ガイダンス

　CPMI-IOSCOは、2016年6月、FMI原則に関連する追加ガイダンスとして「金融市場インフラのためのサイバー攻撃耐性に係るガイダンス」(原題：Guidance on cyber resilience for financial market infrastructures) を公表している。本ガイダンスは、FMI原則の原則17（オペレーショナルリスク）を中心にサイバーレジリエンスに関するFMI原則の期待内容を明確化したものと位置づけられている。その他、本ガイダンスに関連する原則として、原則2（ガバナンス）、原則3（包括的リスク管理制度）、原則8（決済のファイナリティ）、原則20（FMI間リンク）があげられている。

　本ガイダンスの主たる問題意識は、FMI原則によって求められる「2時間以内の復旧」と「当日中の決済の完了」である。本ガイダンスでは、5つの主要なリスク管理分野と3つの全体に関する事項について、CCPを含むFMIが自社のサイバーレジリエンスの枠組みのなかで取り組むべき内容が記載されている。

　5つの主要なリスク管理分野とは、ガバナンス、サイバーリスクの特定 (identification)、防御 (protection)、異常の検知 (detection)、検知後の対応と復旧 (response and recovery) である。防御の対象としては、FMIの資産・サービスの機密性 (confidentiality)、完全性 (integrity) と可用性 (availability) をあげている。復旧については、問題が生じてから2時間以内に重要なオペレーションを安全に復旧させること (safe resumption of critical operations within two hours of a disruption) を掲げている。

　3つの全体に関する事項としては、サイバーレジリエンスの枠組みの有効性を確認するためのテスト (testing)、外部脅威の認識 (situational awareness)、学習と進化 (learning and evolving) があげられている。

　本ガイダンスは、国際的に銀行等についてのサイバーレジリエンスのガイ

ダンスが公表される前に公表されており、CCPの市場インフラとしての重要性の高まりを背景に、CCPのサイバーレジリエンスに関する問題意識が当局・市場関係者の間で早い段階から高まっていたことをうかがわせる。

2-11 CCPの当局ストレステストに関するフレームワーク

フレームワークの概要

　CMPI-IOSCOは、各国当局に向けたガイダンス「CCPに対する当局ストレステストに関するフレームワーク」（原題：Framework for supervisory stress testing of central counterparties（CCPs））を2018年4月に公表している。

　本ガイダンスは、以下のような問題意識やCCP参加者の意見をふまえて、FSBのCCP workplanの一環として作業が進められてきたものである。

・清算集中が進み、グローバルに一部の主要CCPにOTCデリバティブの清算が集中するようになった。

・上記の主要CCPの主要参加者の清算シェア等をみると、一部の大手金融機関に清算額が集中している。

・世界の主要CCPの主要参加者は一部の主要金融機関が占めているため、①一部のCCPに財務上の問題が生じた場合には、同時に複数の主要参加者にストレスがかかる、②一部の主要参加者に財務上の問題が生じた場合には、同時に複数の主要CCPやその主要参加者にストレスがかかる、といったように、CCPを取り巻く相互依存性が、グローバルな金融システムの安定性に影響を及ぼすリスクがあるとの認識が高まった。

　本ガイダンスは、当局がCCPを対象に行うストレステストに関するものである。CCP自身によるストレステストに関しては、FMI原則やそのCCP向け

追加ガイダンスに記載があり、CCP自身がすでに実施してきている。ここでいう、当局ストレステストとは、これとは異なり、主に金融システム全体の安定性確保といった当局の目線から、当局がCCPを対象に行うストレステストのことである。また、ここでいう、当局ストレステストは、CCP自身が行うストレステストにとってかわるものでも、個別のCCPの頑健性を評価しようとするものでもない。

　銀行等の金融機関に対しては、先般の世界的な金融危機をふまえて、欧米当局を中心に当局ストレステストが行われ、その結果が公表されてきた。これらが主に個別金融機関の健全性に焦点を当て、場合によって個別機関の合否を判定するストレステストであったのに対して、本ガイダンスが射程とするCCPの当局ストレスは、個々のCCPの健全性の監督ではなく、金融システム全体の安定性確保（マクロプルーデンス）の観点から、（場合によっては多国間で）複数のCCPを対象に行うものである。

　具体的には、本フレームワークが対象とするCCPの当局ストレステストは、信用リスク、流動性リスク、またはその双方の観点から、市場で発生する共通のストレスイベントが複数のCCPに対して、どのような影響を与えるかを評価するものである。特に、本ストレステストは、複数のCCPを対象にすることによって、ストレスイベントが生じた際の、市場、CCP、その他の主体（流動性供給銀行やカストディアンなど）の間の相互依存性の範囲や規模について、当局が理解を深める一助となることが期待されている。たとえば、本当局ストレステストは、対象CCPを横断的にみて、共通の清算参加者、共通のリスク要因、共通の特定のサービス提供者への依存の、それぞれ対するエクスポージャーの集中度合いを分析するように設計できる。また、CCPの当局ストレステストの結果は、CCPの監督当局やCCPの参加者金融機関の監督当局などの関係当局間の、意見交換を促進することが期待されるほか、CCPやCCP参加者、その他のステークホルダーのリスク管理に関する枠組み策定や意思決定に対する重要なインプットとなりうるものである。

　本ガイダンスでは、当局ストレステストの実施に際しては、本ガイダンス

の枠組みの利用を推奨している。ただし、CCPの監督当局は、法域によって権限やリソース等が異なることもふまえて、本ガイダンスは、各国当局に対して当局ストレステストの実施を義務づけるものではないとしている。

本ガイダンスでは、以下の項目について説明している。

① 目的と要件設定
  ・目的と対象範囲、実施頻度・時期
  ・テスト設計に関するフィードバックの仕組み整備
② ガバナンス体制の整備
  ・当局と清算機関の役割と責任
  ・情報共有の枠組み整備
③ ストレスシナリオの策定手順
  ・エクスポージャーの特定(例:ポジション、担保、流動性調達手段)
  ・リスク要因の特定(例:価格変動、誤方向リスク、資金流出)
  ・シナリオの策定
  ・主要リスク要因の特定
  ・主要リスク要因に対するショックの適用(例:ヒストリカル／仮想ショック)
  ・その他のリスク要因に対するショックの適用
  ・ストレス先の特定(例:最大1先の破綻、最大2先の破綻)
  ・ストレス発生のタイミングの特定(例:同時破綻、連鎖破綻)
④ データの収集と機密保護
⑤ 結果の集計と分析枠組みの策定
  ・エクスポージャーに対するシナリオ適用
  ・リスク量の集計
  ・財務資源の扱い
  ・リスクメトリクスの特定
⑥ 結果の利用と情報開示

本ガイダンスの策定過程では、CCPの当局ストレステスト実施にあたって

は、以下のような論点があることが認識された。
・当局ストレステストの実施頻度
・実施対象CCP、実施対象商品、対象とするリスク（信用リスク、流動性リスク等）
・ストレスシナリオの選択
・データやシナリオ作成等において、どれだけCCPに依存するか（依存を増やせば、技術的な正確性は増す一方、CCPサイドでのテスト結果への操作性が増す）
・当局がCCP等から収集するデータの粒度とテスト結果の公表の粒度（結果の公表により、CCPの機密情報の流出や特定CCP等への信用不安が発生しないように留意する必要あり。他方で、テストの結果と手法について可能な限り透明性を確保すべき）
・グローバルにCCPの当局ストレステストを実施する際には、当局間の守秘義務・権限の違い等も問題をどう克服するか
・当局ストレステスト実施に関する民間金融機関・CCPの負担への配慮
・当局ストレステストの設計および運営について、広範なステークホルダーから意見を求めることの重要性

海外におけるCCPに関する当局ストレステストの実施状況

　海外では本ガイダンスの策定の少し前から、CCPの当局ストレステストが実施されている。海外におけるCCPのストレステストの実施状況をみると、欧州では、ESMA（欧州市場監督局）が、欧州の証券・デリバティブCCPを対象に当局ストレステストを実施している（2016年以降年次で実施し、結果を公表）。2018年2月に結果が公表された2017年のストレステストでは、信用リスクに加え、流動性リスクも対象としている。また、対象CCP・清算サービスは、ESMAの監督下にある全CCP（16先）の全清算サービスとなっている。ストレスシナリオとしては、EU全体としてみた場合の清算参加者の上

位2先が破綻した場合を想定し、テストの結果、金融システム全体としては信用リスク、流動性の両面からシステミックリスクにつながるような問題はなかったとしている。また、ESMAの同テストでは、個別のCCPについてのストレステストも実施し、その結果も公表されている。その結果をみると、流動性リスクについては特に問題が見当たらなかったものの、信用リスクについては、参加者破綻のための事前拠出型の財務資源に不足があるなど、問題がみられた先として2つのCCPの名前をあげて具体的な問題点を指摘している[25]。

英国では、本書執筆時点で正式なCCPの当局ストレステストは開始されていない。しかし、CCP監督当局であるBOEが、CMPI-IOSCOの上記当局ストレステストのガイダンス策定に関するワーキンググループの共同議長を務めていたこともあり、同ガイダンスに示されている当局ストレステストのプロセスを評価するため、2017年に英国をベースとする3つのCCP（LCH Limited、ICE Clear Europe、LME Clear）を対象にして、範囲を限定した当局ストレステストのエクササイズを実施した。エクササイズの結果は、ガイダンス案を改訂するために利用されたとのことである。BOEでは、CMPI-IOSCOのCCPに関する当局ストレステストのガイダンスが2018年に確定するのをふまえて、UKにおける当局ストレステストをどのような手法で実施していくか検討するとしている。また、同エクササイズによって認識された課題として、当局ストレステストの枠組みのなかで、①CCP間の扱いの標準化を進めることと、CCPごとのリスクの枠組みや、オペレーションの手順、ルールの違いを十分に反映することのトレードオフ、②CCP特有のリスクをカバーすることと、金融システム全体のリスクを把握する視点から個々のCCPのリスクを合算することとのトレードオフをあげている[26]。

また、米国でも、CFTC（先物商品取引委員会）が、当局ストレステストを

25　ESMA "EU-wide CCP Stress Test 2017"（February 2018）.
26　BOE "The Bank of England's supervision of financial market infrastructures： Annual Report"（February 2018）.

実施している。2016年には信用リスクに関するテストを、2017年には流動性リスクに対するストレステストを実施し、その結果を公表している[27]。

　前者のテストでは、対象CCPをCME、ICE Clear Credit、ICE Clear Europe、ICE Clear U.S.、LCH、対象商品を先物、オプション、金利スワップ、CDSとして、それぞれのビジネスラインで（証拠金預託額で）最大の清算参加者に極端なストレスを与えたうえで、CCPの保有財務資源の十分性を確認した。

　後者のテストでは、対象CCPをCME、ICE Clear U.S.、LCH、対象商品を先物、オプション、金利スワップとし、それぞれのCCPでシステム上重要な２つの清算参加者が破綻すると仮定して実施し、各CCPとも期限どおりに決済を履行できる流動性を有していることが確認された。

　これらの当局ストレステストの今後の課題としては、①現在の枠組みの高度化・精緻化に加え、②CCPのグローバルな活動や清算参加者の多国籍性をふまえて、国際的に協力してクロスボーダーの当局ストレステストを実施することや、③当局ストレステストでカバーするリスクの範囲を信用リスク・流動性リスクだけでなく、サイバーセキュリティ面でのリスクも含めたオペレーショナルリスクにまで拡大することがあげられるであろう。①・②の点に関して、クロスボーダーで当局ストレステストを実施する際には、上記当局ストレステストに関するフレームワークが、各国での取組みのハーモナイゼーションの観点から有効に活用されることが期待される。

　なお、本書執筆時点で、わが国の監督当局によるCCPの当局ストレステストの実施については、実施の有無を含め公表されていない。

---

[27] CFTC "Supervisory Stress Test of Clearing Houses"（November 2016）, CFTC "Evaluation of Clearinghouse Liquidity"（October 2017）.

第 3 章

CCPの再建と破綻処理

CCPの再建（recovery）

再建の重要性と意義

　CCPへの清算集中が進展することによって、2008年のAIG危機の時にみられたような、OTCデリバティブの大きな未決済ポジションをもつ金融機関の破綻や債務不履行が、金融機関の間のシステミックリスクの波及につながるリスクは軽減されてきている。他方で、リスクはCCPに集中することになっており、CCPが破綻や債務不履行に陥った場合には、CCPの清算参加者に同時にリスクが波及することになる。この意味で、CCPの頑健性確保が、ますます重要になってきている。

　こうしたことをふまえて、前述したFMI原則のCCPの強靱性に関する追加ガイダンスが策定されるなど、CCPの頑健性強化に関する取組みが進められてきた。しかしながら、CCPがあらかじめ用意した財務資源を超える大きなショック（典型的には、複数の清算参加者の破綻）が発生する可能性も完全には排除できない。したがって、CCPに包括的で実効性のある再建計画の保持を求め、CCPを通じたリスクの波及を回避する必要がある。CCPの再建計画に注目が集まるゆえんである。なお、再建がむずかしいと判断された場合には、当局による破綻処理が行われる。

　以下では、CCPも対象となるFMI原則の再建に関する追加ガイダンスについて、詳しく説明する。

CPMI-IOSCOのFMI再建ガイダンス

概　説

　FMIの無秩序な破綻は、深刻な金融システム上の混乱を招くため、FMI原則で求められているように、金融システム上重要なすべてのFMIは、包括的で実効性のある再建計画を保持すべきである。CPMI-IOSCOのFMI再建ガイダンス（Recovery of financial market infrastructures）は、FMI原則を補足するものとの位置づけで、CCPを含むすべてのFMIとその当局を対象として、FMIの再建計画策定上の留意点や具体的な再建ツールをガイダンス化したものである。FMI原則が公表された２年後の2014年に公表され、2017年に改訂版が公表された。

　2017年の改訂版公表に至る経緯を振り返ると、まずFSBのCCP workplan 2015のマンデートの１つとしてあげられたCCPの強靱性強化の１つのテーマとして、CCP向けの再建に関する追加ガイダンスの策定作業が進められた。2016年には、FMI原則のCCP向けの追加ガイダンスの市中協議案（2017年に最終化）が公表され、そのなかの１つのテーマが再建であったが、再建に関しては、2014年に公表された金融市場インフラ（FMI）全体を対象にしたFMI再建ガイダンスがすでに存在していたため、最終段階で再建に関してはこのガイダンスの改訂というかたちをとることになった。このように、2017年版の再建ガイダンス策定の議論や問題意識は、主にCCPを念頭に置いたものであった。

　2014年版のガイダンスでは、CCPを含むFMIに対して、①包括的で実効性のある再建計画を策定すること、②再建ツールの実効性を確保すること、③再建ツールの透明性を高め、参加者が再建ツールの利用に伴うリスクを管理しやすくすること、④金融システムに対する外部性を最終化するように再建計画を設計することなどを求めていた。

2017年に改訂された再建ガイダンスでは、①再建計画の実効性確保、②財務資源の回復、③参加者破綻以外の損失への対応、④再建ツールとその利用方法に関する透明性確保などの点について、明確化を行っている。

　本ガイダンスは、FMI原則で定められている基準を超える基準をFMIおよび当局に課すことを意図しているわけではない点が明記されている。他方で、2017年版の再建ガイダンスのカバーレターでは、CCPおよび当局は、FMI原則を満たす再建計画の策定にあたっては、本ガイダンスを慎重に考慮に入れるべきであるとしている。

　なお、FMI原則の再建関連部分および2014年再建ガイダンスの関連部分の遵守状況に関する調査が、世界の主要CCP10社をサンプルとして、CPMI-IOSCOによって実施され、結果が2016年8月に公表されている[1]。また、その際に、課題とされた再建などの項目に関するフォローアップ調査が対象CCPを拡大して実施された。その結果が、2018年5月に公表された[2]。それによると、再建ツールの包括性などの面で依然として課題が残るCCPもある[3]とされている。

再建ガイダンスの構成

　再建ガイダンスの構成は図表3－1のとおりである。

---

[1] CPMI-IOSCO "Implementation monitoring of PFMI：Level 3 assessment － Report on the financial risk management and recovery practices of 10 derivatives CCPs" August 2016.
[2] CPMI-IOSCO "Implementation monitoring of PFMI：follow-up Level 3 assessment of CCPs' recovery planning, coverage of financial resources and liquidity stress testing" May 2018.
[3] たとえば、未カバーの信用損失に対処するツールが金額の上限付きのもの1つしかない、matched bookの再構築のために必要な強制参加型のツールがないといった事例が指摘されている。

図表3－1　再建ガイダンスの構成

再建ガイダンスの内容	本書での説明箇所
1章　イントロダクション	―
2章　再建計画の策定	202頁～
2.1　再建計画の策定の重要性	202頁
2.2　リスク管理、再建、破綻処理の関係	203頁
2.3　再建計画策定のプロセス	203頁～
2.4　再建計画の内容	205頁～
2.5　再建における当局の役割	208頁
3章　再建ツール：一般的な考慮事項	209頁～
3.1　イントロダクション	―
3.2　CCPが抱えるリスクと再建ツールの利用を必要とする破綻シナリオ	209頁
3.3　再建ツールが備えるべき特性	209頁～
3.4　損失や流動性ショートフォールの割当てに関する一般的な考慮事項	210頁～
4章　FMI向けの具体的な再建ツール	211頁～
4.1　イントロダクション	―
4.2　参加者破綻に起因する未カバー損失の割当てのためのツール	212頁～
4.3　未カバーの流動性ショートフォールに対処するためのツール	216頁～
4.4　財務資源の補充（replenish）のためのツール	217頁～
4.5　参加者破綻を受けてCCPがmatched bookの再構築のために必要なツール	218頁～
4.6　参加者破綻以外に起因する損失に対処するためのツール	225頁～

再建計画の策定

再建ガイダンスの2章（再建計画の策定）では、その重要性（2.1）やリスク管理、再建、破綻処理の関係（2.2）のほか、再建計画策定のプロセス（2.3）、再建計画の内容（2.4）、再建における当局の役割（2.5）についても記載されている。

再建計画の策定の重要性

金融システム上重要なFMIは、金融システムにおいて非常に重要な役割を果たしており、その破綻は金融システムに深刻な混乱を起こしうる。このため、ストレス時にあってもFMIの重要なサービス提供が維持されることが重要である。

特に、当該重要サービスを提供しているFMIが1つしかない場合や、当該FMIの重要サービスを別のFMIへ迅速に移管することに実務上の重大な問題がある場合には、FMIの重要なサービスの継続が非常に重要である。実際、多くの市場では、FMIの重要サービスの別のFMIへの移管は、FMIの再建策として現実的ではない。金融機関や市場一般がFMIに依存していることに加え、こうした実務的な問題が、ストレス時におけるFMIの重要なサービス継続を非常に重要にしている。

また、FMIは、機能継続のために公的資金の利用を期待すべきでない。こうしたことから、FMIは頑健な再建計画を策定し、FMIが破綻のリスクにさらされた場合にも、円滑な再建を行いFMIの重要なサービスを継続する必要がある。

リスク管理、再建、破綻処理の関係

　CCPのリスク管理と再建計画の関係をみると、金融システム上重要なFMIは、FMI原則を遵守するために頑健で包括的なリスク管理実務を保持すべきであり、FMIの再建計画は、こうしたリスク管理の一部をなすものである。また、再建計画の存在は、FMIの頑健性をさらに高め、ストレス時においてもFMIが機能を継続できるという信頼を市場に与える。

　CCPは、その再建計画が特定の状況下で有効でないと判明した場合には、秩序ある撤退（業務終了）計画を保持しておくことが重要である。ただし、秩序ある撤退計画により、再建計画を代替することはできない。

　CCPの再建計画が有効に機能しない場合には、通常、破綻処理当局の判断によって破綻処理が開始される。再建計画は、CCP自身が実施するものであるが、破綻処理は、当局によって主導される。CCPの破綻処理については、3－2節で詳しく説明する。CCPが備えている再建ツール（211頁参照）が、破綻処理の段階で破綻処理当局によって実行されることもある。

再建計画策定のプロセス

　再建ガイダンスでは、再建計画策定のプロセスとして、①再建計画の目的、②カバレッジ、③ガバナンス、④権限とenforceability、⑤再建ツールの使用における判断、⑥再建計画の検証と見直し、⑦再建計画の実行（手続等）をあげている。ポイントは、以下のとおりである。

①　再建計画の目的

　FMIの再建計画の目的は、FMIのゴーイングコンサーンとしての存続が脅かされた場合に、FMIの重要なサービス継続のためにFMIが再建を実現できるように、必要な情報・手続を提供することとしている。また、再建計画の策定により、FMI、FMI参加者、その他ステークホルダーがこうした危機

時に備えることができるほか、予測可能性を高めることで再建策の成功確率を上げることができる点が指摘されている。

さらに、再建計画は、政府や中央銀行からの特別なサポートを前提にすべきではないとしている。他方で、FMIによる再建計画の策定によって、FMI破綻処理当局によるFMIの破綻処理の準備・実行が円滑になる点も指摘されている。

② カバレッジ

システミックに重要なすべてのFMIは再建計画を策定すべきとされている。「システミックに重要」の定義は、FMI原則の1.20.で記載されている。それによると、CCPは、少なくともそれが所在する法域においては、通常、業務を提供する市場で各々が果たす重要な役割に鑑みて、システミックに重要であるとの前提が置かれている。

③ ガバナンス

再建計画の策定・実行の責任は、FMIにある。再建計画の策定にあたっては、FMIの経営陣、および再建計画によって損失を被るFMI参加者などステークホルダーの関与が重要である点が強調されている。

④ 権限とenforceability

FMIは、法令・規制等をふまえて、再建計画が実行可能なものであることを担保しなければならない。特に損失や流動性ショートフォールの割当てを行う再建ツールが、当該法域の法令等のもとで有効でなければならない。

⑤ 再建ツールの使用における判断

特定の再建ツールを利用するかどうかや、複数のツールが利用可能な場合にどのツールをどのタイミングでどのような順番で利用するかについては、FMIの裁量と事前のルール化のバランスをとる必要がある。ルール化を行えば、FMI参加者にとっての、透明性や予測可能性は高まるが、個々の状況に応じてFMIが柔軟にベストの選択を行う余地は小さくなる。他方で、FMIの裁量を大きくすれば、個々の状況に応じてFMIが柔軟にベストの選択を行いやすくなるが、FMI参加者にとっての、透明性や予測可能性は低下する。再

建ツールの使用についてFMIの裁量によって行われた決定については、当局に報告すべきである。また、FMIは、再建計画によって影響を受ける参加者等に再建計画について十分な情報を開示すべきである。

⑥　再建計画の検証と見直し

再建計画の実効性担保のため、FMIは、再建計画に重大な影響を与えるルール、サービス、手続等の変更時に加え、最低年1回は、再建計画の検証・見直しを行うべきである。

⑦　再建計画の実行

再建計画は、各種再建ツールが、実務上効果的かつタイムリーに実行可能であることを担保するための手続等を含んだものとすべきである。FMIは、危機の意思決定プロセスについても文書化しておくべきである。FMIは、再建計画の円滑な実行のため、平時においても、再建計画実行時においても、参加者等のステークホルダーに対して、十分な情報提供を行うべきである。

再建計画の内容

再建計画には、その内容として、①ハイレベルなサマリー、②重要なサービス（critical service）の特定、③ストレスシナリオ、④再建計画実行のトリガー、⑤再建ツールの5項目が含まれている必要がある。

①　ハイレベルなサマリー

ハイレベルなサマリーには、以下の②～⑤についての記載が含まれるべきである。

②　重要なサービス（critical service）の特定

「重要なサービス」（critical service）とは、(a)FMIの参加者、(b)その他のFMI、(c)FMIがサービスを提供する市場のスムーズな機能、特に金融システムの安定維持、の3つのために重要なサービスを指す。重要なサービスの特定は、金融危機等の状況にあってもFMIがこれらのサービスを継続的に提供できるようにすることに再建計画の焦点を当てるために行われる。

重要なサービスの特定は、当局と緊密な連携を行い、かつステークホルダーに諮問をして行うべきである。

　一般論としては、システミックに重要なFMIの支払、清算、決済、記録の機能は、「重要なサービス」とみなされる。このため、システミックに重要なCCPの清算機能は、再建計画の対象とすべき「重要なサービス」である。FMIが「重要なサービス」に付随するサービスも提供している場合、FMIは、再建計画がこうした付随サービスを対象とするかどうか決定する必要がある。

③　ストレスシナリオ

　再建計画で想定すべきストレスシナリオとしては、FMI原則の原則3で求められているように、FMIが「重要なサービス」をゴーイングコンサーンとして、提供することを妨げるシナリオを特定すべきであるとしたうえで、以下の4つの例をあげている。

・FMI自身が直面するさまざまなリスク（例：参加者破綻による損失・流動性ショートフォール〈FMI原則の原則4・7関連〉、さまざまな一般的なビジネスリスクから生じる損失・流動性ショートフォール〈FMI原則の原則15関連〉、投資損失の実現や第三者に預託していた金融資産などから生じる流動性ショートフォール〈FMI原則の原則16関連〉）
・FMIに重要なサービスを提供するthird partyの破綻に関するリスク（例：決済銀行、流動性供給銀行等、その他サービスプロバイダーの破綻）
・FMIが取引所グループなどの一部である場合には、グループ全体の状況から生じるリスク
・リンク先のFMIがある場合には、リンク先破綻から生じるリスク

　また、ストレスシナリオ作成についての注意点として、以下の点をあげている。
・再建計画では、上記ストレスシナリオのそれぞれについて、十分に厳しい

想定を置くべき。
・個別のFMI特有のストレスシナリオ、市場全体に当てはまるストレスシナリオの双方を考慮すべき。
・自国市場およびクロスボーダーの危機波及や複数の重要な市場における危機の同時発生も想定すべき。

④　再建計画実行のトリガー

　FMIは、再建計画の一部または全部の実行のトリガーを引く基準を、定量的・定性的の両方のかたちで策定すべきであり、こうした基準策定により、再建計画実行の遅れを回避できるとしている。

　そのうえで、再建ガイダンスでは、トリガーが明確な場合と、トリガーが明確でなく判断が必要な場合として以下の例をあげている。

【トリガーが明確な場合】
・参加者破綻により事前拠出型の財務資源や利用可能な流動性が枯渇した場合
・参加者破綻により、利用可能な事前拠出型の財務資源や流動性が不足する可能性が高まった場合

【トリガーが明確でなく判断が必要な場合】
・一般ビジネスリスクからの損失がFMIの資本を毀損する場合

　そのうえで、再建ガイダンスは、後者の場合には、再建計画実行のために十分な時間を確保するために、十分な時間的余裕をもってトリガーを発動すべきとしている。

⑤　再建ツール

　再建ガイダンスでは、FMIは、適切な再建ツールを特定し、当該ツールの実行に必要な手順と時間を示すべきであるとしている。また、再建ガイダンスでは、FMIが保持すべき再建ツールとして、参加者破綻による財務損失を補充するものだけでなく、FMIが特定したストレスシナリオから生じうる流

動性ショートフォールをカバーするためのもの、徐々に深刻化する一般的なビジネスリスクから生じる損失・流動性ショートフォールに対処するものをあげている。また、再建ガイダンスでは、上記流動性ショートフォールの例として、事前拠出の財務資源によってカバーできなかった場合に生じるもの、FMI自身が期限どおりに債務を履行するために十分な流動性を保有していなかった場合のものをあげている。

再建ガイダンスの3章、4章では、具体的な再建ツールを例示しており、この点は後述する。

再建における当局の役割

再建ガイダンスでは、FMIの再建計画における当局の役割として、①再建計画の評価と、②再建計画実行のオーバーサイトとエンフォースメントをあげている。

① **再建計画の評価**

当局は、定期的にFMIの再建計画の評価を行うべきとされている。また、再建が失敗した場合は、円滑に破綻処理手続に移行できるように、FMIの破綻処理当局に対しては、FMIの再建計画とその実施状況について情報提供が行われるべきとしている。

② **再建計画実行のオーバーサイトとエンフォースメント**

再建ガイダンスでは、再建計画を円滑に実行するためには、FMIの規制当局・監督当局・オーバーサイト当局間の協力と情報共有が重要であるとしている。わが国では、規制・監督当局としては金融庁、オーバーサイト当局としては日本銀行が該当する。また、再建計画の実行が、効果的に行われない場合には、当局は、その当局の権限に整合的なかたちで、その実施を要求し、またその効果的な実行を主導する権限を保有するべきである。

再建ツール:一般的な考慮事項

　再建ガイダンスの3章(再建ツール:一般的な考慮事項)では、再建ツールの利用を要する可能性のあるリスクカテゴリーとして、参加者破綻に起因する未カバー損失、未カバーの流動性ショートフォール、一般的なビジネスリスクから生じる損失の3つをあげたうえで、再建ツールが備えるべき特性や、損失や流動性ショートフォールの割当てに関する一般的な考慮事項につき説明している。

再建ツールが備えるべき特性

　再建計画に含まれる再建ツールの策定にあたっては、それらの再建ツールの組合せ(ツールの利用順序を含む)が、以下の特性を含んでいるかどうかを確認することが、再建ツール群の強みと弱みの評価にとって有益であるとしている。FMIは、これらの特性をできる限り含んだ再建ツールの組合せ(ツールの利用順序を含む)を策定するよう努力すべきであるとされている。

① 包括性(Comprehensive)

　再建ツール群が、想定されるあらゆるシナリオにおいて、FMIがどのように重要なサービスを継続するかに包括的に対処するべきである。

② 有効性(Effective)

　各ツールが、信頼でき、タイムリーに実行でき、強固な法的基盤を有するものであるべきである。

③ 透明性が高い、計測・管理・コントロールが可能(Transparent、measurable、manageable and controllable)

　再建ツールは、透明性が高いもので、損失や流動性ショートフォールを負担する者が、潜在的な損失や流動性ショートフォールを計測・管理・コントロールできるように設計されるべきである。

④ 適切なインセンティブ設計（Create appropriate incentives）

再建ツールは、FMIの所有者、直接・間接参加者、その他ステークホルダーに適切なインセンティブを与えるべきである。

⑤ マイナスの影響の最小化（Minimize negative impact）

再建ツールは、直接・間接参加者や金融システム全体へのマイナスの影響を最小化するように設計されるべきである。

損失や流動性ショートフォールの割当てに関する一般的な考慮事項

再建ガイダンス（3.4）では、再建プロセスにおける損失や流動性ショートフォールの割当てに関する一般的な考慮事項についても記載している。

損失や流動性ショートフォールの割当てについては、直接参加者、間接参加者、FMI所有者、サードパーティのうち、誰にどのように割り当てるのかが問題となる。金融システム全体の安定の観点からは、できるだけ多くのステークホルダーに広く薄く損失を割り当てることが望ましいといえる。ただし、このやり方は、参加者等のステークホルダーへの適切なリスク管理のインセンティブづけが十分ではなく、一部参加者による過大なリスクテイクというモラルハザードを惹起する可能性がある。

他方で、適切なリスク管理のインセンティブづけという観点からは、損失や流動性ショートフォールを割り当てられるのに整合的な役割を担っているステークホルダーに損失を割り当てることにメリットがある。たとえば、FMIの直接参加者全体で参加者破綻の際の負担を分担することがこれに該当する。この場合には、たとえば参加者がCCPに持ち込むリスクに応じて、参加者ごとに事前拠出型の財務資源の負担額を決定することによって、参加者が過度なリスクテイクを避けるインセンティブづけを行うことができる。

FMIの直接参加者の破綻の際にFMI自身が負担を負ういわゆるskin in the game（SITG）もステークホルダーへの損失割当ての例である。この場合は、FMI所有者を損失リスクにさらすことで、FMI自身に適切なリスク管理

のインセンティブづけを行っている。非上場のFMIは、再建計画の策定の際に、参加者破綻の際の損失分担をFMI所有者にも割り当てることを検討すべきである。ただし、こうしたやり方は、一部FMI参加者やFMI自身に大きな負担を負わせることによって、金融危機時に金融システムの安定性を損なう可能性がある。

こうしたことをふまえ、①金融システム全体の安定と、②参加者やFMI自身への適切なリスク管理のインセンティブづけの双方に留意する必要がある。

また、再建ガイダンスでは、再建計画実行時の参加者の損失負担額に比例して、FMIが参加者に将来の受益権を付与することで、参加者の損失負担への参加を促す仕組みを紹介している。たとえば、損失負担を行ったFMI参加者に対して、FMIの将来の収益や破綻参加者からの破綻手続による回収額を優先的に払い戻すやり方や、こうした受益権を将来FMIの株式に転換するオプションを与えるやり方、損失分担によってFMIの財務資源を補充したFMI参加者にそれと交換でFMI株式を付与するため、平時から株式をとっておくやり方が紹介されている。

再建ツールの全体像

FMIの再建ガイダンスの4章（FMI向けの具体的な再建ツール）では、CCPを含むFMIの再建ツールとして、以下のものをあげている（各項目の末尾の数字はガイダンスにおける節を示す）。CCPは、保有する再建ツールにつき、ルールブックに記載する必要がある。

① 参加者破綻に起因する未カバー損失の割当てのためのツール（4.2）
・キャッシュコール
・CCPによる変動証拠金ヘアカット（VMGH）
・当初証拠金の使用
・その他のツール

② 未カバーの流動性ショートフォールに対処するためのツール（4.3）
  ・第三者機関からの流動性調達
  ・参加者からの流動性調達
③ 財務資源の補充（replenish）のためのツール（4.4）
  ・キャッシュコール
  ・増資（recapitalization）
④ 参加者破綻を受けてCCPがmatched bookの再構築のために必要なツール（4.5）
  ・契約の強制割当て（forced allocation of contracts）
  ・契約の解約（tear-up）
⑤ 参加者破綻以外に起因する損失に対処するためのツール（4.6）
  ・資本とrecapitalization（増資）
  ・保険とindemnity agreement
  ・その他のツール

以下では、個々の再建ツールについて説明する。

参加者破綻に起因する未カバー損失の割当てのためのツール

再建ガイダンスでは、参加者破綻に起因する未カバー損失の割当てのためのツールとして、①キャッシュコール、②CCPによる変動証拠金ヘアカット（VMヘアカット）、③CCPによる当初証拠金ヘアカット（IMヘアカット）、④増資等があげられている。

FMIの損失が、参加者による事前拠出の財務資源を上回った場合には、FMIが追加的な財務資源を集める（キャッシュコール、増資）か、FMIの債務を削減する（VMヘアカット、IMヘアカット）かの2つの方法がある。

① キャッシュコール

キャッシュコールは、非破綻参加者から追加で資金拠出を求めるもので、アセスメントと呼ばれることも多い。CCPによっては、再建の際の参加者の

潜在的追加拠出額を明確にするためにキャッシュコールの額に上限を設けているケースもある。この場合、再建ツールが備えるべき特性のうち包括性の観点から、他の再建ツールもあわせて利用する必要がある。キャッシュコールに上限を設けていない場合でも、実際に参加者が拠出できない場合等を想定して、CCPの債務を削減する方法（VMヘアカット、IMヘアカット）も併せ持っている場合が多い。

　生存参加者間の損失（キャッシュコール額）の分担には、さまざまな方法が考えられる。再建ガイダンスでは、①参加者破綻に備えるための事前拠出の財務資源の額に応じて分担する方法、②特定日において直接参加者がCCPに持ち込んだポジションに応じて分担する方法、③①と②またはそれ以外の指標の組合せを利用してそれに応じて分担する方法を例示している。

②　CCPによる変動証拠金ヘアカット（VMヘアカット）

　CCPによるVMヘアカットは、破綻処理における相対取引の信用エクスポージャーの処理に類似したやり方で、参加者のCCPに対するVMの勝ちポジションの時価評価額を最大額として、各参加者に損失負担を分担するものである。

　VMヘアカットにも上限が付される場合がある。VMヘアカットには、たとえば以下のような限界もある。

・損失を分担するのに最適な参加者に損失が分担されるとは限らない。たとえば、CCPに勝ちポジションをもっている参加者が、CCP以外で同じ額のヘッジのためのポジションをもっている可能性がある。
・VMヘアカットによる損失を直接参加者ではなく、そのポジションをもっている間接参加者が負担することになっている場合には、一方向に偏ったポジションをもっていることが多い間接参加者（顧客）が負担を分担することになる。なお、一部法域では、リテール顧客がCCP破綻のリスクを計測・管理する能力をもたないことをふまえ、当局がVMヘアカットを、主にリテール顧客が対象の市場の清算を行うCCPには不適切なツールとしている。

③ CCPによる当初証拠金ヘアカット（IMヘアカット）

CCPによるIMヘアカットは、破綻処理における相対取引の信用エクスポージャーの処理に類似したやり方で、参加者のCCPに対するIMの勝ちポジションの時価評価額を最大額として、各参加者に損失負担を分担するものである。

多くの法域では、IMを差し入れた参加者以外の債務をカバーするために利用することは、法律・規制で禁止されている。実際、世界の主要CCP10社を対象にしたCPMI-IOSCOのレベル３モニタリング調査[4]によると、CCP10社のうちIMヘアカットを導入しているCCPは存在しなかった。また、IMがCCPから倒産隔離されている場合には、再建・破綻手続においてIMヘアカットが行われることはない。

IMヘアカットが行われる場合には、当該直接参加者のIMが削減され、直接参加者は、①IMを補充するか、②残りのIMに見合う程度までエクスポージャーを削減するか、③①と②を組み合わせて、IMとエクスポージャーをバランスさせることが求められる。

再建ガイダンスの4.2.26では、IMヘアカットには、以下のように大きな欠点があるとしている。

・IMはCCPの参加者破綻のための事前拠出型財源の大部分を占めているため、IMがヘアカットされた参加者が、それをすぐにそれを補充できなかった場合に、CCPの参加者破綻のための事前拠出型財務資源に不足が生じ、CCPへの信頼を損ねることになる。
・IMヘアカットに続き、対象となった参加者から不足分のマージンコールを行うことによって、大きなプロシクリカルな影響が及び、さらに市場が不安定化する。
・参加者、とりわけ間接参加者は、自身の破綻以外の理由でIMに損失が生

---

[4] CPMI-IOSCO "Implementation monitoring of PFMI: Level 3 assessment - Report on the financial risk management and recovery practices of 10 derivatives CCPs" August 2016.

じる場合には、CCPへの参加ができない、または参加を見合わせるかもしれない。
・参加者は、さらなる資本賦課の増加を避けるため、IMヘアカットよりは、IMのCCPからの倒産隔離を求めるかもしれない。

なお、IMのCCPからの倒産隔離は、わが国のCCPであるJSCCが世界で初めて導入したものである。

④ 増資等

増資については、あらかじめ株主の承認をとっておくことがむずかしいことなどから、再建時に実際に利用できるかを事前に見通すのはむずかしい。

⑤ 留意点

再建ガイダンスでは、ツールの選択が、直接参加者・間接参加者間の損失分担に影響を与える可能性も高いため、CCPは、特定の参加者に有利になることのないように、ツールの利用についてバランスをとることが重要であるとしている。具体的には、直接参加者は間接参加者のポジションに関する損失については、間接参加者に割り当てるのが通常であるため、VMなどのヘアカットによる損失は間接参加者に割り当てることができる。他方で、キャッシュコールについては、直接参加者が間接参加者に割り当てることができないのが通常である。このため、直接参加者にとってはVMなどのヘアカットが有利、間接参加者にとってはキャッシュコールが有利ということになる。

再建ガイダンスでは、キャッシュコールもVMなどのヘアカットも、ともに生存参加者のCCPでの活動に関するリスクに応じて、参加者に負担を分担させるものであるため、参加者がコントロールできるものであるとしている。しかし、特に参加者が顧客の債務をCCPに持ち込んで清算を行うブローカー業務などを行っている場合などは、日々のポジションは参加者にコントロール不能なことも多い。このため、VMヘアカットでは、たまたまその日勝ちポジションだった場合や、たまたまその日ポジションが大きかった場合

に、負担が大きくなるという問題もある。

未カバーの流動性ショートフォールに対処するためのツール

　CCPは、FMI原則の原則7に沿って、キャッシュや事前に取り決められた非常に信用力の高い資金調達方式と未カバーの流動性ショートフォールに見合った適格流動性資源を保有しなければならない。加えて、再建の文脈では、万が一、未カバーの流動性ショートフォールが生じた場合には、それに対処するためのツールとして、第三者機関からの流動性調達ツールか、参加者からの流動性調達ツール、またはその双方を保有する必要がある。

　①　第三者機関からの流動性調達

　再建ガイダンスでは、CCPの関係会社等を含む第三者機関からの流動性調達は、ツールの信頼性の観点からFMI原則の原則7.6.のsupplementary liquidity（FMI原則の資金流動性リスクの説明を参照）として議論されているものと同等でしかなく、市場のストレス時には有効でない可能性があるとしている。このため、こうしたツールを含む再建計画は、市場ストレス時にも有効な他のツールも準備すべきとしている。

　②　参加者からの流動性調達

　参加者からの流動性調達の手法としては、以下の2つがある。1つ目の手法は、FMIが資金を借り入れている（FMIに対して勝ちポジションにある）参加者のみから流動性を調達する手法がある。この場合、通常は、FMIのルールにおいて、勝ちポジションにある参加者に、担保付貸付、レポ、またはスワップの形式でFMIに流動性を提供することを義務づけることになる。この手法は、参加者による流動性の払込みを必要としないという点で、タイムリーかつ確実に実行できるというメリットがある。また、FMIのルールに記載の条件に従うため透明性が高い、参加者のポジションによって、流動性負担額が決まるため、測定・コントロールしやすいといったメリットもある。参加者に対して、FMIおよび自身の流動性リスクをモニターし、FMIによる

こうした流動性調達が発生する事態に備えるインセンティブを与える点もメリットである。

参加者からの流動性調達の2つ目の手法としては、参加者全体から流動性を調達する手法がある。この手法の場合も、FMIのルールに条件が記載されることになろうが、この手法にはいくつかの欠点がある。参加者による流動性の払込みが必要という点でタイムリーかつ確実な実行が保証されていない、参加者はコントロールできない流動性債務を負うことになる、といった点である。

再建ガイダンスでは、上記いずれの手法の場合も、過大なリスクを参加者に、ひいては（参加者の不履行等を通して）間接的にFMI自身に負わせないように、FMIは参加者が流動性負担額を履行できるか分析を行う必要があるとしている。また、特に銀行でない参加者については、よりいっそうの留意が必要であろうとしている。

財務資源の補充（replenish）のためのツール

FMIは安全で健全な方法で業務を継続することができるように、ストレスイベント時に自身の財務資源を補充するためのルールと手続をもたねばならない[5]。したがって、FMIは、FMI原則で求められている最低限の財務要件を満たすのに必要な財務資源の枯渇分について、迅速な補充を行う能力を有するべきである。ただし、再建ガイダンスでは、実際には、ストレスイベント時の市場の状態や金融システム安定に関する懸念から、より慎重なペースでの補充が望ましい場合もあるかもしれないとも指摘している。

FMIのルールや手続は、こうした潜在的に不可避なトレードオフを認識し、自動的なトリガーを避けるべきである。他方で、そうしたルールや手続

---

5 これはFMI原則の原則4（信用リスク）と原則7（資金流動性リスク）の財務資源の補充だけでなく、FMI原則の追加ガイダンスの6.2.6.にも記載されているように、参加者破綻のために拠出している財務資源の費消時の補充にも当てはまる。

は、FMIに対して、その時点での状況に照らして補充に最も適切なペースを決定する能力と責任とともに、実務的に可能な範囲でできるだけ迅速に（これに当てはまる場合には「翌営業日まで」を含む）補充を実行できる能力を与えるべきである。

迅速な財務資源の補充を重視しすぎて、かえって市場のプロシクリカリティを高めることのないよう留意すべきとの趣旨である。

再建ガイダンスは、当局は、財務資源の補充に関するFMIによる決定について、継続的に情報提供を受けるべきであるとしている（再建ガイダンス4.4.1）。

FMIは、財務資源の補充に関するルールや手続において、初期の財務資源と再建計画によって、最初のストレスイベントに対処し、補充された財務資源は将来に発生するかもしれないストレスイベントに備えてとっておくと規定することもある（再建ガイダンス4.4.2）。

また財務資源補充のためのツールとしては、FMIは参加者からのキャッシュコール（事前のassessment rights）と追加資本の調達がある。

よって、<u>FMIは、未カバーの損失を満たす目的および枯渇した財務資源の補充の目的の両方のために、assessment rightsに依拠するということがありうる。もしそうなれば、FMIは、損失分担のためのassessmentと財務資源の補充のためのassessmentを明確に区別すべきである。</u>assessment rightsに上限がある場合には、FMIは、assessment rightsの一部分を財務資源の補充のためにとっておくべきかどうか、また、それに対応して損失分担のための他のツールを通常以上に利用するかどうかを考慮する必要がある（再建ガイダンス4.4.3）。

参加者破綻を受けてCCPがmatched bookの再構築のために必要なツール

参加者破綻を受けてCCPがmatched bookの再構築のために必要なツールには、「自主参加ツール」と「強制参加ツール」があり、後者には、契約の

強制割当てとテアアップ（契約の解除）がある。

(1) 「自主参加ツール」対「強制参加ツール」

　CCPは、破綻参加者の未決済債務を処理しmatched bookを再構築するために、以下の3つを行う必要がある。
・破綻参加者のポジションの直接参加者・間接参加者・サードパーティへの売却（オークションなどによる）
・破綻参加者が売却したものの引渡しに失敗した証券、通貨、その他資産の購入
・破綻参加者が購入したものの支払に失敗した証券、通貨、その他資産の売却

　CCPは、デフォルト・ウォーターフォールと再建計画に沿って、参加者破綻のための財務資源や損失分担の仕組みに依拠することによって、上記プロセスから生じたコストと損失をカバーする必要がある。

　参加者破綻を受けてCCPがmatched bookの再構築のために必要なツールとして、再建ガイダンス（4.5）では、まず市場ベースの「自主参加ツール」がルールベースの「強制参加ツール」よりも望ましい結果を生む可能性が高いため、「強制参加ツール」が回避される可能性を最大化すべきであるとしている。

　「強制参加ツール」が回避される可能性を最大化する手法として、再建ガイダンスでは、①参加者からのキャッシュコールなどを適切に活用して、市場での売却、オークション、買取り（オークション等）に活用できる資源を増やし、オークション等の成功確率を上げること、②直接参加者がオークション等をサポートし、参加するように事前のインセンティブの活用を検討することをあげている。後者の事例としては、オークション等において落札者とならなかった者から損失を割り当てるルールを確立すること、具体的には、そうした参加者の事前拠出の財務資源を劣後化することがあげられる。

　参加者破綻を受けて「自主参加ツール」だけでCCPがmatched bookの再

構築ができなかった場合に必要となる「強制参加ツール」として、再建ガイダンス（4.5）では、契約の強制割当て（forced allocation of contracts）と契約の解約：tear-up（complete, partial and voluntary）をあげている。

CCPは、ルールブックのなか（日本では金融商品取引法上の業務方法書を含む）で、「自主参加ツール」だけでmatched bookの再構築ができなかった場合に、どのツールを利用するかについてあらかじめ定めておかなければならない。

(2) **契約の強制割当て（forced allocation of contracts）**

① **強制割当てとは**

契約の強制割当てとは、CCPが「自主参加ツール」によって生存参加者に対して割り当てることができなかったポジションを、CCPがあらかじめ定めた価格によって生存参加者に強制的に割り当てるものである。CCPが再建計画のなかで、こうしたツールを利用する場合には、あらかじめCCPのルールブックのなかで、契約上のCCPの権限として定めておかなければならない。強制割当ても以下に述べる完全テアアップも、CCP参加者にとっては、ともに厳しいものである。どちらがより影響が少ないかは、参加者によって異なる。

② **割当方法の例**

割当方法の例としては、unmatchedなポジションに関連した、あるいはそれとは逆のポジションをもつ生存参加者に対して割当てを行う方法や、オークション（入札）において落札件数が少ない参加者により多くのポジションを割り当てる方法があげられる。ここで留意が必要なのは、この強制割当ては、デフォルト・ウォーターフォールや再建計画で別途定められている、CCPのすべての生存参加者間での損失分担とは異なるものであるということである。これらの損失分担によって割り当てきれなかった損失が、契約の強制割当てによって割り当てられる。

たとえば、契約の強制割当てにおいては、破綻参加者の契約を割り当てら

れた生存参加者は、その見返りになんらかの報酬を受け取ることもある。こうした場合、契約は、競争入札などあらかじめ定められた方法で算出された価格で割り当てられる。こうした報酬は、破綻参加者の当初証拠金、清算基金、アセスメント（追加のキャッシュコール）、その他の事前に定められた損失分担方法を原資として支払われる。

上記のとおり、CCPは、オークションやその他のデフォルトマネジメントプロセスにおいて落札件数の少ない参加者からポジションを割り当てるなど、契約の強制割当てに適切なインセンティブを組み込むことができる。

③　強制割当ての参加者への影響

強制割当ての参加者への影響は、割当ての方法によって異なる。事前に割当方法が、透明性の高いかたちで定められており、かつ参加者の契約や取引との関連性が高いものであるほうが、参加者による影響の測定やコントロールの可能性は高まることになる。しかし、強制割当ては、個々の参加者のCCPに対するネットポジションを変化させることになる点には注意が必要である。場合によっては、参加者は、事前に測定不能な契約の引受けを求められ、特に不安定な市場環境では、自社の管理能力を超えるリスクにさらされる可能性がある。さらに、市場流動性と価格のボラティリティ次第では、損失が積み上がる一方で、ポジションを思うように減らせない可能性がある。こうした手法により、参加者の一部にエクスポージャーが集中する可能性がある。

(3)　テアアップ（tear-up：契約の解約）

①　テアアップの概要

テアアップとは、matched bookを回復しさらなる損失を防ぐため、オープン（未決済）ポジションとなっている契約の一部または全部を解約することである。解約の価格は、解約時に決定され（例：直近の市場評価額）、評価益の払戻しにCCPの財務資源が不足している部分については、参加者への払戻額はプロラタで比例的に減額される（この点は、経済的にはVMヘアカット

と同様である）。

　解約については、以下のバリエーションが考えられる。

　最初のものが完全テアアップ、残りの３つが部分的テアアップである。
・特定CCPのすべての未決済契約を解約（完全テアアップ）
・特定のサービスラインのすべての未決済契約を解約（たとえば、CDSの契約をすべて解約し、IRSの契約は維持）
・デフォルト参加者の契約を相殺するために必要な未決済契約を解約
・ネッティングの対象となっている契約への影響を最小化するために解約する対象契約を選別

　しかし、契約の解約がネッティングの対象となっているすべての契約を対象としない限り、ほぼ確実にCCP参加者のネットポジションを変更することになり、クローズアウトネッティングの実行可能性やCCP参加者のバーゼル規制上の資本賦課に潜在的な影響を与えることになる。テアアップによって間接参加者のポジションへ影響があるかどうかは、直接参加者と間接参加者の間の事前の取決めによって異なる。

　② 　完全テアアップ（complete tear-up）

　完全テアアップとは、特定CCPのすべての未決済ポジション（matchedなポジションとunmatchedなポジションの双方）を解約するものである。その結果、CCPで清算された取引は決済には移行できず、CCPの残余財務資源は、CCPのルールに従って、CCPに対して勝ちポジションを有する参加者への払戻しに当てられる。完全テアアップは、すべてのCCP参加者に影響を与えることから、これを避けるため、破綻参加者のポジション買取りのオークションに参加するインセンティブを高める効果がある。

　完全テアアップにおいては、参加者は解約時点で再構築リスクにさらされるが、すべてのポジションが解約されるため、参加者はエクスポージャーをコントロール・評価しやすい（部分的テアアップの場合は、どの契約が解約の対象になるか事前にわからないため、参加者はエクスポージャーをコントロール・評価しにくい）。

しかし、完全テアアップは、その効果においてCCPのwind-down（業務終了）と同等である[6]。このため、解約対象となった商品や市場に対して、大きな混乱を生じさせることになる。たとえば、参加者がCCP以外で行っていたポジションのヘッジは、その効果がなくなり、参加者がこうしたポジションを取り替えたり、その他の方法でエクスポージャーを管理したりしようとすると、すでに変動が大きくなっている市場環境をさらに悪化させる可能性がある。さらに、完全テアアップは、当初契約終了日・当初決済予定日よりも早く契約終了日・決済日が到来することを意味するため、CCPが提供する重要なサービスの継続性（この場合は、特に契約の継続性）を確保するという、CCPの再建の本来の目的が十分に達成できないというデメリットがある。状況によっては、参加者は、完全テアアップやwind-downを、悪い選択肢のなかでは最もましな選択肢と考えるかもしれない。しかし、特に、リスク管理がデリバティブのポジションに依存しており、他のCCPや市場において同じポジションが構築できそうにない場合には、CCP参加者は、取引が当初契約終了日・当初決済予定日よりも早く終了することは受け入れられないと考える可能性がある。こうしたことから、再建ガイダンスでは、完全テアアップの利用は実務的に可能な範囲で避けるべきであるとしている。また、完全テアアップの利用は、CCPの破綻のトリガーとなる可能性があるとしている。

③　部分的テアアップ（partial tear-up）

　部分的テアアップとは、特定CCPの一部の未決済契約を解約するものである。部分的テアアップは、どの契約が解約の対象になるか事前にはわからないため、参加者はエクスポージャーをコントロール・評価しにくい。このため、部分的テアアップがどのように参加者間で割り当てられるのかを、可能な範囲で事前に決定し、透明性を高める必要がある。

　部分的テアアップでは、CCP参加者がテアアップの対象となるのはポジ

---

[6] ただし、完全テアアップの場合は、参加者が望めばCCPとしての業務再開は可能であるという点は、CCPのwind-downと異なる。

ションがunmatchedな参加者のみだと予想すれば、ポジションがmatchedな参加者は、事前のオークションに参加するインセンティブをもたない可能性がある。

　再建ガイダンスでは、部分的テアアップのデメリットとして以下の4点をあげている。

・参加者のネッティングの組合せが破壊され、特に変動の大きい市場環境下では、ポジションの再構築がむずかしく参加者が計測・管理できないエクスポージャーを生じさせてしまう。これは特に、ポジションを維持したい参加者にとって深刻な問題である。このため、参加者は、オークションが失敗したむずかしい状況下で、市場全体にとっては部分的テアアップが最も混乱の小さい方法であったとしても、部分的テアアップをCCPとの契約に入れること自体に反対するかもしれない。
・ポジションがテアアップされた参加者は、再構築コストのリスクにさらされる。
・直接参加者・間接参加者ともに、自社の契約がテアアップされるかどうかをコントロールできない。
・すべての直接参加者・間接参加者がその対象とならない限り、包括性がない[7]。

④　自主参加のテアアップ（voluntary tear-up）

　自主参加のテアアップは、CCPのルールにおいて定められるものであり、場合によってはオークションも利用しながらmatched bookの回復のために、CCP参加者がテアアップを行う契約を指名するものである。自主参加のテアアップによってmatched bookが回復できれば、参加者のCCPに対するポジションのコントロールを失わずに、完全テアアップや部分的テアアップの場合のような市場の混乱を避けることができる。

---

[7]　ただし、デフォルト・ウォーターフォールと再建ツールで利用できる資源の範囲内で、部分的テアアップの対象となった参加者に対して、強制割当ての場合と同様に報酬を与えることはできる。

参加者破綻以外に起因する損失に対処するためのツール

　参加者破綻以外に起因する損失に対処するためのツール、すなわち、参加者資産の保管・投資リスクを含むビジネスリスク（FMI原則・原則15）への対応のツールとしては、再建や撤退の際に利用できる資本に裏付けられた十分な流動性資産の確保、増資計画、（第三者からの）保険、（親会社、所有者、参加者からの）補償契約、参加者からのキャッシュコールがある。

　保管・投資リスクについては、FMIは、リスクから生じる損失をFMIの所有者に分担させることを検討すべきである。これは、FMIとFMI参加者が、参加者が損失を分担することが適切または必要と決定した場合であっても、FMIの所有者に損失が確実に分担されるように同様とすべきである（再建ガイダンス4.6.2）。また、ビジネスリスク一般から生じる損失についても、そのリスク管理の責任を負うFMI自身がまずは損失を負担すべきであるとの考え方を強調している。

　他方で、再建ガイダンスの当該箇所が参照するように指示している、FMI原則のCCP向け追加ガイダンス（本書2章参照）では、資産の保管・投資について、CCP参加者が完全な決定権をもっている場合には、CCPは保管・投資リスクから生じる損失を負担することまで期待されているわけではないとしている（追加ガイダンス6.2.4.）。

　損失吸収によって費消した自己資本を回復するための増資計画の方法としては、現在の所有者と増資の事前取決めを結ぶ方法、FMIの参加者などとFMIの所有権と引き換えに出資を行うコンティンジェンシープランを策定する方法、現在のFMIの債権者とベイルインの契約を結ぶ方法などがある。また、こうした自己資本の回復は、合理的な期間内に行う必要があるとしている。

　また、再建ガイダンスでは、保険や補償契約は、それが実行されるまでの期間と信頼性が多くの要素に左右されるとして、これを利用する際の留意点

として、以下の点をあげている。
- 保険の請求が認められ、保険金が支払われるまでに要する期間、また請求が認められるかどうかの不確実性
- 個別の事象に対する保険金支払額には上限がある場合が多い
- 損失額の決定方法
- 保険金や補償契約の実行がその提供者の財務等に与える影響

CCP再建ツールのデザインのむずかしさ

　以上、FMIの再建ガイダンスについて説明してきたが、CCPの再建ツールのデザインのむずかしさを示すものとして、宮内（2015）[8]のテアアップへの批判を紹介する。

　宮内（2015）は、テアアップについて、市場がストレス状態にあるなかで、全参加者がポジションの再構築を行うため、市場の混乱が予想されるとしている。そのうえで、CCPの存続（破綻させない）という国際的な要請は満たせるが、市場の安定を犠牲にしており本末転倒の感があると評価している。他方で、テアアップの導入は、CCPと参加者にとっては苦渋の選択であったと評価している。すなわち、国際的な要請からCCPに破綻しない体制を求めている以上、これに対応する必要がある。他方で、OTCデリバティブのなかには市場流動性の低いものもあり、CCPの損失が拡大する可能性があり、損失を上限のないキャッシュコール（参加者間のロスシェア）で穴埋めするルールでは、大手のCCP参加者の負担が大きくなるほか、リスク管理がむずかしい。このため、CCPの再建ツールとして上限のないキャッシュコールではなく、上限付きのキャッシュコール、VMヘアカット、テアアップの組合せが選択されたとしている。

8　本書2頁参照。

CCPの破綻処理 (resolution)

CCP破綻処理の位置づけ

　CCPの破綻処理は、CCP自身による再建がむずかしい場合に、破綻処理当局によって実施される。このように破綻処理は、再建の延長線上にあり、清算機関の重要な機能の継続によって、金融システムの安定を確保することを目的としている。再建中のCCPの破綻処理への移行は、CCPの清算参加者にも大きな影響を与えるため、その際の当局の判断基準等について、国際的にさまざまな議論・検討が行われてきた。

CCP破綻処理に関係する国際基準

　CCPの破綻処理に関係する国際基準としては、以下のものがある。
・FSB「金融機関の実効的な破綻処理の枠組みの主要な特性（"Key Attributes"）」（2011年）[9]
　⇒金融機関全体が対象
・FSB「"Key Attributes"についての金融市場インフラへの適用に関する付属文書（"FMI Annex"）」（2014年）[10]
　⇒CCPを含む金融市場インフラ（FMI）全体が対象
・FSB「CCPの破綻処理に関する追加ガイダンス」（2017年）[11]

---

[9] FSB "Key Attributes of Effective Resolution Regimes for Financial Institutions" (October 2011).
[10] 2014年にFSBは、上記"Key Attributes"に対するセクター別ガイダンスを追加した。"FMI Annex"は、そのうち以下のものを指す。Sector-specific Guidance (Appendix Ⅱ) Ⅱ-Annex 1: Resolution of FMIs and FMI Participants.

⇒CCPの破綻処理に焦点を絞ったもの
・Access to FMI（2017）[12]
　⇒少し観点は異なるが、本ガイダンスは、CCPを含むFMIの参加者が破綻した場合に、その参加者がFMIへのアクセスを継続するためのガイダンスである。

　上記"Key Attributes"や"FMI Annex"の公表後も、清算集中義務導入によるCCPの重要性の高まりをふまえて、CCPの破綻処理に関していっそうの明確化を求める意見が市場関係者から聞かれていた。これを受け、FSBではCCP Workplan 2015の1つの柱として、CCPの破綻処理に関する追加ガイダンスの作成に取り組み、「CCP破綻に関する追加ガイダンス」を2017年に公表した経緯がある。

国内法上の位置づけ

　わが国の破綻処理当局としては、金融庁が該当し、実際の破綻処理の実務を行う機関としては、預金保険機構がある。

　金融庁では、金融機関全体を対象とした上記"Key Attributes"（2011年）の公表を受け、2013年に預金保険法を改正し、この主要な部分を国内法化している。これは、市場型のシステミックリスクに対して、金融市場への影響を回避する必要がある場合、資本注入、流動性供給、資金援助といった措置を講じるものであり、対象となる機関は、預金保険法126条の2（金融機関の秩序ある処理）で個別に列挙（金融持株会社、銀行、証券会社、保険会社、証券金融会社等）されているほか、「その他我が国の金融システムにおいて重要地位を占める者として政令で定める者」として政令で指定（短資会社）され

11　FSB "Guidance on Central Counterparty Resolution and Resolution Planning"（July 2017）.
12　FSB "Guidance on Continuity of Access to Financial Market Infrastructures (FMIs) for a Firm in Resolution"（July 2017）.

ていた。他方で、金融市場インフラ（FMI）については、同改正では対象とされなかった。今後の動向が注目される。海外では、以下で説明するFSB「CCPの破綻に関する追加ガイダンス」（2017年）を受けて、CCPの破綻処理制度の検討が進んでいる。わが国の金融機関が参加している外国清算機関に仮に破綻が生じた場合には、そうした破綻処理制度のもとに処理が進むことになる。

　以下では、CCPの破綻処理に関して最も詳細に記載しているFSB「CCPの破綻処理に関する追加ガイダンス」（2017年）について、詳しく説明するが、その前にFSB「金融機関の実効的な破綻処理の枠組みの主要な特性（"Key Attributes"）」（2011年）とFSB「"Key Attributes"についての金融市場インフラへの適用に関する付属文書（"FMI Annex"）」（2014年）の概要を簡潔に紹介する。

「金融機関の実効的な破綻処理の枠組みの主要な特性（"Key Attributes"）」

　FSBによる「金融機関の実効的な破綻処理の枠組みの主要な特性（"Key Attributes"）」は、金融機関全体を対象としたものであり、以下の項目から構成されている。各項目については、次に説明する"FMI Annex"においてよりFMIに引きつけた記載がなされているため、ここでは項目の紹介のみにとどめる。

1．対象範囲
2．破綻処理当局
3．破綻処理権限
4．顧客資産の相殺・ネッティング・担保化・分別管理
5．セーフガード
6．破綻処理中の金融機関等の資金調達
7．クロスボーダーの協力への法的枠組みの条件
8．危機管理グループ（CMG）

9．対象金融機関等ごとのクロスボーダーの協力についての合意
10．破綻処理可能性の評価
11．再建・破綻処理計画
12．破綻処理に必要な情報へのアクセスと情報共有

「"Key Attributes"についての金融市場インフラへの適用に関する付属文書("FMI Annex")」

　上記"Key Attributes"が金融機関全体を対象としたものであったのに対し、FSBによる「"Key Attributes"についての金融市場インフラへの適用に関する付属文書("FMI Annex")」(2014年) は、CCPを含む金融市場インフラ (FMI) 全体を対象としたものである。FMIについては、"Key Attributes"に加え、"FMI Annex"も適用されるという位置づけであり、前者に記載のある項目については、後者においてよりFMIに焦点を当てた記載がなされている。

　"FMI Annex"の構成と主な内容は、以下のとおりである。なお、"FMI Annex"は、「FMIの破綻処理」(パート１)、「FMI参加者の破綻処理」(パート２) の２つのパートからなる。

(1)　パート１：FMIの破綻処理

　１．目的
　　FMIの破綻処理制度は、金融システムの安定、納税者負担の回避、FMIの重要な機能の継続を可能とすべき。
　２．FMIの破綻処理制度の範囲
　　FMIの破綻処理制度の範囲は、金融システム上重要なFMIとすべきであり、中央銀行が運営するFMIを除く。
　３．FMIの破綻処理当局
　　FMIの破綻処理当局は、"Key Attributes"(2.3) の目的[13]および上記１．の目的に基づき権限を行使。また、破綻処理の実施は、当局が直接

または管財人等を通じて実施。
4．FMIに対する処理権限

　FMIに対する破綻処理権限は、破綻処理手続開始の決定、損失割当ての決定、当初証拠金や変動証拠金のヘアカット実施等の条件決定、業務移転の制限等を含むが、FMIの類型や重要な機能等を考慮して選択。

5．顧客資産の相殺・ネッティング・担保化・分別管理

　FMIの破綻処理手続の開始または処理権限の行使を理由として、清算参加者が早期解約権を行使することは制限されるべき。早期解約権が行使された場合には、FMIの破綻処理当局は、早期解約権のステイを実施する権限を保有すべき。

6．セーフガード（No Creditor worse off safeguard）

　いかなる債権者についても、破綻処理の結果において、清算処理された場合と比較し、少なくとも同等の返済が保証されるという原則が適用されるべき。

7．FMI破綻処理の資金調達

　各国は、FMI破綻処理実施のために必要な資金を調達し、破綻処理の過程で公的資金に損失が生じた場合には、FMI、FMIの無担保債権者（FMI参加者を含む）、必要があればより広く金融システムの参加者から損失を回収するための仕組み・権限を保持すべき。

8．クロスボーダーの協力

　各国は、他国における当該FMIの破綻処理手続の開始によって、自動的な免許・認証等の取消しを行うべきではない（FMIの破綻処理過程で

13　"Key Attributes"の2.3では、以下の4点を指摘している。
　① 金融システムの安定および金融システム上重要な金融サービス、支払・清算・決済機能の維持
　② 預金者・投資家等の保護
　③ 不必要な価値毀損の回避および母国・ホスト国における破綻処理コストと債権者への損失の最小化の模索
　④ 破綻処理が他国の金融システムの安定に与える影響への正当な考慮

の、FMIの重要な機能の継続の妨げとならないようにするため）。
9．協力・協調・情報共有
　　複数の法域で金融システム上重要なFMIの破綻処理については、危機管理グループ（CMG）、本書第2章2－8節で述べたFMI原則の責務E（他の当局との協力）に基づいた、クロスボーダーの当局間の協力・協調・情報共有の枠組みが維持されるべき。
10．FMIの破綻処理可能性の評価
　　複数の法域で金融システム上重要なFMIについては、定期的に破綻処理可能性の評価を行うべき。
11．FMIの再建・破綻処理計画
　　金融システム上重要なFMIについては、継続的に再建・破綻処理計画を更新すべき。
12．破綻処理に必要な情報へのアクセス・情報共有
　　破綻処理の円滑な実施のため、FMIは、平時・危機時ともに、必要な情報を当局に提供するための情報システム等の整備を求められるべき。

(2) パート2：FMI参加者の破綻処理

1．参加者破綻に関する規則・手続
　　FMIの参加要件・ルール等は、FMI参加者の破綻の際に、FMI参加者の円滑な破綻処理を妨げないものであるべき（一定条件下での破綻参加者のFMIへの継続的参加等）。
2．FMI参加者の破綻可能性評価
　　FMI参加者である金融機関等の破綻処理計画と破綻処理可能性評価の一貫として、FMI参加者の監督当局は、FMIと定期的な対話を行うべき。
3．FMIの早期解約権のステイ
　　破綻処理中のFMI参加者に証拠金・担保・決済債務の不履行があった場合には、FMIは早期解約権を保持すべき。破綻処理当局は、そうした

FMIの早期解約権のステイの権限を保持すべき。
4．破綻処理可能性への潜在的な障害
　　FMI参加者の破綻処理当局は、FMIとFMIの監督当局に対して、FMIルール等においてFMI参加者の破綻処理への潜在的な障害となる事項につき、情報提供を行うべき。
5．参加者の破綻処理当局からFMIへの情報提供
　　FMI参加者の破綻処理当局は、FMI参加者の破綻処理について、できるだけ早く、可能であれば破綻処理開始までに、FMIに情報提供すべき。

CCPの破綻処理に関する追加ガイダンスの位置づけ

　以下では、CCPの破綻処理に関する重要な国際基準であるFSB「CCPの破綻処理に関する追加ガイダンス」（2017年）について、詳しく説明する。

　本ガイダンスは、各国当局によるCCPの破綻処理計画の策定をサポートし、国際的な一貫性の確保を図るために作成されている。本ガイダンスは、FSBの説明によると、破綻処理の目的、破綻処理当局の権限、破綻処理の開始の決定につながる指標、危機管理グループ（CMG）の設置と運営などの点で、"Key Attributes"と"FMI Annex"を補足するものであり、両文書にとってかわることや、両文書を上書きすることを意図したものではない。また、"Key Attributes"や"FMI Annex"に記載されているすべての点についてカバーしているわけではないが、"Key Attributes"と"FMI Annex"に記載があるが本ガイダンスに記載がない事項が、CCPの破綻処理について妥当しないというわけではない、とされている。しかしながら、本ガイダンスは、当局間や市場参加者・FMI間で議論が行われてきたCCPの破綻処理に関する重要テーマを網羅しており、CCPの破綻処理に関するガイダンスとしては、まず最初に参照すべきものになっているといえる。

　破綻処理は、一義的には当局の役割であるが、再建失敗から破綻処理への

流れには連続性があることや、破綻処理についてのルールが、金融機関やCCPの平時における予測可能性・リスク管理や再建における合理的な行動に影響を与えるため、金融機関やCCPにとっては、CCPの破綻処理におけるルールを事前に理解しておくことが非常に重要である。

なお、再建と破綻の連続性をふまえて、CCPの再建から破綻処理への移行が円滑に進むよう、本ガイダンスの策定の際には、FSBは再建ガイダンスを策定したCPMI-IOSCOと密接に連携して、作業にあたった。このように、両ガイダンスの整合性確保には、策定主体による十分な留意が図られている。

また、FSBは、CCP破綻処理のための財務資源に関する作業を継続しており、2018年末までに、この点に関する追加ガイダンスが必要かどうか結論を出すとしている。また、FSBは、破綻処理のCCPの資本の扱いに関する追加ガイダンスの必要性および必要とされた場合のガイダンスの作成の検討を行うとしている。

CCPの破綻処理に関する追加ガイダンスの概要

「CCPの破綻処理に関する追加ガイダンス」(2017年)の項目は以下のとおりである。

1. CCPの破綻処理の目的と破綻処理計画
2. 破綻処理当局と破綻処理権限
3. 破綻処理の開始
4. 破綻処理における株主への損失分担
5. No Creditor worse off safeguard
6. 破綻処理における財務資源
7. 破綻処理計画
8. 破綻処理可能性の評価と破綻処理の障害への対応
9. 危機管理グループ(CMG)

10. 破綻処理のクロスボーダーな有効性と執行

以下では、「CCPの破綻処理に関する追加ガイダンス」のこれらの項目の内容を具体的にみていく。

CCPの破綻処理に関する追加ガイダンスの内容

(1) CCPの破綻処理の目的と破綻処理計画

> CCPの破綻処理の目的は、金融システムの安定の追求であるべきであり、CCPの破綻処理によって、CCPの重要な機能の継続を、それらの機能が重要なすべての法域で納税者を損失リスクにさらすことなく、確実にせねばならない。
>
> 有効な破綻処理計画は、CCP、清算参加者、市場参加者に対して清算集中を行い、デフォルトマネジメントや再建を成功させ破綻処理が必要となる確率を下げるための取組みに建設的に関与するインセンティブを維持するようにすべきである。

後段のインセンティブについては、破綻処理の仕組みが、CCP参加者がCCPの再建に協力するインセンティブを阻害しないようにすべきとの趣旨である。

(2) 破綻処理当局と破綻処理権限

> 破綻処理当局は、CCPの秩序ある破綻処理の実行に必要なあらゆる権限を保持すべきである。特に以下の権限・ツールを保持すべきである。
> 1．CCPのルール等で定められているものを含む、契約上の未履行債務

の履行
　2．CCPの一時的な運営
　3．清算参加者の破綻から損失が生じた場合に、CCPをmatched bookへ回復
　4．未処理の損失への対処（参加者破綻による損失、それ以外による損失の双方を含む）
　5．CCPの財務資源を適切な期間内に、規制上の要求水準を満たすのに十分なレベルまで補充
　6．CCPの減資や、適切な場合には、無担保債務の削減や、無担保債務の株式への転換やその他CCP（およびCCPの後継エンティティ）の所有権を有する商品への転換（いわゆるベイルイン）
　7．CCPの重要な機能の承継会社またはブリッジCCPへの移管
　8．重要な機能とされなかったCCPのオペレーションの終了
　破綻処理当局の権限は、当該法域の法律上の枠組みの中で規定されるべきである。こうした権限は、適切な範囲でCCPのルール等にも反映されるべきである。

　破綻処理当局は、通常の倒産手続やCCPのルールからの逸脱も含め強大な権限を有することから、その権限については、市場参加者から明確化を求める声が強かった。こうしたこともふまえ、ガイダンスの解説では、各権限につき、詳しく説明している。以下では、そのポイントについて説明する。なお、破綻処理当局は、1つの法域において複数存在することもありうるとされている。

【契約上の債務の履行】
　破綻処理当局は、破綻処理開始後は、キャッシュコールや清算金の徴求など、参加者にCCPのルール等で定められている未履行債務を履行させることができる（追加ガイダンスの解説2.1）。

また、CCP、CCP参加者、CCPがサービスを提供している市場への予測可能性の観点から、破綻処理開始前にCCPのルール等に記載されている再建のステップやプロセス（参加者破綻の際の顧客ポジションの分別管理や勘定移管に関するルール等を含む）が尽くされていない場合は、破綻処理当局はこうしたステップやプロセスを引き続き踏むという前提をとるべきである。

　他方で、破綻処理の目的を達成し金融システムに対する重大な悪影響を避けるために必要であれば、破綻当局はCCPのルール等の一定の契約上の権利・義務のエンフォースメントを控える、またはCCPのルール等から逸脱することができるべきである。ただし、これは、"Key Attributes"、"FMI Annex"、追加ガイダンスの解説の2.7（強制割当て）、2.9と2.14（キャッシュコール）、2.11（IMヘアカット）2.13（減資、無担保債務の減額）、5．(No Creditor worse off safeguard）と一貫性のある明示的な制限、セーフガードのもとに行われるべきである。

　CCPのルール等の一定の契約上の権利・義務のエンフォースメントを控える、またはCCPのルール等から逸脱する場合には、国籍をベースにした差別を行わないよう留意すべきである（追加ガイダンスの解説2.2）。

【matched bookの回復】

　破綻処理当局は、参加者等の自発的な行動を引き出す、オークションを実施する、テアアップを行うまたはその他の方法で契約を解約させるなどの方法で、CCPのmatched bookを回復する権限を保持すべきである（追加ガイダンスの解説2.3）。

【部分的テアアップ】

　破綻処理当局は、matched bookを回復するための市場ベースの行動（たとえば、オークションやポジションの市場での直接の流動化）が失敗したか、失敗が予想される場合、または上記行動が損失のカバーのためのCCPのルール等のもとで利用可能な事前拠出型・事前コミット型の財務資源を上回る損失を発生させる場合、金融システムの安定に悪影響を与える場合にのみテアアップの適用を検討すべきである（追加ガイダンスの解説2.4）。

破綻処理計画の一部として、破綻処理当局は、テアアップの対象となる契約を決定する際に適用する一般的なアプローチを事前に確立しておくべきである。破綻処理当局は、テアアップのシステミックな影響を考慮し、以下のような原則に従うべきである。
① テアアップは、CCPのmatched bookを回復のために利用されるべきであり、損失の割当てに活用されるべきではない。
② テアアップの価格は、CCPのルール等や（破綻処理当局が必要とみなした場合には）その他の価格発見方法に基づいて決定された公正な市場価格に基づくべきである。

　破綻処理当局は、再建策の一部としての部分的テアアップの利用に関するCCPのルール等の条項にも留意すべきである（追加ガイダンスの解説2.5）。

【完全テアアップ】
　すべての契約の完全テアアップは、個別の清算サービスにおいてであっても、CCP全体においてであっても、可能な限り避けるべきであり、以下のいずれかの条件下でのみ適用されるべきである。
① 該当する清算サービスまたはCCPが重要ではなく、関連当局の見解によると、完全テアアップが金融市場や市場参加者にシステミックな影響をもたらさない
② 金融システムの安定のために、よりよい選択肢がほかにない

　テアアップの価格は、CCPのルール等や（破綻処理当局が必要とみなした場合には）その他の価格発見方法に基づいて決定された公正な市場価格に基づくべきである（追加ガイダンスの解説2.6）。

【強制割当て】
　破綻処理当局は、法的枠組みやCCPのルール等で明示的な権限を与えられている場合のみ、未決済ポジションの強制割当てを可能とすべきである。また、そのような場合であっても、他のどの選択肢も金融システムの安定によりよい結果となりそうにない場合のみ、強制割当てを利用できるべきである（追加ガイダンスの解説2.7）。

【参加者破綻による損失への対処と財務資源の補充】

破綻処理当局は、CCPルール等のもとでの取決めを履行させるため、非破綻参加者に対して未履行・未行使の債務（キャッシュコール、その他の拠出金の拠出等）を実行する権限を保持すべきである（追加ガイダンスの解説2.8）。

各国は、破綻処理当局に対して、非破綻参加者に特定の限度額までCCPに拠出金をキャッシュで負担するよう求める、明示的な法律上の権限を与えることが考えられる。そのような明示的な法律上の権限は、少なくとも事前拠出型のデフォルト・ウォーターフォールがすべて利用された後に行使されるという仮定に従うべきである。法律上の当局によるキャッシュコールの権限とその限度額は、必要な場合は、CCPのルール等に記載されるべきである。清算参加者は、常時、そのようなキャッシュコールによって拠出を求められる可能性のある金額の上限について、評価可能であるべきである（追加ガイダンスの解説2.9）。最後の点は、リスク管理の観点から、CCPの参加者である金融機関から強い要望が出されていたことなどもふまえて、明記されている。

破綻処理対象のCCPのサービスラインがVM（変動証拠金）ヘアカットの仕組みを有している場合には、破綻処理当局は、CCPにかわって参加者に対してVMヘアカットを行う権限を保持すべきである。そうした権限は、必要な場合は、CCPのルール等に記載されるべきである（追加ガイダンスの解説2.10）。

破綻処理当局が、法的枠組み・CCPルール等においてIMヘアカットの権限を有している場合には、そうした権限は、①倒産隔離がなされていないIMに対してのみ、かつ、②他のいかなるツールによっても金融システムの安定にとってよりよい結果が得られそうにない場合に限り、適用されるべきである。そうした権限を法的枠組みに導入する検討を行うにあたっては、各国は、金融システムの安定への影響と清算集中を行うことへのインセンティブへの影響を十分に考慮すべきである（追加ガイダンスの解説2.11）。

破綻処理当局は、CCPのルール等に整合的なかたちで、清算基金や資本と

いったCCPの財務資源を可能な限り迅速に補充する権限を保持すべきである（追加ガイダンスの解説2.12）。

【参加者破綻以外による損失】

　破綻処理当局は、それが適切な場合には、破綻時における債権者間の優先劣後関係に沿って無担保債務を減額し、また、適切であれば、損失を吸収しCCP（またはその承継エンティティ）の資本を補充するために、同債務を株式等のCCP（またはその承継エンティティ）の所有権に転換する権限を保持すべきである。破綻処理当局は、以下の2つの条件がともに満たされた場合に、本権限を行使すべきである（追加ガイダンスの解説2.13）。

① 　参加者破綻以外による損失が、CCPの株式の減資や、参加者破綻以外による損失に関するCCPのルール等のもとで利用可能なその他の損失分担手法の適用、破綻したカウンターパーティからの回収によっては、完全には吸収されない

② 　CCPの現在の所有者が、CCPが継続的に当局に認証されるのに必要なレベルまでCCPに増資を行うことに消極的、または増資を行うことができない

　各国は、破綻処理当局に対して、参加者破綻以外による損失がCCPの株式の減資や、CCPのルール等のもとで利用可能なその他の損失分担手法の適用によっては完全には吸収されない場合に行使可能な権限で、かつ参加者に特定の限度額までCCPに拠出金をキャッシュで負担するよう求める明示的な法律上の権限を与えることが考えられる。法律上の当局によるキャッシュコールの権限、当権限が行使可能なタイミング、その限度額は、必要な場合は、CCPのルール等に記載されるべきである。清算参加者は、常時、そのようなキャッシュコールによって、拠出を求められる可能性のある金額の上限について評価可能であるべきである（追加ガイダンスの解説2.14）。

【CCPの破綻処理への拠出に対する報酬】

　破綻処理当局は、CCPのルール等のもとでの義務を超えて、CCPの破綻処理に財務資源を拠出した清算参加者に対して報酬を与える権限を保持すべき

である。そうした報酬には、たとえばCCPの株式の提供、その他のCCP所有権の提供、株式に転換可能な債権（負債商品）の提供がある。代替的な手法として、破綻処理当局は、適切な場合には、CCPが提携しているグループの親会社の同意を条件に、同親会社に対する株式等を提供することもありうる（追加ガイダンスの解説2.15）。

(3) 破綻処理の開始

> CCPが存続不能であるか、その可能性が高い場合、またはCCPが法律・規制上の要求を継続的に満たすことができない場合で、CCPによってとられる（金融システムの安定を損なわない）その他の措置によって合理的な期間内に存続可能な状態に回復する合理的な見込みがない場合、破綻処理の開始が可能であるべきである。
>
> 破綻処理当局は、以下の場合には、その他の関連する当局と連携し、または諮問することによって、CCPの破綻処理を、迅速にかつ必要な場合にはCCPの既存の再建や損失分担の仕組みを利用し終わっていない場合であっても、開始する権限と実務上の仕組みを保持すべきである。
> 1．利用可能な資産や参加者破綻時の財務資源の利用や損失分担ルールの適用を含め、CCPが利用可能な再建のための方策が利用され尽くしされているが、CCPが存続可能で法律・規制上の要求を継続的に満たすことができる状態に復帰できなかった場合、または再建のための方策がタイムリーに実行されていない場合
> 2．関連するオーバーサイト当局、監督当局、破綻処理当局が、CCPの利用可能な再建のための方策が、法律・規制上の要求をCCPが継続的に満たすことを可能とするような期間内にCCPを存続可能な状態に復帰させる可能性が低いと判断した場合、または上記当局が、CCPの利用可能な再建のための方策が、金融システムの安定を損なう可能性が高いと判断した場合

> 　破綻処理当局、オーバーサイト当局・監督当局を含む関連当局、当局間の協力枠組みや危機管理グループ（CMG）は、破綻処理当局が破綻処理時にタイムリーに起動できるように、CCPの再建の段階で効果的に協力・意思疎通を行うべきである。

　破綻処理当局が、「必要な場合にはCCPの既存の再建や損失分担の仕組みを利用し終わっていない場合であっても」破綻処理を開始できるとしているのは、金融危機のさらなる悪化を防ぎ金融システムの安定を確保するためである。このように破綻処理当局は、CCPの再建ツールが利用し尽くされていない場合でも、金融システム安定の観点から、あらかじめCCPのルールブック等で定められた権利義務関係を変更し、CCPの破綻処理手続を開始できるといった強大な権限を保有することが想定されている。このため、"Key Attributes"や"FMI Annex"公表後も、CCPの破綻処理が開始されるための条件（いつ誰がどのように決定を行うのか）の明確化について、CCP・金融機関などの市場参加者から特に強い要望が寄せられていた[14]。

　この点、CCPの破綻処理に関する追加ガイダンスでは、上記のように一般的な条件を示したうえで、その解説において、以下の点につき補足的な説明を加えている。

　まず、CCPの破綻処理を開始するための条件が満たされたかどうかを判断するために、CCPの破綻処理当局は、関係当局と協力する、または当該当局に諮問し、①CCPの参加者破綻やその他のストレス・イベント時の状況や、②CCPの再建策が当該市場や金融システムに与える影響、③CCPの重要な機能をサポートし金融システムの安定性を保つための、破綻処理における新たな財務資源やオプションの潜在的な利用可能性について、考慮に入れるべきである（追加ガイダンス3.2）。

---

[14] CCPの再建・破綻処理についての国際的なコンファレンスなどでも、破綻処理開始の条件について活発に議論されることが多かった。

さらに、CCPの破綻処理当局は、関係当局と協力する、または当該当局に諮問し、CCPの破綻処理開始の決定を行うための材料となる指標の幾つかについて、公表を検討すべきである（追加ガイダンス3.3）。
　追加ガイダンスでは、「参加者破綻の損失による場合」（追加ガイダンス3.4）、「参加者破綻以外の損失による場合」（追加ガイダンス3.5）に分けて、CCPの破綻処理開始の判断材料となる指標の例を提示している。

【参加者破綻の損失によるCCP破綻処理開始の判断材料となる指標（例）】
・CCPがmatched bookに復帰できない、または復帰できそうにない、あるいは、事前拠出の財務資源や再建におけるキャッシュコールのような事前にコミットされた財務資源を超える財務資源を必要とする方策、金融システムの安定を犠牲にする方策やCCP参加者に重大な予測不能なエクスポージャーを生じさせる方策によってしかmatched bookに復帰できない
・①CCPが損失をカバーできない、またはカバーできそうもない、②損失分担ツール等を使い果たした、または使い果たしそうである、あるいは、③CCP参加者に重大かつ予測不能な損失をもたらす再建策によってしか損失をカバーできない
・CCPが、CCPの重要な機能を継続し規制上の要件を満たすことができるレベルまでの財務資源の補充を、合理的な期間内にできない、またはできそうにない
・CCP参加者がCCPの再建に十分に参加を望まない、または十分に参加できない
・CCPの経営陣が、タイムリーにデフォルトマネジメントプロセスや再建策を実行しておらず、CCPの重要な機能の継続に重大なリスクを生み出している

【参加者破綻以外の損失によるCCP破綻処理開始の判断材料となる指標（例）】
・損失分担ルールを適用してもなお、CCPの資本が枯渇または規制上の要件を下回るレベルまで大きく毀損する、またはその可能性が高い、かつCCPの現株主が、CCPへの増資に消極的または増資不能である

・CCPが、参加者に重大かつ予測不能な損失をもたらす再建策によってしか損失をカバーできない
・CCPが規制上の他の満たすべき要件を継続的に遵守できない、または遵守できないことが予想され、それが金融システムの安定性を脅かし、監督上の対応によっては対処できない

(4) 破綻処理における株主への損失分担

> CCPの既存株主の株式は、CCPのルールや契約の執行によって損失がすでに処理されていない限りにおいて、CCPの破綻処理における損失を吸収すべきである。破綻処理において、CCPの既存株主の減資を行う権限は、法律によって規定されるべきであり、必要な場合には、CCPのルール・定款等にも反映されるべきである。

参加者破綻以外による損失に起因するCCPの破綻処理において、資本は損失を完全に吸収すべきである。破綻処理のどの時点で残りの資本が減資されるのか（たとえば、遅くとも事前拠出型の財務資源やCCPのルール等で利用可能な再建時のキャッシュコールのようなコミットメント型の財務資源が枯渇するまでには）については、明確かつ透明であるべきである（追加ガイダンスの解説4.1）。

参加者破綻による損失に起因するCCPの破綻処理において、遅くともCCPのルール等のもとで適用される損失割当ての枠組みが枯渇するまでには、資本は当該損失を吸収すべきである。さらに、減資は、損失が債権者に割り当てられる前に実施されるべきである（追加ガイダンスの解説4.2）。

参加者破綻による損失と参加者破綻以外による損失が同時に発生した場合には、これらの損失はそれぞれのルール等に従って、別々に割り当られるべきである（追加ガイダンスの解説4.3）。

⑸ No Creditor worse off safeguard

> CCPの参加者(破綻処理当局がCCPのルール等で定められた損失分担ルールから逸脱した場合はその限りにおいて)、所有者(株主)、債権者は、CCPの破綻処理の過程で、CCPが破綻処理当局による破綻処理ではなく通常の破綻処理法令によって清算された場合に受領できたであろう金額については、最低でも受領する権利を保有すべきである(No Creditor worse off safeguard)。
>
> CCPの参加者、所有者(株主)、債権者が、CCPの破綻処理の過程で、最低でも、CCPが破綻処理当局による破綻処理ではなく通常の破綻処理の法令によって清算された場合に受領できたであろう金額について受領できていないかどうか決定する目的においては、CCPが通常の法令上の清算の対象となった場合に生じたであろう損失や実現されたであろう再建については、損失分担に関するCCPのルール等が完全に適用されたと仮定すべきである。
>
> No Creditor worse off safeguardの前提となる通常の法令上の清算の対象となった場合に関する仮定は、参加者破綻による損失シナリオとそれ以外の損失シナリオのいずれにおいても、明確で透明性の高いものでなければならない。

上記仮定については、追加ガイダンスでは以下のとおり説明している。

・参加者破綻による損失シナリオ(追加ガイダンスの解説5.5)
　CCP内の複数の清算サービス間の倒産隔離やlimited recourse条項[15]は尊重されるべきである。
　債権者・株主・参加者が通常の清算の対象となった場合に受領できたであ

ろう金額の算出にあたっては、以下の事項を考慮すべきである。
① 破綻処理開始時の親会社の保証やCCPのアセスメント（財務資源の追加徴求）の権利といった利用可能な残存債務
② キャッシュコールを含む支払債務が、CCPの破綻処理において参加者に完全には履行されていない場合、実際の受取額とそうした債務の不履行に陥った参加者等に対する債権
③ 各種清算サービス間の隔離に関するCCPルールにおけるlimited recourse条項、契約のテアアップを含むCCPの損失分担ルール等
④ 破綻処理時に、破産法に整合的なかたちで、テアアップが起きるという仮定
⑤ CCPのルールに従って、可能な場合にはCCPの価格算定方法やその他の適切な価格決定方法を利用して、破産法に整合的なかたちで決定されたテアアップ済契約の価格

・それ以外の損失シナリオ（追加ガイダンスの解説5.6）
　破産法の準拠、CCPのルール等で定められた、参加者破綻以外による損失に関する損失分担ルール等の完全な適用による、CCPの清算を想定

(6) **破綻処理における財務資源**

　　CCPの破綻処理計画策定の一環として、破綻処理当局は、破綻処理の目的達成のために必要な財務資源および破綻処理開始時にCCPのルール等の下で依然として利用可能と見込まれる財務資源について、以下の目

15　limited recourse条項は、償還請求権を限定する条項のこと。CCP内の複数の清算サービス間にlimited recourse条項があれば、ある清算サービスにおける参加者破綻による損失が同清算サービスのために事前に準備された財務資源を上回ったとしても、他の清算サービスのための財務資源を損失吸収に利用することはできない。
　通常、金融機関が融資をして、借り手が返済できない場合には、親会社などの保証人に弁済を求めることができるが、リミテッドリコースではできない。

的のために適切な程度にプルーデントな仮定を置かなければならない。
1．未カバーの損失に対処する
2．適切な期限内に規制上の要求に沿って、財務資源を補充する
3．破綻処理のエグジットまでにCCPの重要な機能の維持・運営に関連して発生するコストをカバーする（これらのコストには、サービスレベルの契約、サードパーティのサービスプロバイダーといった重要な依存関係に関するコストを含む）
4．一時的な流動性ニーズを満たす

　2つ以上の法域で金融システム上重要なCCPについては、破綻処理当局は、財務資源の評価において、危機管理グループ（CMG）の見解を正当に考慮すべきである。

　それぞれの法域は、当局がCCPの破綻処理のために、公的資金を使った救済に依拠する以外にも選択肢を保持できるよう、有効なCCPの破綻処理制度とポリシーを保持すべきである。もし、最後の手段として、金融システムの安定性維持という包括的な目的のために、当該法域が、CCPの秩序ある破綻処理のために一時的な公的資金の使用が必要と判断した場合には、①納税者に損失が発生するリスクを最小化するために、かつ、②CCPの再建策をサポートするインセンティブを維持するような方法によって、破綻処理当局は、使用した公的資金をCCP、その承継エンティティ、CCPの破綻したカウンターパーティからの取得金、CCP参加者、その他市場参加者から回収する権限を保持すべきである。

　この権限は、どのように運営され、負担が誰に対して適用されるのかについて、信用できる実効性のあるエンフォースメントの仕組みと十分な透明性によって、事前にサポートされるべきである。

　破綻処理当局は、破綻処理計画策定の一部として、破綻処理開始時に、①破綻処理体制やCCPのルール等のもとでどのような財務資源とツールが利用

可能であると合理的に期待できるのか、②破綻処理の目的達成に、それらの財務資源は十分かどうか、を定期的に評価すべきである（追加ガイダンスの解説6.1）。

また、参加者破綻による損失については、破綻処理当局は、上記評価の際に以下の点を考慮すべきである（追加ガイダンスの解説6.2）。

・清算商品のリスク特性、複雑性、プライシング上の不確実性と、関連した当初証拠金、変動証拠金の算出の不正確さ
・ストレス状態にある市場の規模、構造、流動性
・極端であるが現実に起こりうる状況下で利用可能な事前拠出型財務資源および事前コミットメント付き財務資源
・部分的テアアップやVMヘアカットといったツールの利用可能性とCCP参加者への潜在的影響
・CCPの潜在的なニーズを満たすための、事前拠出型以外の財務資源調達の仕組みの信用力

さらに、破綻処理当局は、参加者破綻による損失とそれ以外による損失の双方について、当該CCPがサービスを提供している市場におけるCCPの代替可能性と、未カバーの損失に対処するための保険や親会社の保証といった仕組みの信用力を評価すべきである（追加ガイダンスの解説6.3）。

加えて、破綻処理の実効性を高めるためにCCPサイドに対応させるべき事項として、破綻処理当局は、上記評価を行うために必要なデータと情報を当局に提供するための適切なプロセスと情報管理システムを、CCPが確実に整備するようにすべきである（追加ガイダンスの解説6.4）。

追加ガイダンスでは、CCPの破綻処理に公的資金が利用されるとの期待が、市場参加者にモラルハザードを生まないよう留意している。

まず、破綻処理計画の策定は、政府の財務的なサポートに依拠すべきではなく、またそうしたサポートが利用可能であるとの期待を生じさせるべきではない（追加ガイダンスの解説6.5）。

さらに、CCPの破綻に一時的な公的資金の仕組みが利用可能な国では、当

局により提供される公的資金は、最後の手段（last resort）としてのみ依拠され、期間限定で、かつ適切な期間内にCCP、CCP参加者、その他の金融システムの参加者の資産から回収されるべき（CCPの資産には、CCPの破綻参加者の財産に対する請求権等を含む）である（追加ガイダンスの解説6.6）。

(7) 破綻処理計画

> すべての金融システム上重要なCCPについては、母国の破綻処理当局は、（それを破綻処理当局と別の主体が担っている場合には）CCPのオーバーサイト当局や監督当局と協力して、当該CCPの特性やリスク、当該CCP策定の再建計画を考慮し、①参加者破綻によるCCP破綻シナリオ、②参加者破綻以外によるCCP破綻シナリオ、および、③参加者破綻とそれ以外の要因の組合せによるCCP破綻シナリオのすべてに対処できる、CCPの破綻処理計画を策定すべきである。
> 　2つ以上の法域において金融システム上重要なCCPについては、母国の破綻処理当局は、危機管理グループ（CMG）と協力して破綻処理計画を策定すべきである。

破綻処理計画が含むべき内容として、以下の項目がある（追加ガイダンス7.5）。なお、これらの内容は、基本的に当局における利用を前提としているが、後述するように、開示によって市場参加者の予測可能性が高まるといったメリットもあるため、可能な範囲で開示を行うことが望ましいと考えられる。

① 破綻処理開始のトリガーとなる意思決定プロセス。該当する場合は、破綻処理開始の決定をするにあたって当局が考慮することを求められる指標、または当該決定にあたって重要だと当局が考える指標に関する一般的な記載を含む。参加者破綻以外による損失による破綻処理の場合は、損失

の要因や損失が累積したスピードも考慮すべきである。
② 破綻処理において継続される可能性が高い重要なサービス・機能。
③ 参加者破綻による損失に起因する破綻処理の場合に、matched bookの回復のために破綻処理当局が利用すると予想されるツールとそれに伴う財務損失の分担方法。
④ 破綻処理当局が契約のテアアップの範囲や金額を決定する際に採用すると予想される一般的なプロセスやアプローチ。
⑤ 破綻処理当局がCCPのルール等から逸脱する必要がある限りにおいて、損失の算出・分担において同当局が採用すると予想される一般的なプロセスやアプローチ（さまざまな損失分担ツールの選択や利用順序、破綻処理当局がNo Creditor worse off safeguardをどのように適用し、CCPが破綻処理当局による破綻処理ではなく通常の破綻処理法令によって清算された場合の損失をどのように評価するか）。該当する場合には、上記一般的なプロセスやアプローチは、破綻処理シナリオによって異なるのかどうかの明確化。破綻処理シナリオには、さまざまなシナリオが考えられる「参加者破綻以外の損失」によるCCP破綻を含む。
⑥ CCPの財務資源（清算基金とCCP自身が拠出する清算基金を含む規制上の資本）をどのような方法と時間軸で補充するかについての破綻処理当局の一般的な期待と、その期待に関連する考慮事項。
⑦ 破綻処理戦略の実行の際に、破綻処理当局が採用または検討する付随的なアクション。たとえば、早期解約権へのステイ（一時停止）。
⑧ 破綻処理計画がCCPのグループ内の相互依存性や、取引所、他のCCP、CSD等との相互運用性（interoperability）にどのように対処するか。
⑨ 破綻処理計画が、オペレーションの継続性をどのようにサポートするか。たとえば、CCPの存続への脅威がCSD（証券決済機関）の破綻等、重要なサードパーティサービスの中断・終了から生じた場合。
⑩ 破綻処理計画が、同意、CCPのコントロール主体の変更、承認が必要となった場合に、破綻処理当局は、どのようにこれにタイムリーに対処する

か。
⑪　Qualifying CCPとしての地位を維持するために、CCPに必要な事項[16]。
⑫　金融システムの安定に重要ではないと判断された機能の段階的停止（wind-down）。
⑬　破綻処理の際に、破綻処理当局が他の当局との協調のためにとると予想されるアプローチ。こうした当局には、海外当局やCCP参加者の監督当局、清算集中義務の設定主体である当局なども含む。
⑭　一時的に公的資金の利用が可能となる法域では、CCPの破綻処理において一時的な公的資金の提供と資金回収の方法を検討するための条件とプロセス。

　また、追加ガイダンスでは、破綻処理計画が考慮に入れるべき内容として、以下の項目をあげている（7.6）。
①　CCPの所有者、法的・組織的構造（当該CCPがより大規模なFMIのグループや金融機関グループの一部かどうかを含む）
②　当該CCPの重要な機能を信頼できるかたちで実務的に代替できる他のCCPの存在の有無
③　CCPの直接参加者・間接参加者の性質と多様性
④　当該CCPが清算集中義務の対象となっている商品を清算してるか

　②の点については、LCH、CME、JSCCなどの世界の主要CCPについて、仮に破綻処理が現実的になった場合に、その重要な機能を代替できるCCPが見つかるかどうかは、大きな問題である。また、見つかったとしても、そのCCPが当該国で適格CCPとみなされているCCPである必要がある。そうでなければ、当該CCPで清算を行っても当該国の清算集中義務を果たしたことにならないためである。

　さらに、追加ガイダンスでは、破綻処理当局は、破綻処理計画のうちいくつかの要素について開示することのメリットを検討すべきとしている。ただ

16　詳細はBIS, Capital requirements for bank exposures to central counterparties, April 2014. を参照。

し、同時に開示が、CCP参加者、CCP所有者、市場参加者がCCPのデフォルトマネジメントプロセスや再建手続に参加するインセンティブに与える影響に留意すべきであるとしている（7.7）。このような留意点はあるものの、開示によって、透明性を高めることは、一般的には、市場参加者の予測可能性やリスク管理の実効性の向上に資するものであり、可能な範囲での開示は望ましいと考えられる。

(8) 破綻処理可能性の評価と破綻処理の障害への対応

> 母国の破綻処理当局は、CCPのオーバーサイト当局や監督当局と協力して、定期的な破綻処理可能性（resolvability）評価を実行し、破綻処理計画の実務的な実行可能性・信頼性の評価を行い、破綻処理可能性に対する法律面・オペレーション面の障壁を特定すべきである。
>
> CCPのオーバーサイト当局、監督当局、破綻処理当局は、必要かつ法令上の枠組みと一貫性がある場合には、破綻処理可能性に対する重要な障壁に対処するようにCCPに要求する権限を保持し、実効性のある破綻処理の実現のために必要とみなされる場合には、CCPに対して追加的な財務資源を準備するように要求することができるべきである。

CCPのオーバーサイト当局、監督当局、破綻処理当局は、CCPの破綻処理可能性を改善するための方策を採用するようCCPに要求する権限をもつべきである。そうした方策は、必要かつ適切な場合、以下の3つを含む（追加ガイダンスの解説8.1）。

・CCPのルール等の変更（CCP参加者のポジションやその関連担保の引渡し、分別保管、移転の仕組みの変更を含む）

・オペレーション、組織構造、法律上の位置づけの変更（たとえば、異なる商品の清算のような、異なるCCPの機能・サービスが、破綻処理において別々

に取り扱えるようにするための変更）
・他のFMIとのリンクの条件やオペレーションの変更

(9) 危機管理グループ（CMG）

> 2つ以上の法域において金融システム上重要なCCPについては、母国の破綻処理当局は、破綻処理計画策定と破綻処理可能性評価を協力して行うため、危機管理グループ（CMG）を設立すべきである。
>
> 危機時の協力と情報共有のプロセス、CMG内部における破綻処理計画策定と破綻処理可能性評価のプロセスについては、CCPごとに当局間で作成する協力同意文書（cooperation agreement）に記載されるべきである。
>
> 破綻処理当局はまた、CMGのメンバーでない当該CCPのホスト国の当局とも協力し、また適切な情報を共有しなければならない。

母国当局およびホスト当局は、当該CCPが母国以外の法域でシステミックに重要であるかどうかを評価するためには、以下の8項目すべて、またはいくつかの項目を検討すべきであるとしている（追加ガイダンスの解説9.1）。

① CCP参加者（または、その関係がシステミックな影響を生み出しうる場合はCCP参加者の親会社、グループ）がホスト国で活動している程度
② 特定ホスト国における清算取引件数・金額の合計に占める当該CCPのシェア
③ 当該CCPの清算取引件数・金額の合計に占める特定ホスト国のシェア
④ 当該CCPにおいて清算されている商品がホスト国通貨で決済・清算されている程度
⑤ 当該CCPの、特定ホスト国に所在するFMI（CCP、CSDなど）とのリンク

⑥　当該CCPがホスト国において清算集中義務の対象となっている商品を清算している程度
⑦　代替可能性（substitutability）：当該CCPがホスト国における主要な清算サービスの提供者であった場合に、そのCCPに対してすぐに代替するCCPが見当たらない程度。代替CCPがあるかどうかの評価に際しては、とりわけ清算商品や重要な清算サービスのオーバラップの程度を考慮すること
⑧　相互依存性（Interconnectedness）：ホスト国の実体経済に重要なサービスを提供することによって、当該CCPがホスト国とつながっている程度。たとえば、当該CCPの破綻がホスト国の金融機関・金融市場に流動性や信用供与上の問題を引き起こすリスクを生み、金融システムの安定性を脅かす場合など

　これらの項目は、FMI原則の説明3.4.19.において、「複数の法域においてシステミックに重要なCCP」の判断基準として示されている6項目（本書69頁参照）に、⑦代替可能性、⑧相互依存性を加えたものとなっている。

　また、追加ガイダンスの解説9.2では、CCPの破綻処理当局は、母国当局（監督・破綻処理当局、中央銀行、財務省、預金保険機構）に加えCMGのメンバーに以下の当局を入れることを検討すべきであるとしている。
①　当該CCPが、認証または免許を受けているホスト国のCCP監督当局
②　主要なCCP参加者の監督・破綻処理当局（たとえば、CCPの清算基金のうち、大きなシェアを占めている参加者の母国当局）
③　当該CCPで清算されている主要通貨の母国中央銀行
④　より大きな金融グループの一部であるCCPの場合、（CCPの破綻処理計画の実行において大きな役割を果たすと考えられる）当該CCPの関連エンティティの監督・破綻処理当局
⑤　（適切なものがあれば）当該CCPとともにオペレーションを行っているFMI、取引基盤（trading venue）の監督・破綻処理当局

　なお、検討対象としては上記のような当局があるが、参加当局の数が増えすぎると、危機管理のためのグループとして有効に機能するのがむずかしい

という実務上の問題もある。CMGを主催する当局は、グループ設置の趣旨に照らして、バランスのとれた判断が求められる。

　CCPの危機管理グループ（CMG）について、ここで少し詳しく説明すると、FSBが2014年に公表した"Key Attributes"の"FMI Annex"では、2つ以上の法域でシステミックに重要なCCPについては、関係国の当局が協力して円滑に破綻処理等にあたることができるように、平時から破綻処理等に備えた情報交換等を行う当局間会合であるCMG（Crisis Management Group）を設置することとされていた。こうした趣旨をふまえ、海外で活動するCCPが母国以外においてシステミックに重要かどうかは、母国以外のホスト国の意見もふまえて決定されるべきとの議論が、FSBのCCP workplan 2015の作業のなかでなされた。具体的には、"Key Attributes"の"FMI Annex"をふまえて、CCPの破綻処理に関する追加ガイダンスの策定等を議論したFSBのワーキンググループであるFMI CBCM（Cross Border Crisis Management）が、FMI原則とその追加ガイダンスの策定を担ったCPMI-IOSCOと連携するかたちで、CMG設置が必要なCCPの特定に向けた議論が進められた。

　FSBが2017年に公表した報告書"Chairs' Report on the Implementation of the Joint Workplan for Strengthening the Resilience, Recovery and Resolvability of Central Counterparties"によると、2017年7月現在、CCPのホーム当局とホスト当局の間の協議を経て、全世界で図表3－2の12のCCPが複

図表3－2　複数の法域においてシステミックに重要なCCP（2017年7月現在）

英国	LCH Ltd（英国）、ICE Clear Europe（英国）
大陸欧州	Eurex Clearing（ドイツ）、LCH. Clearnet SA（フランス）、BME Clearing（スペイン）、Cassa di Compensazione e Garanzia（CC&G）（イタリア）、EuroCCP（オランダ）、Nasdaq Clearing AB（スウェーデン）、SIX x-clear（スイス）
米国	CME Inc.（米国）、ICE Clear Credit（米国）
アジア	HKFE Clearing Corporation（香港）

数の法域においてシステミックに重要なCCPに認定されており、CMGが設置されたか、設置に向けた議論が進んでいる（同報告書によると、他のいくつかのCCPについては、ホーム当局とホスト当局の間の協議が継続中である）。

日本で外国清算機関としての免許を取得している（すなわち、わが国を母国としないが、わが国の金融機関を参加者とできるCCPである）LCHとCMEは、いずれも複数の法域において重要なCCPに認定されており、そのホーム破綻処理当局は、それぞれBOEとFDICである。

LCHとCMEの破綻処理の検討への関与や情報入手のためには、わが国の当局としては、まずそれぞれの当局とのバイラテラルな合意や監督強力によることが考えられるほか、LCHとCMEについてのCMGが設置されている場合には参加が有効である。ただし、CMGは限られたメンバーで運営されるのが通常であるため、参加のためにはわが国の当局としても交渉力も求められる。また、平時からの監督について、各CCPの監督カレッジへの参加も有効である。

⑽　破綻処理のクロスボーダーな有効性と執行

> CCPの破綻処理計画策定と破綻処理可能性評価の一環として、関係当局は、CCPのクロスボーダーの契約・オペレーション・組織上の仕組みを分析し、これらのクロスボーダーの仕組みに関する破綻処理の実行の有効性を評価すべきである。
>
> クロスボーダーでの破綻処理計画と破綻処理可能性の実効性・法的強制力をサポートするために、破綻処理のツールと想定されるactionsは、適切な場合には法律上の枠組みに明記され、必要に応じてCCPのルール等にも組み込まれるべきである。

母国当局とCMGは、クロスボーダーの文脈で生じる破綻処理の法的強制

力と実効性に対する課題を特定し、それに対処するべきであるとしている。課題の例としては、他国で設立されている（母国監督当局が別となる）CCP参加者に関する課題、海外のカストディアンや支払・決済銀行の利用に関する課題、外国法に準拠するカストディアン関係や担保の仕組みに関する課題などをあげている（追加ガイダンスの解説10.1）。

　上記課題に対処するために、当局が考慮すべき事項の例として、①CCP、CCPの関連エンティティ、CCP参加者に関連して他国で発生する破綻手続の協力・調整のための仕組みに合意すること、②破綻処理計画のもとで考えられている破綻処理の結果として必要になる可能性のある、新たなCCP免許の取得・適格CCPとしての認証の取得といったプロセスを含む、他国の関係当局からの協力の手続に合意しておくこと、などの例をあげている（追加ガイダンスの解説10.2）。

　②については、たとえば、以下のような例を考えるとわかりやすい。わが国でCCPの免許を取得している外国清算機関Aが母国で破綻手続に入った場合、金融商品取引法（156条の20の２）上のわが国のCCP免許を保持する条件を維持できなくなる。しかし、そうかといって、破綻開始とともに業務停止命令を発出するとともにAの免許を即時に剥奪してしまうと、Aで清算を行っていた参加者（主に金融機関）は、Aで清算を行うことによってわが国の清算集中義務が果たせなくなる一方で、すぐに他の清算機関で清算を行うことによって清算集中義務を満たすことはむずかしい（各国において清算機関免許や適格CCPとしての資格を得ているCCPは数が限られているほか、金融機関が別のCCPで清算を開始しようとしても、通常は手続に時間がかかるうえ、金融機関の財務・信用力等によってはすぐに当該CCPに直接参加・間接参加ができないこともある）。このため、Aの破綻処理期間中に、Aの母国当局がAの経営権を取得し適切にゴーイングコンサーンとしての経営を行うなどの一定の確約を事前に得ることなどによって、Aの破綻処理中も、Aに対して例外的・一時的にわが国の清算機関免許の維持を認めるといったことが考えられる。逆にいえば、これを認めなければ、CCPの破綻処理に伴い、一時的に清

算集中義務を満たせない金融機関が多く発生することになると考えうる。こうした点は、今後、各国当局間やFSBなどの国際フォーラムで議論・検討が深まっていくことが期待される。

CCPの再建・破綻処理の追加ガイダンスに対する評価・批判と今後の課題

　以上、CCPの再建・破綻処理の追加ガイダンスについて紹介してきた。現在、各国当局・CCPによるガイダンスの実施や実施に向けた検討が進んでいるほか、一部テーマについては国際的なフォーラムでの継続的な議論が行われている。ここでは、CCPの再建・破綻処理の追加ガイダンスに対する評価・批判を紹介する。

　まず、ISDAでは、2017年9月にペーパー "Safeguarding Clearing: The Need for a Comprehensive CCP Recovery and Resolution Framework" を公表し、CPMI-IOSCO、FSBによる2017年7月に公表された再建・破綻処理に関するガイダンス公表を支持したうえで、これらのガイダンスの完全実施を求めるとともに、個別の再建ツールの適否を中心に以下のような見解を表明している。これらの内容には、CPMI-IOSCO、FSBによるCCPの再建・破綻処理に関する追加ガイダンスの内容と整合的なものも多く、ガイダンス策定の過程での市中協議や当局・市場参加者の会合等を通して、市場参加者と当局者の目線が従来よりそろってきたことがうかがえる。また、ガイダンス策定を通してCCPの再建・破綻処理に関する重要な事項が明確化されたことが、市場関係者から歓迎されたことがうかがえる。もっとも、これは今後の課題の存在を否定するものではない。

・CCPの破綻処理スキームは、破綻処理が開始される条件を明示するとともに、仮にそうした条件が満たされたとしても、効果的な再建の見込みがある場合には、当局は再建の継続を許容する柔軟性をもつべきである。

- CCP参加者は、CCPの破綻処理の重要な要素とトリガーにつき、最大限の透明性を与えられるべきである。透明性の向上は、法域間、CCP間のregulatory arbitrageの機会を減少させる。
- CCPの参加者に対するアセスメント（追加的な財務資源の徴求）可能額には、再建・破綻処理を通して上限を設けるべきである。
- 適切なセーフガードのもとでは、VMヘアカットは、CCPのデフォルト・ウォーターフォールの最後に損失を割り当てるために利用できる。
- 当初証拠金（IM）ヘアカットは、CCPの再建においても破綻処理においても、決して許容されるべきではない。

⇒この点は、FSBによるCCPの破綻処理に関する追加ガイダンスより強い否定を行っている。ISDAペーパーでは、IMヘアカットを決して許容できない趣旨として、①すでにストレス状態にある市場に連鎖反応をもたらすこと、②IMヘアカットが行われる可能性があれば、破綻参加者のポジションをオークションで購入してポジションを増加させれば、その分だけ当初証拠金所要額が増加し、IMヘアカットの対象が増加するため、参加者はオークションへの参加を見合わせることになり、CCPのデフォルトマネジメントプロセスへの参加のディスインセンティブとなること、の2点をあげている。

- 適切なセーフガードのもとでは、部分的テアアップは、オークション等が失敗した際のCCPのmatched bookの回復のために利用することができる。
- 非破綻参加者に対するポジションの強制割当ては、決して許容されるべきではない。

⇒この点は、CCPの破綻処理に関する追加ガイダンスより強い否定を行っている。ISDAペーパーでは、強制割当ては、決して許容されるべきではない理由として、以下の2点をあげている。

① 当該清算参加者が意図的に取引しなかった商品のポジションなど、極端な市場環境下で、参加者がリスク管理を行うのに適さないポジションを、参加者に引き受けさせることになる。

② ポジションの引受けに耐えることができる参加者にポジションを割り当

てようとする強制割当ての適用は、公平性を欠く。どの参加者がポジションの引受けに耐えることができるかの判断は、せいぜい恣意的で最悪の場合は参加者間の差別的な取扱いになる。
⇒このようにISDAペーパーでは、強制割当てよりテアアップがましとのスタンスをとっている。
・再建・破綻処理において一定額を超えて損失を被ったCCP参加者は、CCPの既存株主よりも優先的な受益権を与えられるべきである。
・CCPとそのステークホルダーは、その完全なコントロール下にある、参加者破綻以外による損失の発生のリスクを負うべきである。
・標準的な市場の条件による中央銀行の流動性へのアクセスは、CCPの再建・破綻処理をサポートするために必要である。

次に、吉川（2017）[17]では、追加ガイダンスの「2．破綻処理当局と破綻処理権限」（本書235頁参照）が、銀行の破綻処理と同様に、CCPの破綻処理においても無担保債務を損失吸収の範囲に含んでいる点について、銀行とCCPとの違いをふまえれば、CCPのステークホルダーによる損失吸収が本当に金融システムの安定につながるのか検証する必要があるとしている。すなわち、金融システム上重要なCCPが大手銀行と異なる点として、非上場である点、株主・債権者が取引所グループや清算参加者を中心とする構成である点がある。たしかに、大手銀行の場合は、その破綻処理プロセスにおいて、株式やベイルイン債務として適格な債券を保有する外部投資家が損失を吸収する主体となることによって、公的資金を用いた銀行救済を避ける仕組みが構築された。しかし、LCHなどの大手CCPは、取引所グループに属しており、大手銀行を中心とする清算参加者が株主・債権者として資金を提供しているため、CCPの破綻処理が想定されるような金融危機時に、清算参加者に追加負担を求めることで、危機を増幅することにならないか検証が必要との主張である。同論文では、CCPに関しては、十分な自己資本や証拠金によって信

17　吉川浩史「デリバティブ清算機関（CCP）の再建・破綻処理に関する議論」（野村資本市場クォータリー2017年秋号）。

用リスク・流動性リスクへの対応を義務づけると同時に、危機時には中央銀行の提供する流動性ファシリティへのアクセスを認める制度としたほうが、金融システムは安定するという考え方もあるとしている。

また、同論文では、CCP破綻に関するガイダンスにおける当局の裁量の大きさにも注意を促している。すなわち、CCPが主導する再建や裁判所のもとで進める破綻処理手続と異なり、破綻処理の開始時期を当局の判断で決定できるため、その判断のための条件が重要になってくるとしている。

3-4 金融機関等の破綻時のFMIへのアクセス継続

ここでは、CCPに関連する破綻処理の重要な文書として、金融機関等の破綻時のFMIへのアクセス継続について記載したもので、FSBが2017年7月に公表した"Guidance on Continuity of Access to Financial Market Infrastructures (FMIs) for a Firm in Resolution"（以下、Access to FMI）について説明する。

Access to FMIは、FSBが公表した"Key Attributes"の"FMI Annex"（2014年11月公表）と"Guidance on Arrangements to Support Operational Continuity in Resolution"（2016年8月に"Key Attributes"を補完するものとして策定された）に立脚した追加ガイダンスである。

従来、金融機関等の破綻処理に関しては、"Key Attributes"（2011年公表）等の国際基準があった。しかし、2015年から2016年にかけて実施されたFSBの調査（Resolvability Assessment Process, RAP）で、CCPを含むFMIが破綻処理に至る過程および破綻処理の期間中に、FMIの参加者の金融機関等のFMIへのアクセスを停止する広範な裁量を（ルールや契約の形式で）有していることが判明した。これをふまえ、金融機関等の破綻処理に際して、FMIへのアクセスが維持されることが、金融機関等の重要な機能を破綻処理中も

維持し、金融の安定と市場の信頼を確保するためにきわめて重要であるとの問題意識から、本ガイダンスが策定された。本ガイダンスは、グローバルに金融システム上重要な銀行が、銀行自身またはその親会社・関連会社が破綻処理の対象となっている期間またはその後において、FMIが提供するサービスへのアクセスの継続をサポートする適切な仕組みをもっているかどうかを評価する一助となるものである。

具体的には、本ガイダンスは3つのセクションからなり、金融機関等の破綻処理の際にもCCPを含むFMIへのアクセスが継続できるように、それぞれ、①FMI向け、②金融機関等向け、③当局向け、のガイダンスを示したものである。

ガイダンスの概要

本ガイダンスの概要は、以下のとおりである。

(1) 重要なFMIサービスの提供者に関するガイダンス

※本ガイダンスでは、重要なFMIサービスの提供者は、FMIとFMI intermediaryと定義されている。後者は、an entity that provides clearing, payment, securities settlement and/or custody services to other firms in order to facilitate the firms' direct or indirect access to an FMI.と定義されている。これを押さえたうえで、本書では、以後、重要なFMIサービスの提供者をFMIと表記する。

重要なFMIサービスの提供者（以下、FMI）は、FMIサービスのユーザー（以下、FMIユーザー）の破綻処理体制とFMI自身のリスク管理の枠組みとの間の相互作用を検討し、それに対処する計画を策定するために適切な措置をとるべきである。

また、これによって、FMIは、破綻処理シナリオにおいてFMIがとる行動を明確化し、金融機関等や当局が破綻処理に対する準備度合いを高めることをサポートすべきである。

1.1　FMIユーザー等の破綻時の権利・義務・手順

　　FMIに適用される法的枠組みが、破綻処理に関連する理由でFMIがFMIユーザーのアクセスを停止する能力を阻止・制限している場合には、そうした内容は、FMIのルール、契約、手順等に反映されるべきである。FMIユーザーやその親会社・関連会社の破綻処理開始によって、契約上の権利・義務、その他の法的拘束力のある手順のトリガーが引かれる場合には、FMIによって明確に定められる必要がある。FMIのユーザーが、FMIのルールや契約に定められた義務を履行できない場合には、FMIは、ユーザーのFMIへのアクセスを停止・制限する権利を保持すべきである。

1.2　FMIユーザーの国籍による差別の撤廃

　　FMIユーザーやその親会社・関連会社の破綻処理開始によってトリガーが引かれる、FMIのルールや契約上の条項は、破綻処理の対象となるユーザーが自国籍であるか他国籍であるかにかかわらず、一般的に適用されるべきである。

1.3　破綻処理中の金融機関等への要求についての意思疎通

　　FMIは、FMIユーザーやその親会社・関連会社が破綻処理を行っている期間において、FMIが要求するリスク管理上の措置や要求の範囲について、議論し意思疎通を行うために、FMIユーザーと意見交換を行わなければならない。FMIは、破綻処理時のユーザーの取扱いについては、適切な程度において、共通の期待とプロセスを適用するよう努めるべきである。

1.4　定期的な検証の実施

　　FMIは、ユーザーの破綻シナリオに対処するためのルール、契約、手順等の有効性について、定期的に検証するよう求められるべきである。

(2)　**金融機関等に関するガイダンス**

　金融機関等は、破綻処理の際に、FMIの重要なサービスへの継続的なアクセスを促進するための措置を講じるべきである。これは、金融機関等がどのようにFMIの重要なサービスへのアクセスを継続するかについての分析に立

脚すべきである。こうしたアクセス継続の手法には、FMIに対する債務の破綻処理期間を通した履行の確保や関連当局への情報提供などが含まれる。

2.1 破綻処理時に備えた計画策定

　　金融機関等は、破綻処理中に重要なFMIサービスへのアクセスをどのように継続するかの詳細を記載したコンティンジェンシープランの準備を義務づけられるべきである。

2.2 破綻処理計画策定のための当局への情報提供

　　金融機関等は、重要なFMIサービスへの依存の程度について、情報提供を義務づけられるべきである。こうした情報には、①サービ提供者と重要なサービスのマッピング、②アクセス継続に必要な要件・条件、③FMIから受けることのできるクレジットラインの利用方法と規模（わかっている場合）が、含まれるべきである。

2.3 金融機関等によるコンティンジェンシープランの策定

　　金融機関等は、FMIが破綻処理中の金融機関等に対してどのような措置をとる可能性が高いか理解するために、FMIと意見交換を行うべきである。金融機関等のコンティンジェンシープランは、破綻処理の期間中に破綻処理計画を実行するために配置される人的資源を含む、オペレーション、ガバナンス、コミュニケーションの仕組みを含むべきである。

2.4 流動性要件を満たすためのコンティンジェンシープラン

　　コンティンジェンシープランの一部として、金融機関等は、重要なFMIサービスへのアクセス継続のために必要な財務要件をどのように満たすことができるかを、明確に特定し、文書化すべきである。コンティンジェンシープランは、予想される流動性要件とその満たし方についても詳細を記載すべきである。

2.5 FMIへのアクセス停止の場合の影響

　　コンティンジェンシープランは、FMIへのアクセスが停止された場合に、金融機関等が、その重要な機能を継続する能力にどのような影響を受けるかについて、ハイレベルな分析を提供すべきである。

(3) 当局に関するガイダンス

3.1　FMI当局間の異なる目的の調整

　　破綻処理計画策定の一部として、FMIの関連当局とFMIユーザーである金融機関等の破綻処理当局は、金融機関等のFMIへのアクセスの継続が金融システムの安定に資する点（後者の当局の視点）と、FMIの適切なリスク管理も重要である点（前者の当局の視点）の双方に対処し、これを管理すべく努めるべきである。

3.2　当局間の意見交換

　　FMIユーザーである金融機関等の破綻処理当局は、FMIの関連当局を特定し、当局にとって望ましい破綻処理戦略、金融機関のコンティンジェンシープランの信頼性と実行可能性、FMIの重要なサービスへのアクセス継続への障害について議論するために、定期的な意見交換を行うべきである。

3.3　当局間の情報共有

　　FMIユーザーである金融機関等の破綻処理当局・監督当局は、FMIの関連当局と適切な情報共有の仕組みを保持すべきである。

3.4　破綻処理前と破綻処理期間中の情報交換

　　FMIユーザーである金融機関等の破綻処理当局・監督当局は、FMIの関連当局との間で、①どのような情報を共有するか、②そうした情報を重要なサービスを提供するFMIに金融機関等の破綻に至る過程で、または破綻中にどのように共有するかについて、事前の仕組みまたは理解を保持すべきである。

　　なお、日本では、FMIの監督当局とFMIユーザーである金融機関等の破綻処理当局は、ともに金融庁である。

清算集中におけるCCPと金融機関等との相互依存性の分析

　クロスボーダーに活動する多くの金融機関は、複数のCCPの参加者となっている場合が多い。また、CCPの業務は、カストディ、決済、流動性供給、資産運用などの外部サービスとも密接に関係しているが、これらのサービス提供業者は、同時にCCPの参加者となっている場合も多い。こうしたことから、CCPとその参加者の金融機関との間には、密接かつ複雑な相互依存性がクロスボーダーに存在しており、こうしたCCPや金融機関の再建・破綻処理が開始された場合には、相互依存性を通じてリスクがどのように波及するのか、理解を深めていく必要がある。

　以上のような問題意識から、"CCP Workplan 2015"では、上記相互依存性の分析が求められた。これを受け、CPMI・IOSCO・FSB・BCBSが共同で分析作業を行い公表されたのが、FSB「清算集中における相互依存性の分析」(2017年)である。なお、本分析は、日本のJSCCを含む15の法域の26のCCPからデータ提供等を受けて実施された。

　本レポートにおける主な結論は、以下のとおりである。

・財務資源(証拠金・清算基金)は、少数のCCPに集中している(10程度のCCPに全体の88%)。

・CCPに対するエクスポージャーも少数の清算参加者に集中している(307の参加者中22の参加者に全体の財務資源の75%)。参加者破綻の他のCCPへの波及効果が大きい(集中度が高い)のに対し、CCPへのクレジット・流動性の供給者の破綻は波及効果が小さい(集中度が低い)。たとえば、あるCCPの最大の参加者2先の破綻が、最大で23のCCPにおける同じ参加者または関連会社の破綻につながる可能性がある。他方で、あるCCPのクレジット・流動性の供給者の最大5先が破綻しても、他のCCPへの影響は比較的小さい。

・CCPと参加者の関係をマッピングすると、相互に強く連関したCCPと参加者が形成する中核部分の周辺を、連関性の弱い他のCCPと参加者が取り囲む構図となっている。最も周辺に位置するCCPも、多くの先と関係を有する金融機関を通じて、ネットワークの中核につながっていることが多い。これは、周辺に位置するCCPでもネットワークの中核で生じたストレス等の影響を受けやすいということである。
・CCP参加者と参加者の関連会社は、CCPに対する重要なサービスの提供者でもあり、複数のCCPと多くの関係を維持していることもある。たとえば、今回の分析対象のCCP全体に対してみると大きな清算参加者であり、かつCCPへのクレジット・流動性・決済の提供者といったサービスの提供者としても規模が大きい先も存在する。
・CCPとその他の主体との関係をみると、少数の主体が支配的な役割を果たしていることが多い。これは、こうした主体にショックが発生した場合に、ネットワーク上の他の主体にも大きな影響が及ぶ可能性が高いことを示唆している。

　今後は、本レポートによる分析の結果もふまえて、CCPや金融機関の再建・破綻処理に関する国際的な検討や、監督当局によるマクロプルーデンスの観点からの分析がさらに深化することが期待される。

第 4 章

今後の課題

本章では、本書でみてきたOTCデリバティブ改革とCCPに関連するFMI原則等の各種国際基準・ガイダンスに関して、今後の規制・監督上の課題や市場参加者の対応を展望するうえでのいくつかの留意点と、今後の課題について触れたい。また、章末に参考として、「Brexitに伴うCCPのロケーション・ポリシーに関する論争」と「Brexitと英国における外国CCP」について説明する。

4－1　留意すべき3つの事実

　まず、留意すべき点として3つの事実を指摘したい。
　第一に、CCPのリスク管理強化とCCPの競争力との関係である。CCPのリスク管理強化には、CCPの財務資源の強化が必要であり、これはCCP参加者のコスト増につながる。銀行においてもバーゼルⅢ等の規制強化が銀行の財務負担増につながる点は同じであるが、CCPはビジネスモデルがシンプルであるため、リスク管理の強化を求める国内規制や監督当局の監督・指導が、銀行よりもストレートにCCP間の財務負担の差につながるという特徴がある。これは、監督当局が他の海外主要CCPの監督当局よりも、監督上の目線を引き上げれば、監督下のCCPのリスク管理は強化されるが、結果としてCCPおよびその参加者の財務負担が増え、（CCP参加者の他のCCPへの流出を通して）その競争力を意図せずに弱めるリスクもあることを意味している[1]。これは、FMI原則等の国際基準の策定、追加ガイダンスの作成、実施モニタリング等を通した、規制・監督に関する当局間での国際的な目線の統一の必要性と重要性を示している。

1　もっとも、リスク管理が一定水準に達するまでは、リスク管理を強化・向上させることによって、CCPとしての信用力が強化され、コスト増加をふまえても、CCPの競争力が強化されることはありうる。

第二に、清算集中義務に関する国際合意、FMI原則・FMI原則の追加ガイダンス等の国際基準は、策定されれば国内法化されずとも、事実上のグローバルスタンダードとなり、CCPや金融機関に大きな影響力を与える。これは、清算参加者に海外籍の清算参加者を抱えるCCPに特に当てはまる。海外籍の清算参加者は、CCPが清算参加者の母国で認証（免許等を含む）を受けたCCPでしか清算を行うことができないこと、清算参加者の母国で認証は当該国の規制（ほとんどの場合、FMI原則等の国際基準相当か、それ以上の内容）の遵守を必要とすることから、CCPは海外籍の清算参加者の確保のためには、その清算参加者の母国での規制をクリアできるようなリスク管理体制等を整備する必要がある。当該海外籍の参加者が同CCPに参加できなくなると、同参加者との金利スワップ等を清算する必要のある国内参加者も、当該清算取引を別のCCPに移管する必要が出てくるため、同CCPにとっては、これは死活問題となる。各国の規制・監督当局は、国際基準等の国内法化の権限を有するものの、上記でみたように、（海外籍の参加者を有する）CCPやその参加者は、国内法だけでなく、参加者が遵守を求められる参加者の母国法や（多くの場合、それと同等である）国際基準の遵守が必要になっている。国際基準の国内法化にあたって、国際基準を緩和した規制を導入しても、海外籍の参加者を有するCCPは、国際基準を遵守する必要があるため、国内法の定めの有無にかかわらず、国際基準を遵守する必要があるためである（他方、参加者となる金融機関は、そうしたCCPしか利用できない）。これは、CCPがビジネス継続のためには、国内法だけでなく、事実上、清算参加者の母国の規制や国際基準の遵守を直接的に求められていること、換言すれば、グローバルスタンダードを満たすことが必要であることを意味している。このことは、当局・市場関係者の双方において、グローバルスタンダードの策定への貢献・影響力の行使が特に重要であることを意味している。すなわち、当局者にとっては、国内法の策定と比較して、国際基準策定過程の交渉の重要性が増している、市場参加者にとっては、国際基準の策定過程に直接インプットできるような発信力の重要性が増しているといえよう。事実、海外の

主要CCPや主要金融機関等は、基準策定時の市中協議案等に関するコメント提出に加え、本書でみてきたような重要テーマに関する（ロビイングのための）ホワイトペーパーの公表などを通して理論武装を行い、発信力を強化している。

　第三に、CCPの清算参加者としては、清算効率を上げるために、できるだけ清算を1つのCCPに集中させたいというインセンティブが働く。このため、グローバルにみると、業界最大手のCCPに清算が集中しやすい構図となっている。最大手に競合するCCPの側では、CCPの母国通貨の金利スワップに関するポートフォリオマージニングを提供するなどしてサービス面での差別化を図ったり、価格面での競争力を維持するなどして、これに対抗している。清算を1つのCCPに集中させることは、そのCCPが破綻した場合等のリスクを高めることになるものの、個々の金融機関では、清算効率を上げるインセンティブがより強く働いている[2]。

4－2　今後の課題

　次に、OTCデリバティブ規制改革に関連して今後の課題を指摘したい。

　第一に、CCPの公的性質をふまえた、CCPの頑健性の強化とCCPの再建策・破綻処理の整備があげられる。CCPは、清算集中義務により金融機関にとって利用が不可欠なインフラになった。また、特定のOTCデリバティブについて特定の法域での利用が認められているCCPの数は限られており、金融機関にとっての選択肢も限られている。こうした点に鑑みると、CCPの頑健性が確保されなければ、CCPの参加者金融機関は大きなリスクを抱えるだ

---

[2] 個々の取引について、清算を行うCCPを選択するトレーダーの立場からは、CCPが破綻した場合のリスク回避よりも、低コストで清算できるCCPを選択するインセンティブが働く。

けでなく、CCPの利用によってOTCデリバティブ取引に伴う市場全体のリスクを低減させるという、清算集中義務導入の趣旨がそもそも満たされなくなるおそれがある。本書でみてきたように、FSBの"CCP Workplan 2015"以降、国際的にもいっそうCCPの頑健性強化に関心が高まり、CCPの頑健性の強化とCCPの再建・破綻処理について、詳細な追加ガイダンスも策定された。また、各国のCCPにおけるFMI原則の遵守状況を調査したCPMI-IOSCOの報告書では、信用リスク、流動性リスク、再建といったテーマにおいて、なお課題が多く残されている点を指摘している[3]。これらをふまえたCCPおよび関係当局の対応が注目される。また、CCPの再建・破綻処理について、CPMI-IOSCOやFSBで国際的な議論が続いている一部のテーマ[4]についての検討の行方も注目される。

　第二に、第一点目とも関連するが、CCPの監督・破綻処理をめぐる当局間の国際協力が重要である（米国のように監督・破綻処理当局が別にある場合は、国内の当局間の協力も重要）。CCPはグローバルに活動しており、参加者の国籍もさまざまであり、CCPやその参加者の破綻の際などには、グローバルな影響が大きい。この点、CCPの監督当局が主催する監督カレッジや危機管理グループ（CMG）、当局間のバイラテラルな協力、さらには、CCPの関係当局とCCP参加者の関係当局の連携が不可欠である。

　第三に、清算集中義務規制そのもののあり方や相互認証の仕組みについて、不断の検証・見直しと国際的なハーモナイゼーションが必要である。たとえば、特定の法域で利用できるCCPについては、当該国で認証等（わが国

---

[3] CPMI-IOSCO "Implementation monitoring of PFMI：Level 3 assessment － Report on the financial risk management and recovery practices of 10 derivatives CCPs" August 2016.
　CPMI-IOSCO "Implementation monitoring of PFMI：follow-up Level 3 assessment of CCPs' recovery planning, coverage of financial resources and liquidity stress testing" May 2018.

[4] CCPの再建に関しては、参加者破綻時のオークションに関するグッドプラクティスについて、CCPの破綻処理については、破綻処理のための財務資源の十分性評価と追加的な財務資源（自己資本を含む）の必要性評価や、破綻処理における自己資本の取扱いに関する追加ガイダンスの必要性について検討が続いている。

の場合は免許）を取得する必要があるが、この基準について、いっそうのハーモナイゼーションが求められる。また、清算集中が必要な取引（たとえば、金利スワップ・CDSのうち、どの取引か）や清算集中義務規制の対象となる金融機関等についても、いっそうの国際的なハーモナイゼーションが求められる。CCPの清算集中義務づけの対象商品について、宮内（2015）[5]は、国ごとにまちまちであることを指摘したうえで、CCPによるデフォルト時の混乱回避機能がいちばん必要なのは、流動性の低い商品であるが、CCPによる清算になじむのは市場流動性の高い商品であるというジレンマを指摘している。すなわち、リスクが大きいにもかかわらず金融機関に有効なリスク管理の手段がない誤方向リスクについて、清算集中によってCCPをカウンターパーティとすることで回避が可能であることから、誤方向リスクの高い商品、典型的にはCDSを清算集中義務の対象とすることは合理的である。他方で、CDSなどの流動性の低い商品は、CCPの再建が必要な際にポジションの再構築がむずかしくなり、CCP自身の潜在的なリスクを高めてしまう点がジレンマである。清算集中義務はまだ歴史の浅い規制であり、FSBによる規制の効果の検証や学術研究等もふまえて、不断の検証・見直しが必要である。

　第四に、規制と監督のバランスの最適化が必要である。これは銀行の規制・監督についても近年指摘されていることであるが、規制の強化だけでは不十分であり、質の高い監督と、当局間の監督協力が不可欠である。また、規制と監督のバランスの最適化や両者の質の向上のためにも、監督当局と市場関係者の対話が不可欠である。なお、この点をふまえ、最近の国際的なガイダンス策定時には、当局者が市場参加者から直接意見を聴取して議論を行う対面会合が設定されることが多い。

　第五に、各種規制が市場・市場参加者へ与える影響[6]を十分にふまえた規制・監督が必要である。たとえば、各国で清算集中義務規制が実施されるなか、直接CCPに参加しない間接参加者とCCPをつなぐブローカーとしての業

---

[5]　宮内惇至『金融危機とバーゼル規制の経済学：リスク管理から見る金融システム』（2015年9月、勁草書房）

務から撤退する金融機関がみられている。これは、同ブローカー業務が、銀行規制の対応負担も考慮すると、収益上のメリットが少ないからといわれている。清算集中義務規制の対象となっても、実際にCCPに直接参加することもできず（CCPへの直接参加には一定の財務要件等を満たすことが必要）、清算ブローカーも見つからずに、CCPでの清算ができない「クライアント・クリアリング難民」の発生に懸念が表明されている。また、各種規制の導入により、市場の流動性が低下したとの指摘もみられている。こうした点についても、各種規制が市場・市場参加者へ与える影響の評価を行ったうえで、規制・監督上の対応の検討が必要となっている。国際的には、金融危機後の規制の相互作用が清算集中のインセンティブに与える影響について、BCBS、CGFS、CPMI-IOSCO、FSBにおいて評価作業が行われている。こうした評価もふまえ、今後の規制・監督をめぐる検討が深化することが期待される。

第六に、TRデータの質の向上と集計データの国際的なハーモナイゼーションがあげられる。これによって、各国が収集しているデータをグローバルベースで集計することによって、平時には、マクロプルーデンスの観点からデリバティブ取引のネットワーク中のリスクの所在や、金融機関間の相互連関の分析を可能とし、金融危機時には、特定の金融機関の破綻等がグローバルにどのように波及するリスクがあるかなどを把握することを最終的な目標にするものである。なお、集計データの国際的なハーモナイゼーションについては、FSBやCPMI-IOSCOなどで各種取組みが行われているものの、残

---

6 前出宮内（2015）第4章では、清算集中義務導入によるメリットとして、①カウンターパーティリスクのCCPへの置換え、②証拠金徴求のプロシクリカリティの緩和（CCPを用いれば常に証拠金が厳格に徴求されるため、危機時に徴求が急増することはない）、③デフォルト時の混乱回避（決済の不履行の連鎖の回避）、④標準化による市場流動性の向上を指摘している。他方で、デメリットとして、①CCPの参加者拡大による損失分担に関する合意の困難化（CCPの再建時にテアアップが選択されるリスクの上昇）、②CCPへのリスク集中とモラルハザードの助長（CCP自体がtoo big to failとなる、CCPの参加者が取引相手の信用度を確認するインセンティブが低下する、CCPにとって相対型決済という競合がなくなる）、③商品設計の自由度の低下、イノベーションの阻害、④各国規制の齟齬による混乱（たとえば、米国による米銀の現地法人への自国規制の域外適用）を指摘している。

された課題は少なくないのが現状である。また、国際的なデータ集計については、各国が収集したデータの共有が各国における法令上の機密保持義務などと抵触する場合も多く、今後、各国法に抵触しないかたちでいかに進めていくかが課題となっている。

　第七に、各種規制に対応するために、金融機関のコンプライアンス・コストが大きく上昇し、結果的に店頭デリバティブ取引の取引コストが大きく上昇しているという問題がある[7]。たとえば、清算集中義務の対象となる取引については、CCPがカウンターパーティになることによってリスクは低減するものの、証拠金・清算基金の拠出が必要となることから、資金調達コストは大きく上昇する。また、清算集中義務の対象外となる取引についても、証拠金規制により証拠金に関するコストがかさむほか、証拠金管理等の新たなオペレーションコストも発生する。取引コストの上昇が、取引の低迷による市場の縮小・市場機能の低下や、金融機関の適切なリスクテイクあるいはリスクヘッジ行動の阻害につながらないかといった点に注意が必要である。

参考1　Brexitに伴うCCPのロケーション・ポリシーに関する論争

　ここでは、2016年6月の英国のBrexit決定以降のEU・英国・業界関係者の間のCCPのロケーション・ポリシーに関する論争について触れたい。

(1)　問題の背景と欧州委員会の「ロケーション・ポリシー」

　英国ロンドンを拠点とするCCPであるLCHは、ユーロ建てを含む金利スワップ取引の清算において全世界で圧倒的な地位を占めているほか、ユーロ建てレポ取引の清算でも一定のシェアを有している。EUは、もともとユーロ建て取引の清算について、ユーロ圏でのCCPによる清算を行うことが望ましいとの問題意識をもっていたところ、Brexit決定によりユーロ建ての取引

---

[7] この点に関しては、たとえば、大山剛『9つのカテゴリーで読み解くグローバル金融規制』（2017年12月、中央経済社）第7章を参照。

の清算はユーロ圏を拠点とするCCPで行うべきであるとの議論を展開し、引き続き英国を本拠とするLCHでのユーロ建て取引の清算を認めるべきとする、英国および業界との間で激しい議論が行われている。

具体的には、欧州委員会は2017年6月、欧州市場インフラ規制（EMIR）の改正案を公表し、そのなかで、ユーロ建て取引の清算を行うシステミックな重要性の著しく高いCCPは、ユーロ圏に拠点を置くべきであるとする、いわゆる「ロケーション・ポリシー」を打ち出した。具体的には、EUにとってのシステミックな重要性に応じて、第三国（EU以外）に本拠を置くCCPを以下のように3つに分類し、段階的に監督を強化することを提案している。

欧州委員会によるEU域外のCCPの規制、監督強化案

第三国（EU以外）に本拠を置く CCPの類型	規制、監督上の対応
A．システミックに重要でない第三国CCP	現行の同等性評価の枠組みを維持
B．システミックに重要な第三国CCP	監督の強化。具体的には、①EUを本拠とするCCPと同等の健全性基準の遵守、②関連するEU域内の中央銀行から設定された条件の遵守（担保要件、顧客資産の分離等）、③ESMAへの情報提供・立ち入り調査への同意といった点を追加。
C．システミックな重要性が特に高い第三国CCP（英国LCHを想定しているとみられる）	上記監督強化では十分でないと考えられるシステミックな重要性が特に高い第三国CCPについては、欧州委員会がESMAの推薦等に基づいて、EU域内への拠点設置を求めることができる。

LCHが、上記「c．システミックな重要性が特に高い第三国CCP」に該当することは明らかであり、本提案が採択された場合は、EU域内を本拠とする金融機関は、ユーロ建ての取引（金利スワップ等）の清算をロンドンを

第4章　今後の課題　277

本拠とするLCHで行うことができなくなる。このため、EU域内を本拠とする金融機関は、①LCHがEU域内に移転またはEU域内を本拠とするエンティティを設立した場合、そこで清算を行う、または②独EurexなどLCH以外のCCPでEU域内を本拠とする先に清算を移管する、といった対応が必要となることが考えられる。

(2) ロケーション・ポリシーに対する評価

　EUの当局やECB等は、①Brexitにより今後英国のCCPであるLCHが欧州規制であるEMIRの対象外となることや、②金融危機時には、ユーロ建て取引については、金融調節に影響を与えうるほか、最終的にECBが流動性供給を行うことになる可能性があることなどから、ユーロ建て取引の清算を行うシステミックな重要性の特に高いCCPは、ユーロ圏に拠点を置くべきであるとして、上記「ロケーション・ポリシー」を支持している。

　これに対して、英国や業界（ISDA等）は、強く反発している。英国BOEは、カーニー総裁の講演[8]などを通して、①ロケーション・ポリシーは、（EUの金融機関向けの流動性の低いオンショア市場と、それ以外の金融機関が利用する流動性の高いオフショア市場に市場を分断することによる）流動性の分断や取引コストの増加等によって、取引の効率性・安定性を損なうこと、②LCHについては、関係国の当局が参加するLCHの監督カレッジによる国際協調オーバーサイトの仕組みが確立しており、EUサイドの懸念については、国際協調オーバーサイトを効果的に実施することによって、ロケーション・ポリシーより効果的に対処できる、などとして反対している。

　次に、ISDAでは、①EUが提案するロケーション・ポリシーは、市場の地理的分断、CCP間の競争の阻害、システミックリスク削減への重大な悪影響、取引コスト増加、市場の流動性・効率性の低下、といった問題を生じさせるとしたうえで、②EU側の懸念は、ロケーション・ポリシーよりも、関

---

[8] Mark Carney "A Fine Balance" (June 2017)

係国間の監督上の協力でより効果的に払拭できると強く主張し、参照すべき事例として、LCHの金利スワップ清算部門（SwapClear）の監督における母国当局である英国BOEとホスト国当局である米国CFTC間の監督上の協力をあげている[9]。また、ISDAでは、EUが提案するロケーション・ポリシーが実行に移された場合には、LCHで清算されているユーロ建てポジションを、EUを本拠とするCCPに移管する必要が生じることに着目し、前例のない大きなオペレーショナルリスクと実行コストが予測されること、以下のような実務上の困難な課題に直面することを指摘して、移行コストに注意を促している[10]。

・OTCデリバティブ取引は、満期、行使価格・クーポンなど契約の個別性が強く複雑で、移管が困難である。
・移管先のCCPで新たに清算を開始する全先について、移管先CCPと清算参加者の双方で膨大な作業（契約作成、清算料の交渉、相互のデューデリジェンス、CCPとのシステム接続等）を完了させる必要がある。移管先のCCPを利用する間接参加者については、新たなブローカー（直接参加者）を利用する場合には、上記と同種の膨大な作業が必要。
・清算参加者が、移管対象となる全取引についてLCHと移管先のCCPの双方において、カウンターパーティを探しmatched bookを維持しながら、取引の移管を行うことなど、実務的な困難が伴う。
・移行期間を設定しても、たとえば、EUのCCPへのポジション移管予定の清算参加者が移行期間中にLCHのデフォルトマネジメントプロセスへ参加するインセンティブはあるのかなど、問題点が多い。
・たとえば行使期間が20年など長期で、行使後にのみLCHでの清算対象となるスワップションような取引を、どのように移管・処理するかといっ

---

[9] ISDA "ISDA's response to the Commission's proposed regulation as regards the procedures and authorities involved for the authorisation of CCPs and requirements for the recognition of thirdcountry CCPs（the "EC Proposal"）" October 2017
[10] ISDA "The Case for CCP Supervisory Cooperation" April 2018

た、清算・非清算取引の相互依存性の問題もある。

EUの「ロケーション・ポリシー」の提案は、本質的には、自国建て通貨を最終的に供給できるのは自国の中央銀行（欧州のユーロ導入国の場合はECB）である点もふまえ、自国通貨建ての取引の大半を、他国を本拠とするCCPで清算することを金融システムの安定の観点からどう評価するのかという問題ともリンクしている。この点、豪州（LCHの同国での認証取得後、豪ドルの金利スワップの清算の多くが豪州籍のASXからLCHに移行）やカナダでは、自国通貨建ての金利スワップの多くが、英国籍のLCHで清算されているが、これらの国にとっては、LCHの監督当局であるBOEが主催するLCHの監督カレッジへの参加が、LCHへの監督のための有力な手段になっていると考えられる。これらの国については、一般論として、①監督カレッジのメンバーになったとしても、LCHの母国監督当局ではなく、BOEが主催するカレッジの1メンバーでしかないなか、LCHに対する影響力をどのように確保していくか、②LCHの破綻処理に関して、通常、いっそう参加当局が限定される危機管理グループ（CMG）のメンバーになることは、監督カレッジに比べてもハードルが高いなか、いかにLCHの破綻時に十分な情報を得て必要な影響力を行使できるようにするか、③万が一LCHが何らかの事情で将来的に豪州ドル・カナダドルの清算を停止した場合には、自国内または海外において、自国通貨建て金利スワップを清算でき、かつ自国の認証をクリアできるCCPを円滑に確保できるか、といった課題がある。

このように、ロケーション・ポリシーには、賛否両論があるのは確かであるが、特に今回のケースについては、すでにその多くがLCHで行われているユーロ建て取引の清算をEU域内に移管させることの当否が議論となっている。上記で言及した移行コストや代替策（監督上の協力の実効性確保等）の有効性も含め、冷静な判断が必要であろう。今後、帰趨が注目される。

> **参考2**　Brexitと英国における外国CCP

現在、英国では、EUの一加盟国として、外国CCPについては、欧州当局であるESMAに認証されている場合には、英国で業務を行うことを認めている。しかし、Brexitにより、英国は、英国で業務を行うことのできる外国CCPを独自に認証する必要が生じる。この点、英国の中央銀行であるBOEでは今後の見通しを以下のとおり示している[11]。

・Brexit後は、ESMAにかわって英国当局が、英国における清算集中義務の対象となる取引の決定や外国CCPの認証を行うことになる。
・2019年3月のBrexitの時点では、ESMAに認証されている外国CCPについては、現在同様、英国における業務を認めるが、将来的には、これらのCCPは、新たに開始されるBOEによる認証を受ける必要がある。

11　Bank of England "The Bank of England's supervision of financial market infrastructures - Annual Report 2018" Febuary 2018, のBox 4 "EU withdrawal" およびBank of England "Letter to Central Counterparties（CCPs）" December 2017参照。

事項索引

【数字・英字】
2010年金融商品取引法改正 8
AIG 2
BIS決済・市場インフラ委員会
　（CPMI）............................. 46
BOE 194, 278
Brexit 276, 281
CCP Workplan 2015 53
CCP（清算機関）................... 2, 49
CCPと金融機関等との相互依存性
　... 266
CCPに対する当局ストレステスト
　に関するフレームワーク
　（Framework for supervisory
　stress testing of central coun-
　terparties（CCPs））........... 190
CCPの再建（recovery）........... 198
CCPの破綻処理（resolution）...... 227
CCPの破綻処理に関する追加ガイ
　ダンス 233
CDS 14, 15
CFTC 19, 194
CME 6, 13
CMG 253
collect 33
collect義務 33
CPMI 46, 50
CPMI-IOSCO 46, 50, 199
CSD（証券振替機関）............... 49
DCO 19
default fund→清算基金
dispute 33, 36
Dodd-Frank法 18, 38, 39, 42
DTCCデータ・レポジトリー・

　ジャパン 41
EMIR 18, 38, 39
ESMA 19, 193
ETP 42
Eurex 278
extreme but plausible 73
FMI 46
FMI間リンク 178
FMI原則 47
FMI Annex 230
FMI原則に関するCCP向け追加ガ
　イダンス 53
FMI原則に関連する追加ガイダン
　ス 54
FMI原則の遵守状況 52
FSB 50, 53, 229, 230
G20カンヌサミット 10, 20
G20ピッツバーグサミット 3, 8
Guidance on Continuity of Ac-
　cess to Financial Market Infra-
　structures（FMIs）for a Firm
　in Resolution 261
IM（initial margin）........... 21, 92
IOSCO 46, 50
IRS（金利スワップ）.............. 9, 15
ISDA 36, 258, 278
JSCC 19
Key Attributes 229
"Key Attributes"についての金
　融市場インフラへの適用に関す
　る付属文書（"FMI Annex"）... 230
LCH 6, 13, 276
LCH Spider 108
mark-to-market margin 92

matched bookの再構築 ·············· 218
MFグローバル ························· 59
MiFIR（金融商品市場規制）········ 42
MPOR ································· 102
No Creditor worse off safeguard
································· 245
OTCデリバティブ ··················· 2, 8
OTCデリバティブ取引規制改革 ····· 8
portfolio margining ················ 107
portfolio margining（CME）······· 108
post ···································· 33
post義務 ······························ 33
Principles for Financial Market
 Infrastructures（FMI原則）
································· 46, 49, 51
PS（資金決済システム）············· 49
QCCP ··································· 5
Recovery of financial market in-
 frastructures ······················ 199
Resilience of central counterpar-
 ties（CCPs）: Further guid-
 ance on the PFMI ················· 53
Resolvability Assessment Pro-
 cess（RAP）······················ 261
SIMM ································· 36
SITG ·································· 57
split ··································· 33
SPOR ································· 79
SSS（証券決済システム）·········· 49
TR（取引情報蓄積機関）··········· 49
undisputed amount ················· 33
variation settlement ················ 92
VaR（value-at-risk）················ 98
VM ······················ 21, 92, 119, 121
WGMR報告書 ······················· 20

【あ行】
アクセス・参加要件 ··············· 175
アセスメント ······················· 212
一般誤方向リスク ·················· 105
欧州委員会 ·························· 277
欧州市場インフラ規制（EMIR）
································ 61, 129
オーバーサイト ······················ 50
オペレーショナルリスク ··········· 174
オムニバス口座 ···················· 170

【か行】
外国清算機関制度 ···················· 12
カウンターパーティ ········· 2, 4, 5, 11
カバー 1 ············ 68, 70, 71, 72, 132
カバー 2 ············ 68, 70, 71, 72, 133
ガバナンス ························· 144
カレントエクスポージャー ·········· 65
完全テアアップ（complete tear-up）
································· 222
監督カレッジ ············ 256, 273, 280
カンヌサミット ······················· 4
感応度分析（証拠金）·············· 126
危機管理グループ（CMG）········ 253
キャッシュコール ·················· 212
強制参加ツール ···················· 219
強制割当て ························· 220
業務方法書 ····················· 12, 158
「極端であるが現実に起こり得る
 市場環境」······················ 67, 73
金融機関等の破綻時のFMIへのア
 クセス継続 ······················ 261
金融機関の実効的な破綻処理の枠
 組みの主要な特性（"Key At-
 tributes"）······················· 229
金融市場インフラ（FMI）········· 46
金融市場インフラの再建（Recov-

事項索引　283

ery of financial market infrastructures）················· 55,199
金融市場インフラのための原則（FMI原則）············ 46,49,51
金融市場インフラのための原則：情報開示の枠組みと評価方法（Principles for financial market infrastructures: disclosure framework and assessment methodology）············· 55,181
金融市場インフラのためのサイバー攻撃耐性に係るガイダンス（Guidance on cyber resilience for financial market infrastructures）················· 56,189
金融商品債務引受業··················· 11
金融商品取引法······················· 51
金融庁······························· 50
金融庁監督指針（清算・振替機関等向けの総合的な監督指針）······ 46
金利スワップ（IRS）············· 9,15
クライアント・クリアリング················· 16,275
クレジット・デフォルト・スワップ（CDS）················· 14,15
クローズアウト期間（closeout period）···················· 102
クロスマージン················· 109
クロスマージン（JSCC）········· 108
契約の強制割当て（forced allocation of contracts）············· 220
決済・市場インフラ委員会（CPMI）························ 46
決済のファイナリティ············· 164
公的資金························· 247
個別口座························· 170
個別誤方向リスク··················· 105

誤方向リスク················· 105,274
コンプレッション··················· 6

【さ行】

再建ガイダンス··················· 199
再建計画························· 205
再建計画実行のトリガー··········· 207
再建ツール······················· 211
最低引渡担保額（Minimum Transfer Amount）············ 32,34
サイバーレジリエンス············· 189
財務資源（CCPの参加者破綻による）··················· 57,59,67,82,84
財務資源（FMI原則全体）··········· 88
財務資源（原則16）··············· 174
財務資源の継続的確保············· 148
財務資源の補充··················· 217
債務引受業→金融商品債務引受業
資金決済························· 164
資金決済法······················· 51
資金流動性リスク············ 132,137
自主参加ツール··················· 219
自主参加のテアアップ（voluntary tear-up）···················· 224
システミックな影響の大きい資金決済システムに関するコア・プリンシプル（CPSIPS）··········· 47
システミックに重要なFMI········· 46
事前拠出型の財務資源··········· 59,85
実施モニタリング··················· 52
社債、株式等の振替に関する法律··· 51
重要なサービス··················· 205
証券監督者国際機構（CPMI-IOSCO）······················· 46,50
証券監督者国際機構（IOSCO）····· 20
証券決済システムのための勧告（RSSS）························ 47

証拠金 …………………………… 92
証拠金規制（マージン規制）……… 20
信用極度額 ……………………… 34
信用リスク ………………… 62, 65
スキンインザゲーム（SITG）……… 57
ステイ ……………………… 231, 232
ストレス時の流動化期間 ………… 79
ストレステスト …………… 74, 137
清算機関（CCP）…………… 2, 49
清算機関制度 …………………… 11
清算機関のための勧告（RCCP）… 47
清算機関のための定量的な情報開
　示基準（Public quantitative dis-
　closure standards for central
　counterparties）………… 55, 181
清算基金 ……………………… 57, 58
清算参加者 ………………………… 11
清算集中義務規制 ………………… 13
清算・振替機関等向けの総合的な
　監督指針 ………… 50, 158, 188
潜在的損失等見積額 …………… 34

【た行】
担保 …………………………… 160
担保のヘアカットのプロシクリカ
　リティ ……………………… 117
追加証拠金（add-on charges）
　…………………………… 97, 114
通常時の流動化期間（MPOR）…… 79
テアアップ（tear-up）…………… 221
定性開示ガイダンス ……… 55, 181, 182
定量開示ガイダンス ……… 55, 181, 183
適格流動性資源 ………………… 133
適用除外告示 …………………… 13
デフォルト・ウォーターフォール
　………………………………… 57
電子取引基盤 …………………… 42

店頭デリバティブ ……………… 2, 8
店頭デリバティブ市場規制にかか
　る検討会 ……………………… 19
東京金融取引所 ………………… 46
当局ストレステスト …………… 191
当局責務 ……………………… 180
当初証拠金（IM：initial margin）
　………………………………… 21, 92
当初証拠金規制 ………………… 29
当初証拠金のプロシクリカリティ
　………………………………… 113
当初証拠金ヘアカット（IMヘア
　カット）…………………… 214
投資リスク …………………… 174
同等性評価 …………………… 19, 38
取引情報 ……………………… 40
取引情報蓄積機関（TR）……… 39, 41
取引情報報告規制 ……………… 38
取引情報報告制度 ……………… 38

【な行】
内部モデル手法 ………………… 35
日中の証拠金徴求 ……………… 119
日本銀行 ………………………… 50
日本証券クリアリング機構（JSCC）
　………………………………… 6, 12
ネッティング …………………… 2

【は行】
バーゼルⅢ ………………… 5, 10
バーゼル銀行監督委員会（BCBS）
　………………………………… 20
破綻処理可能性の評価 ………… 252
破綻処理計画 …………… 235, 249
破綻処理権限 ………………… 235
破綻処理当局 ………………… 235
破綻処理における財務資源 …… 246

破綻処理の開始 …………………… 241
破綻処理の目的 …………………… 235
バックテスト（証拠金）………… 122
ビジネスリスク …………………… 172
ヒストリカルシナリオ …………… 75
標準的手法 ………………………… 35
フェローカスタマーリスク
　（fellow customer risk）………… 170
フォワードルッキングシナリオ …… 75
複数の法域においてシステミック
　に重要なCCP ……………… 69,255
部分的テアアップ（partial tear-up）
　……………………………………… 223
プロシクリカリティ ………… 88,111
プロシクリカリティの抑制 ……… 111
ブロックトレード ………………… 43
分別管理 …………………………… 169
変動証拠金（VM：variation
　margin）……………… 21,92,119,121
変動証拠金規制 …………………… 28
変動証拠金ヘアカット（VMヘア
　カット）………………………… 213
包括的リスク管理制度 …………… 159
ポートフォリオマージニング
　（potfolio margining）………… 107
ポートフォリオマージニング制度
　……………………………………… 108

保管・投資リスク ………………… 173
保管リスク ………………………… 174
ポテンシャルフューチャーエクス
　ポージャー ……………………… 65
ほふりクリアリング ……………… 46

【ま行】
マージン規制 ……………………… 20
未カバーの流動性ショートフォー
　ル ………………………………… 216

【や行】
預金保険機構 ……………………… 228
預金保険法 ………………………… 228
預金保険法126条の2 …………… 228
より複雑なリスク特性を伴う清算
　業務に従事しているCCP ……… 69

【ら行】
リーマンショック ………………… 59
リバースストレステスト ……… 81,142
流動性資源 ………………… 132,134
流動性リスク→資金流動性リスク
レベル1モニタリング …………… 52
レベル2モニタリング …………… 52
レベル3モニタリング …………… 52
ロケーション・ポリシー ………… 276

OTCデリバティブ規制改革とFMI原則
── 清算集中義務・マージン規制から
　　CCPの再建・破綻処理まで

2018年10月4日　第1刷発行

著　者　羽　渕　貴　秀
発行者　倉　田　　　勲
印刷所　奥村印刷株式会社

〒160-8520　東京都新宿区南元町19
発　行　所　一般社団法人 金融財政事情研究会
企画・制作・販売　株式会社きんざい
　　　　出版部　TEL 03（3355）2251　FAX 03（3357）7416
　　　　販売受付　TEL 03（3358）2891　FAX 03（3358）0037
　　　　URL https://www.kinzai.jp/

・本書の内容の一部あるいは全部を無断で複写・複製・転訳載すること、および
　磁気または光記録媒体、コンピュータネットワーク上等へ入力することは、法
　律で認められた場合を除き、著作者および出版社の権利の侵害となります。
・落丁・乱丁本はお取替えいたします。定価はカバーに表示してあります。

ISBN978-4-322-13292-2